Reinhart Bindseil

Le Rwanda
vu à travers
le portrait biographique de
Hans Meyer
(1858–1929)
Editeur et explorateur
qui réalisa la première ascension
du Kilimandjaro

Portrait biographique
accompagné d'extraits de journal intime
consacrés au pays des mille collines,
d'un historique du litige de la frontière du Kivu (1885–1910),
de remarques sur la Première Guerre mondiale
et sur la fin de la présence coloniale allemande

Dietrich Reimer Verlag · Berlin

Reinhart Bindseil

Ruanda
im Lebensbild von
Hans Meyer
(1858–1929)
Erstbesteiger des Kilimandscharo,
Forschungsreisender und
Verleger

Ein biographisches Portrait,
mit Tagebuchaufzeichnungen aus dem Land der tausend Hügel,
einer Darstellung des Kivu-Grenzstreits (1885–1910)
sowie Streiflichtern vom Ersten Weltkrieg und
dem Ende der deutschen kolonialen Präsenz

Dietrich Reimer Verlag · Berlin

Dieses Buch konnte mit Unterstützung der Kulturabteilung
des Auswärtigen Amtes veröffentlicht werden.

Ce livre a été publié avec la coopération du Département culturel
du Ministère des Affaires étrangères.

Bibliografische Information Der Deutschen Bibliothek

Die Deutsche Bibliothek verzeichnet diese Publikation
in der Deutschen Nationalbibliografie; detaillierte bibliografische
Daten sind im Internet über http://dnb.ddb.de abrufbar.

© 2004 by Dietrich Reimer Verlag GmbH
www.dietrichreimerverlag.de

Umschlagabbildung: siehe Abb. X

Alle Rechte vorbehalten
Gedruckt auf alterungsbeständigem Papier
Printed in Germany

ISBN 3-496-02769-X

Grußwort

Die deutsch-ruandischen Beziehungen blicken auf eine lange und vom deutschen kolonialen Erbe im großen und ganzen unbelastete Vergangenheit zurück. Bereits ab 1885 geriet das zentralistisch regierte Königreich Ruanda allmählich in den sich von Ostafrika nach Westen ausdehnenden kolonialen Einflußbereich des Deutschen Reiches. Wegen des von der Kolonialverwaltung angewandten Prinzips der »indirect rule« blieben die territorialen und sozialen Strukturen Ruandas weitgehend unangetastet.

Deutsche Forscher trugen seit 1892 maßgeblich zur Kenntnis über Ruanda bei, wobei Richard Kandt sicherlich der bekannteste unter ihnen ist. Das vorliegende Werk befaßt sich mit Hans Meyer, dessen Lebensbild im Spiegel seiner Tagebuchaufzeichnungen und des historischen Kontextes der Region der Großen Seen vor 1914 dargestellt wird.

Das Interesse am deutschen Beitrag zur Erforschung dieser Region nimmt auch in Ruanda zu, wie sich bei einer Ausstellung über das Leben des ersten deutschen Residenten in Ruanda, Richard Kandt, im Sommer 2003 in Kigali gezeigt hat. Ich freue mich daher besonders, daß das Auswärtige Amt die Herausgabe der vorliegenden Ausarbeitung eines meiner Vorgänger in Ruanda, Dr. Reinhart Bindseil, unterstützt hat und dadurch eine interessante Epoche in der Geschichte Ruandas einem breiteren Publikum zugänglich gemacht werden kann.

Kigali, im Dezember 2003   Hans-Dieter Steinbach, Botschafter

Message

Les relations germano-rwandaises portent un regard rétrospectif sur leur long passé exempt, dans l'ensemble, du poids de l'héritage colonial allemand. Dès 1885, le Royaume du Rwanda avec un gouvernement centralisé, était progressivement tombé dans la zone d'influence coloniale de l'Empire allemand qui, partant de l'Afrique orientale, s'étendait vers l'ouest. Grâce au principe de la »indirect rule« mis en pratique par l'administration coloniale, les structures territoriales et sociales demeurent en grande partie inchangée.

A partir de 1892, des chercheurs Allemands dont le plus connu est sans aucun doute Richard Kandt vont très largement contribuer à la connaisance du Rwanda.

L'œuvre présente porte aussi bien sur le parcours de Hans Meyer que reflètent les notes de son journal intime ainsi que sur le contexte historique de la région des Grands Lacs avant 1914.

L'intérêt porté à la contribution allemande à l'exploration de cette région va croissant également au Rwanda, comme l'a montré à Kigali, pendant l'été 2003, une exposition consacrée à la vie du premier résident allemand au Rwanda, Richard Kandt. C'est pourquoi je me réjouis tout pariculièrement que le Ministère des Affaires Etrangères à Berlin ait soutenu l'édition du présente ouvrage dû à l'un de mes prédécesseurs au Rwanda, M. Reinhart Bindseil et que, de ce fait, un plus vaste public puisse accéder à une époque intéressante de l'histoire du Rwanda.

Kigali, en Décembre 2003   Hans-Dieter Steinbach, Ambassadeur

Sommaire

I. L'Afrique occidentale vue à travers le portrait biographique de
   Hans Meyer 8
   1. Introduction 8
   2. Hans Meyer, le Kilimandjaro et l'exploration scientifique des régions
      coloniales allemandes 12
   3. Le Rwanda et la région interlacustre en 1911 30
   4. La fin de sa vie 60
   5. Annotations (en allemand) 71

II. Journal de Hans Meyer durant sa traversée de l'Afrique orientale
    en 1911 (extraits). Le Rwanda : 12 juillet – 9 septembre 1911 74
    Pour les jours du 31 juillet au 5 août avec des citations de « Bergfahrten im ostafrikanischen Zwischenseengebiet: Der Karissimbi 1911 »
    (Voyages sur les hautes montagnes dans la region interlacustre :
    Le Karissimbi en 1911), publiées dans son œuvre « Hochtouren im
    tropischen Afrika » (Alpinisme en Afrique tropicale), editée par
    la maison F. A. Brockhaus, Leipzig, 1923 116

III. Le Rwanda et le litige frontalier du Kivu avec l'Etat du Congo
     (1885–1910) 186
     1. Avant-propos 186
     2. Naissance du conflit 188
     3. Un conflit latent 196
     4. Règlement d'une querelle de 25 ans 210
     5. Annotations (en allemand) 216

IV. Remarques sur la Première Guerre mondiale et la fin de la présence
    coloniale allemande au Rwanda 218
    1. L'impensable se produit 218
    2. Le développement de la guerre, le sort des Allemands et du roi du
       Rwanda 220
    3. Annotations (en allemand) 239

V. Annexe 240
   1. Chronologie germano-rwandaise 240
   2. Archives, Bibliographie et publications de Hans Meyer ayant trait au
      Rwanda (en allemand) 250
   3. Sources des illustrations (en allemand) 253
   4. Le Rwanda actuel en bref (Septembre 2003) 254

Inhaltsübersicht

I. Ostafrika im Lebensbild von Hans Meyer 9
   1. Einleitende Bemerkung 9
   2. Hans Meyer, der Kilimandscharo und die wissenschaftliche
      Erforschung deutscher Kolonialgebiete 15
   3. Ruanda und das Zwischenseengebiet, 1911 33
   4. Lebensausklang 61
   5. Anmerkungen 71

II. Aus den Tagebuchaufzeichnungen von Hans Meyer über seine Reise
    durch Ostafrika im Jahre 1911. Ruanda: 12. Juli bis 9. September 1911 .. 77
    Für die Tage 31. Juli bis 5. August mit Zitaten aus »Bergfahrten im
    ostafrikanischen Zwischenseengebiet: Der Karissimbi 1911«,
    erschienen in seinem Werk »Hochtouren im tropischen Afrika«
    (Leipzig, F. A. Brockhaus, 1923) 119

III. Ruanda und der Kivu-Grenzstreit mit dem Kongo-Staat (1885–1910) .. 187
   1. Vorbemerkung 187
   2. Zur Entstehungsgeschichte 191
   3. Grenzstreit auf Sparflamme 199
   4. Befriedung nach 25jährigem Zwist 211
   5. Anmerkungen 216

IV. Streiflichter vom Ersten Weltkrieg und vom Ende der deutschen
    kolonialen Präsenz in Ruanda 219
   1. Undenkbares tritt ein 219
   2. Zur Kriegsentwicklung sowie zum Los der Deutschen und des
      ruandischen Königs 221
   3. Anmerkungen 239

V. Anhang 241
   1. Chronologische Übersicht deutsch-ruandischer Daten 241
   2. Archiv- und Literaturhinweise; Veröffentlichungen von Hans Meyer
      mit Ruanda-Bezug 250
   3. Fundstellen zu den Illustrationen 253
   4. Das heutige Ruanda im Überblick (Stand: September 2003) 255

I. L'Afrique occidentale vue à travers le portrait biographique de Hans Meyer

1. Introduction

De 1890 à 1918, le Rwanda constitue la région nord-ouest de l'Afrique orientale allemande et représente à cette époque coloniale un pôle d'attraction fascinant pour la recherche allemande sur l'Afrique. A ce propos, il convient de citer six explorateurs principaux[1]:

Tout d'abord, Franz Stuhlmann (1863–1928) qui, participant à l'expédition Emin Pascha, parcourt la région nord-est de ce pays et rédige à partir de 1890 les premiers rapports en langue allemande sur le Rwanda.[1a] En 1892, Oscar Baumann (1864–1899) est le premier Européen à pénétrer pendant quatre jours dans le sud-est du Rwanda.[2] Gustav Adolf comte von Götzen (1866–1910) est en 1894 le premier à traverser le Rwanda et le premier Européen à être reçu par le roi du Rwanda.[3] Richard Kandt (1867–1918) s'installe en 1899 au bord du lac Kivu et devient l'explorateur le plus important du Rwanda, gardant des liens très étroits avec ce pays jusqu'en 1913.[4] De 1907 à 1908, Adolf Friedrich duc de Mecklembourg (1873–1969) et les scientifiques qui l'accompagnent traversent le Rwanda et décrivent ses caractéristiques en utilisant l'ensemble des connaissances dont on dispose à l'époque en Europe.[5] Enfin, en 1911, Hans Meyer arrive pour la première fois au Rwanda dans le cadre de son cinquième voyage en Afrique orientale. Il est le plus âgé des explorateurs que nous venons de mentionner, les connaît tous et les a en partie aidés. Hans Meyer est à l'époque une célébrité, car en 1889, il a été le premier à gravir le Kilimandjaro, montagne de 6000 m de haut. En outre, il représente dans son voyage l'Allemagne officielle, c'est-à-dire l'Office impérial des colonies. A l'encontre des autres explorateurs du Rwanda pour lesquels une expédition au plus profond de l'Afrique dans leurs jeunes années signifie gravir l'échelle de la renommée scientifique, un voyage en Afrique orientale en 1911 ne peut représenter pour le valeureux Hans Meyer, alors âgé de 53 ans, qu'une réussite de plus s'ajoutant au palmarès d'une vie marquée par l'aisance et le succès. Aujourd'hui encore, au début du 21e siècle, il est le seul à être cité dans toutes les encyclopédies. Le « Meyers Enzyklopädisches Lexikon » (Dictionnaire encyclopédique Meyer) de 1976 (de même Brockhaus-Enzyklopädie de 1998), qui porte son nom de famille, le mentionne; et même l'ancienne RDA qui publia cette encyclo-

I. Ostafrika im Lebensbild von Hans Meyer

1. Einleitende Bemerkung

Ruanda bildete von 1890 bis 1918 die Nordwestecke von Deutsch-Ostafrika und war in diesem kolonialen Zeitabschnitt für die deutsche Afrikaforschung ein faszinierender Anziehungspunkt. Sechs herausragende Forschungsreisende sind in diesem Zusammenhang zu nennen[1]:

Zuerst wäre Franz Stuhlmann (1863–1928) zu erwähnen, der als Teilnehmer der Emin-Pascha-Expedition die Nordostecke dieses Landes streifte und ab 1890 die ersten Ruandaberichte aus deutscher Feder verfaßte.[1a] 1892 betrat Oscar Baumann (1864–1899) als erster Europäer für vier Tage den Südosten Ruandas.[2] Gustav Adolf Graf von Götzen (1866–1910) war 1894 der erste Ruandadurchquerer und wurde als erster Europäer vom ruandischen König empfangen.[3] Richard Kandt (1867–1918) ließ sich 1899 am Kivu-See nieder und entwickelte sich zum bedeutendsten Ruandaforscher, der bis 1913 aufs engste mit diesem Lande verbunden blieb.[4] 1907/08 durchquerten Adolf Friedrich Herzog zu Mecklenburg (1873–1969) und die ihn begleitenden Wissenschaftler Ruanda und beschrieben seine Charakteristika unter Auswertung des gesamten damaligen europäischen Kenntnisstandes.[5] 1911 kam schließlich Hans Meyer im Rahmen seiner fünften Ostafrikareise erstmals nach Ruanda. Er war der Älteste der Genannten, die er sämtlich kannte und zum Teil gefördert hat. Hans Meyer war damals eine Berühmtheit, denn er hatte bereits 1889 als erster Mensch den 6000 m hohen Kilimandscharo erklommen, außerdem vertrat er bei seiner Reise das offizielle Deutschland, nämlich das Reichskolonialamt. Im Gegensatz zu den anderen Forschungsreisenden in Ruanda, für die in jungen Jahren eine Expedition ins innerste Afrika ein Stück Vorwärtskommen auf der Stufenleiter des wissenschaftlichen Ruhms bedeutete, konnte für den 53jährigen Hans Meyer eine Ostafrikareise im Jahre 1911 nur noch einen Mosaikstein im Zenit eines Lebens darstellen, das von Wohlstand und Erfolg für den Tüchtigen geprägt war. Auch heute, zu Beginn des 21. Jahrhunderts, ist er der einzige geblieben, der in jedem mehrbändigen Lexikon weiterhin Erwähnung findet. »Meyers Enzyklopädisches Lexikon« von 1976, das den Namen seiner Familie trägt, berichtet über ihn (ebenso Brockhaus-Enzyklopädie, 1998), und selbst die ehemalige DDR, die diese deutsche Standardenzyklo-

pédie allemande standard sous la forme du « Meyers Neues Lexikon » (Nouveau dictionnaire Meyer), transformé dans l'esprit de l'idéologie d'Etat communiste, a conservé le nom de Hans Meyer comme celui d'une personnalité historique. L'information qu'elle donnait le concernant était cependant assortie de la remarque acerbe selon laquelle il aurait été un « pionnier de l'impérialisme colonial allemand ». Il faut enfin mentionner le « Grand dictionnaire encyclopédique Larousse » de 1984 qui dédie sept lignes à Hans Meyer et le présente comme un explorateur de l'Afrique qui s'est attaché tout particulièrement à l'étude du Kilimandjaro et de l'Afrique orientale allemande (semblable Larousse de 1997).

De telles indications permettent certainement d'éveiller l'intérêt sur une personne au nom aussi banal, mais Hans Meyer mérite en outre l'attention de tous ceux qui se sentent liés au Rwanda, pour d'autres raisons encore :

Dans de nombreuses publications sur son voyage en Afrique orientale de 1911, il a tracé une ébauche du Rwanda de l'époque et fixé dans les notes du journal qu'il nous a laissé des impressions et des données qui l'ont frappé en tant que « colonialiste éclairé » et représentant d'un empire allemand qui se sentait au sommet de sa puissance. C'est ainsi qu'il mentionne par exemple dans son journal, à propos des environs de Kigali, que les croupes de montagnes sont merveilleusement mises en valeur « tel un paysage cultural allemand ... »[5a] Par ailleurs, les notes de Hans Meyer et, plus tard, ses publications, ont été rédigées à une époque où la politique coloniale allemande relative au Rwanda était établie sous la forme d'un système de résidence de souveraineté indirecte et n'était pas mise en cause. La souveraineté coloniale allemande passait pour être fermement ancrée et il paraissait invraisemblable à tous les participants que les puissances coloniales européennes voisines pussent y mettre fin par la force militaire en l'espace de quelques années seulement. Hans Meyer nous a ainsi légué des instantanés remarquables du point de vue historique sur la situation du Rwanda de l'époque. Sa personnalité représente en même temps une partie de l'Allemagne d'alors.

En 2004, nous pouvons mémoire le 110e anniversaire de la première rencontre germano-rwandaise. Un portrait biographique de Hans Meyer à partir de ses notes et d'autres informations sur les dernières années de la souveraineté coloniale allemande au Rwanda contribuent donc également à une rétrospective historique sur le premier trajet germano-rwandais et ses caractéristiques marquées par l'esprit de l'époque.

pädie in Form von »Meyers Neues Lexikon« umgestaltet im Geiste kommunistischer Staatsideologie herausbrachte, hat Hans Meyers Namen als den einer historische Persönlichkeit bewahrt. Sie versah die Information über ihn allerdings mit der beißenden Anmerkung, daß er ein »Vorkämpfer des deutschen Kolonialimperialismus« gewesen sei. Schließlich sei noch der »Grand Dictionnaire Encyclopédique Larousse« von 1984 erwähnt, der Hans Meyer sieben Zeilen widmet und ihn als einen Afrikaforscher tituliert, der sich besonders mit dem Kilimandscharo und Deutsch-Ostafrikas befaßt habe (ähnlich Larousse 1997).

Mögen solche Hinweise schon ein gewisser Grund sein, Interesse für den Träger eines so banalen Namens zu erwecken, so verdient Hans Meyer darüber hinaus bei allen, die sich mit Ruanda verbunden fühlen, noch aus anderen Gründen Aufmerksamkeit:
Er hat in zahlreichen Veröffentlichungen über seine Ostafrika-Reise von 1911 das Ruanda der damaligen Zeit umrissen sowie in seinen hinterlassenen Tagebuchaufzeichnungen Tatsachen und Problemstellungen festgehalten, die ihm als »aufgeklärtem Kolonialisten« und Verteter des Deutschen Kaiserreiches, das sich auf der Höhe seiner Macht fühlte, auffielen. So vermerkte er zum Beispiel in seinem Notizbuch über die Umgebung Kigalis, daß die Bergrücken großartig »wie eine deutsche Kulturlandschaft...« bebaut seien.[5a] Im übrigen sind Hans Meyers Notizen und spätere Veröffentlichungen über Ruanda zu einem Zeitpunkt verfaßt, als die koloniale deutsche Ruandapolitik in Form des Residentensystems der indirekten Herrschaft etabliert war und außerhalb der Diskussion stand. Die deutsche Kolonialherrschaft galt als fest verankert, und allen Beteiligten erschien es undenkbar, daß sie in nur wenigen Jahren durch die benachbarten europäischen Kolonialmächte militärisch gewaltsam beendet werden könnte. Hans Meyer hinterließ uns daher geschichtlich bemerkenswerte Momentaufnahmen zu den damaligen Verhältnissen in Ruanda. Seine Persönlichkeit repräsentiert gleichzeitig ein Stück Deutschland des damaligen Zeitalters.
2004 können wir des 110. Jahrestages der ersten deutsch-ruandischen Begegnung gedenken. Ein biographisches Porträt über Hans Meyer mit einer Auswertung seiner Aufzeichnungen und anderer Informationen zu den letzten Jahren deutscher Kolonialherrschaft in Ruanda bietet sich daher auch als Beitrag zu einem historischen Rückblick auf die erste deutsch-ruandische Wegstrecke und ihre vom Zeitgeist geprägten Züge an.

2. Hans Meyer, le Kilimandjaro et l'exploration scientifique des régions coloniales allemandes

Fils aîné d'une famille connue d'éditeurs, Hans Meyer naît le 22 mars 1858 à Hildburghausen/Thuringe.[6] Son grand-père, Joseph Meyer (1796–1856), y avait fondé en 1826 une maison d'édition, le « Bibliographisches Institut » (Institut bibliographique), qui devint plus tard l'une des plus importantes, et avait été le promoteur et l'éditeur de l'encyclopédie « Meyersches Conversationslexikon », peu à peu célèbre dans le monde entier, éditée depuis 1840, et dont la première édition fut achevée en 1855. Son père, Hermann Julius Meyer (1826–1909), participa à la révolution civile de 1848 et, se sentant recherché après qu'elle eut échoué, émigra en Amérique en 1849. Il revint cependant à Hildburghausen en 1856, reprit la maison d'édition et la transféra en 1874 à Leipzig qui était à l'époque le centre de la librairie allemande. Cette ville devint le lieu de résidence de Hans Meyer.

L'œuvre paternelle subsiste encore de nos jours sous la forme du « Bibliographisches Institut Mannheim/Wien/Zürich », qui continue d'éditer notamment le « Meyers Enzyklopädisches Lexikon ». La maison-mère de Leipzig fut transformée après 1945 en « VEB Bibliographisches Institut » par les dirigeants politiques de l'époque et fut pendant des décennies une maison d'édition célèbre de la RDA, incarnant l'idéologie d'Etat, finalement « réunifiée » en 1991.

Hans Meyer grandit dans un cercle familial propice à son épanouissement. En 1871, il a 13 ans quand naît l'Empire allemand et il s'enthousiasme pour la cause nationale. Il sera toute sa vie durant un représentant de l'esprit de cette époque, transporté par la croyance en la grandeur et la puissance de l'Allemagne. Elève, il connaît un besoin incessant d'activité qui l'entraîne dans des fredaines de jeunesse et se transforme dans ses dernières années d'adolescence en une passion pour l'alpinisme, ce qui lui fit le plus grand bien ainsi qu'à ses parents. C'est également dans les Alpes que Hans Meyer développe son goût pour l'exploration et la géographie.

Le 19 septembre 1877, il obtient son examen de fin d'études au lycée de Halle-sur-la-Saale avec la mention « satisfaisant ». Ce n'est qu'en allemand, en grec et en sciences naturelles qu'il a la mention « bien ». Après le baccalauréat, il fait son service militaire de 1877 à 1878 dans l'artillerie de la garde à Berlin où, soldat particulièrement méritant et bien entraîné, il se fait remarquer par le kronprinz de Prusse au cours d'une parade. Ce dernier aurait été déçu d'apprendre que ce soldat à la carrure idéale pour un officier de la garde s'appelait tout simplement « Meyer »! Par la suite, il se lance dans des études assez universelles à Leipzig, Berlin et Strasbourg. Il s'intéresse aussi bien à la germanistique, l'histoire et les sciences politiques qu'à l'ethnologie et la botanique.

Hans Meyer termine ses études universitaires en 1881 à Strasbourg par une thèse

2. Hans Meyer, der Kilimandscharo und die wissenschaftliche Erforschung deutscher Kolonialgebiete

Hans Meyer wurde am 22. März 1858 in Hildburghausen/Thüringen als ältester Sohn einer erfolgreichen Verlegerfamilie geboren.[6] Sein Großvater Joseph Meyer (1796–1856) hatte dort 1826 eines der später größten Verlagshäuser, das »Bibliographische Institut« gegründet und war Initiator und Herausgeber des weltberühmt werdenden »Meyerschen Conversationslexikons«, das seit 1840 erschien und 1855 in der ersten Auflage abgeschlossen wurde. Der Vater, Hermann Julius Meyer (1826–1909), hatte sich an der bürgerlichen Revolution von 1848 beteiligt, fühlte sich nach ihrem Scheitern verfolgt und wanderte 1849 nach Amerika aus. 1856 kehrte er jedoch nach Hildburghausen zurück, führte das Unternehmen fort und verlegte es 1874 in das damalige Zentrum des deutschen Buchhandels, nach Leipzig. Diese Stadt wurde zur eigentlichen Heimat Hans Meyers.

Das väterliche Lebenswerk besteht heute noch fort in Form des »Bibliographischen Instituts Mannheim/Wien/Zürich«, das u. a. »Meyers Enzyklopädisches Lexikon« weiterhin herausgibt. Das Stammhaus in Leipzig wurde nach 1945 von den damaligen Machthabern in den »VEB Bibliographisches Institut« umgewandelt und war jahrzehntelang ein führendes, die Staatsideologie verkörperndes Verlagshaus der DDR, das schließlich 1991 seine »Wiedervereinigung« erlebte.

Hans Meyer wuchs in einem Familienkreise auf, in dem ihm alle Möglichkeiten zur Entfaltung geboten wurden. 1871 erlebte er als 13jähriger die Entstehung des deutschen Kaiserreichs und war begeistert für die nationale Sache. Er ist sein Leben lang ein Repräsentant jenes Zeitgeistes gewesen, der vom Glauben an Deutschlands Größe und Leistungskraft getragen war. Als Schüler entwickelte er einen rastlosen, zu Jugendstreichen aufgelegten Tätigkeitsdrang, der in späteren Jünglingsjahren im Alpinismus eine für ihn und die Eltern wohltuende Form annahm. In den Alpen begann auch die Entwicklung Hans Meyers zum späteren Forschungsreisenden und Geographen.

Das Reifezeugnis erwarb er am 19. September 1877 am Stadtgymnasium von Halle/Saale. Seine Abschlußnoten sind »befriedigend«, nur in Deutsch, Griechisch und Naturwissenschaften sind sie »gut«. Nach dem Abitur diente er 1877/78 als Wehrpflichtiger bei der Garde-Artillerie in Berlin, wo er als besonders gut gewachsener und sportlich trainierter Soldat dem preußischen Kronprinzen bei einer Parade auffiel. Letzterer soll enttäuscht gewesen sein, als er erfuhr, daß diese Idealgestalt eines Gardeoffiziers schlicht »Meyer« hieß! Danach begann er in Leipzig, Berlin und Straßburg ein ziemlich universelles Studium. Er befaßte sich sowohl mit Germanistik, Geschichte und Staatswissenschaften, als auch mit Völkerkunde und Botanik.

Hans Meyer schloß seine Universitätsstudien 1881 in Straßburg mit einer volks-

en économie politique sur le thème « La corporation des orfèvres de Strasbourg de son origine à 1681 ». Ce ne sont donc pas ses études, mais uniquement sa vie future qui fait de Hans Meyer un géographe. Après l'université, le jeune « docteur en philosophie » est brièvement initié aux affaires paternelles avant d'entreprendre un voyage autour du monde de deux ans en Asie et en Amérique. Ce voyage a pour but d'élargir le champ de vision du futur éditeur et de compléter sa formation. Il le conduit, passant par Istanbul et Athènes, vers la Syrie, l'Egypte, l'Inde, Ceylan, Java, les Philippines, la Chine et le Japon, la côte ouest de l'Amérique, puis le Mexique et Cuba, pour finir par la côte est de l'Amérique. En Asie, Hans Meyer commence à s'intéresser à la politique coloniale quand il entreprend de comparer le système colonial britannique, hollandais et espagnol. En 1884, il écrit son premier livre, recueil de ses impressions, qui rassemble sous le titre « Eine Weltreise » (Un tour du monde) une foule d'observations géographiques et ethnologiques. Dans cet ouvrage, outre son goût pour l'aventure, on reconnaît déjà la rigueur du travail scientifique qui caractérisera plus tard Hans Meyer.

Après le retour de Hans Meyer à Leipzig, son père se retire en 1884 des affaires pour que ses trois fils prennent sa suite. Jusqu'en 1915, Hans Meyer est copropriétaire-gérant de l'entreprise familiale, tout en ayant la chance que ses deux plus jeunes frères qualifiés, surtout Arndt Meyer, s'occupent de la direction commerciale et technique (Herrmann, le benjamin, se fit un nom en tant qu'explorateur temporaire de l'Amérique du Sud). Hans Meyer, quant à lui, se consacre au côté scientifique de l'édition, principalement pour des ouvrages ayant un impact géographique. De la publication du magazine « Globus » aux ouvrages de Brehm « Illustriertes Tierleben » (De la vie animale illustrée), « Allgemeine Länderkunde » (Géographie générale), « Meyers Reisebücher » (Carnets de voyage de Meyer), etc., il donne à ces éditions un caractère de stricte objectivité et de pure fiabilité. En même temps, cette activité ne cesse de l'inciter à se consacrer à l'exploration géographique et à visiter des pays étrangers. Grâce à sa situation familiale bien réglée, il lui reste assez de temps et d'argent pour ses voyages de recherche qui, à partir de 1887, le mènent cinq fois en Afrique.

En 1887, Hans Meyer entreprend son premier voyage africain en Afrique du Sud où il parcourt tout d'abord la colonie du Cap, puis visite les mines de diamants de Kimberley et les mines d'or du Transvaal pour parvenir finalement à Zanzibar en avril 1887, en passant par le Mozambique. En compagnie de E. A. baron von Eberstein de la « Deutsch-Ostafrikanische Gesellschaft » (Société allemande d'Afrique orientale) qui acquérait à l'époque des propriétés en Afrique orientale, et d'une caravane de 100 personnes, Hans Meyer entreprend sa première expédition vers le Kilimandjaro. En août 1887, sa première tentative le mène à 5500 m d'altitude. La glace des cimes du Kibo l'empêche cependant de continuer. Hans Meyer se rend

wirtschaftlichen Promotion zum Thema »Die Straßburger Goldschmiedezunft von ihrer Entstehung bis 1681« ab. Also nicht das Studium, sondern erst das spätere Leben hat Hans Meyer zum Geographen gemacht. Der junge »Dr. phil.« erhielt nach dem Abschluß der Universitätszeit eine kurze Einführung in das väterliche Geschäft, um dann eine zweijährige Weltreise nach Asien und Amerika anzutreten. Sie sollte den Blick des zukünftigen Verlegers weiten und seine Ausbildung abrunden. Der Weg führte ihn über Istanbul und Athen nach Syrien, Ägypten, Indien, Ceylon, Java, den Philippinen, China und Japan, zur amerikanischen Westküste, dann nach Mexiko und Kuba, schließlich zur amerikanischen Ostküste. In Asien erwachten bei Hans Meyer erstmals auch kolonialpolitische Interessen, als er vergleichende Betrachtungen über das britische, niederländische und spanische Kolonialsystem anzustellen begann. 1884 verfaßte er über die gesammelten Eindrücke sein erstes Buch, das unter dem Titel »Eine Weltreise« zahlreiche geographische und völkerkundliche Beobachtungen vereinte. Bei aller Freude am Abenteuer läßt es bereits die Strenge des wissenschaftlichen Arbeitens erkennen, die Hans Meyer später auszeichnete.

Nachdem Hans Meyer wieder nach Leipzig zurückgekehrt war, zog sich sein Vater 1884 aus dem Verlagsgeschäft zurück, um es in die Hände seiner drei Söhne zu legen. Hans Meyer war bis 1915 geschäftsführender Mitinhaber des Familienunternehmens, wobei er das Glück hatte, daß sich seine zwei befähigten jüngeren Brüder, insbesondere Arndt Meyer, um die kaufmännische und technische Leitung des Unternehmens kümmerten (der jüngere Bruder Herrmann machte sich als zeitweiliger Südamerika-Forscher einen gewissen Namen). Hans Meyer selbst widmete sich der wissenschaftlichen Seite der Verlagstätigkeit, vornehmlich bei Werken mit geographischem Einschlag. Von der Herausgabe der Zeitschrift »Globus« bis hin zu Brehms »Illustriertem Tierleben«, »Allgemeine Länderkunde«, »Meyers Reisebücher« etc., prägte er diesen Ausgaben den Charakter strenger Sachlichkeit und gediegener Zuverlässigkeit auf. Gleichzeitig inspirierte ihn diese Tätigkeit immer wieder, sich der geographischen Forschung zu widmen und fremde Länder zu besuchen. Dank der geordneten familiären Verhältnisse blieben ihm insgesamt genug Zeit und Geld für Forschungsreisen, die ihn ab 1887 insgesamt fünfmal nach Afrika führten.

Seine erste Afrikareise begann Hans Meyer 1887 in Südafrika, wo er zunächst die Kapkolonie durchstreifte, dann die Diamantenfelder von Kimberley und die Goldfelder von Transvaal besuchte, um schließlich über Mosambik im April 1887 in Sansibar anzukommen. Mit dem Freiherrn E. A. von Eberstein von der »Deutsch-Ostafrikanischen-Gesellschaft«, die damals Besitzerwerbungen in Ostafrika betrieb, und einer 100köpfigen Karawane, unternahm Hans Meyer seine erste Kilimandscharo-Expedition. Im August 1887 konnte ein erster Aufstiegsversuch bis in 5500 m Höhe unternommen werden. Das Eis der Kibo-Haube verwehrte jedoch weiteres Vordringen. Hans Meyer erkannte, daß eine Gipfelbesteigung

compte qu'il est impossible de gravir un sommet sans équipement alpin et retourne à Leipzig, décidé à se consacrer à l'avenir entièrement à l'exploration de cette colossale montagne. En 1888, il publie ses impressions dans l'ouvrage illustré « Zum Schneedom des Kilimandscharo » (Vers les neiges du Kilimandjaro).

En juillet 1888, Hans Meyer retourne à Zanzibar, cette fois mieux équipé et en compagnie du géographe autrichien Oscar Baumann, déjà mentionné. En août, ils se mettent tous deux en route pour le Kilimandjaro avec 230 porteurs et des fardeaux qui contiennent des vivres et de l'équipement pour deux ans. Meyer et Baumann, détachés de la caravane principale, sont tout d'abord les premiers Européens à traverser les montagnes Usambara. C'est alors qu'a lieu en septembre 1888 en Afrique orientale le soulèvement des Arabes contre la « Société allemande d'Afrique orientale », société privée qui s'établissait de plus en plus et prélevait des impôts. Les insurgés confisquent les armes, les vivres et les équipements de la caravane principale, d'une valeur de 30 000 Marks. Ces événements obligent les deux explorateurs à faire immédiatement demi-tour. A une journée de marche des côtes, ils sont finalement faits prisonniers par d'autres insurgés. Hans Meyer, enchaîné, signe des ordres pour que soit versée une rançon de 12 000 roupies, ordres qui leur permettent d'être libérés, et le chef des insurgés, Buschiri, les reconduit tous deux à la côte.[7] La liberté recouvrée, Hans Meyer ne refuse pas de payer la rançon promise.

Dès son retour en Allemagne, il fait de nouveaux préparatifs à Leipzig et à Berlin pour une troisième expédition vers le Kilimandjaro. Pour l'accompagner, il choisit cette fois l'alpiniste autrichien Ludwig Purtscheller (1849–1900). En septembre 1889, les deux hommes atteignent les pentes du Kilimandjaro avec une nouvelle caravane. Le chef de tribu de l'endroit, Mareale de Marangu, soutient avec bienveillance leur expédition.

Le 3 octobre 1889, Meyer et Purtscheller parviennent après d'immenses efforts aux bords du cratère du Kibo et constatent alors que du côté sud, à 200 m plus haut, se trouve le véritable sommet. Ils retournent tout d'abord au campement et, trois jours plus tard, le 6 octobre 1889 à 10 h 30, ils escaladent enfin le Kibo. Hans Meyer hisse le drapeau allemand et baptise le sommet « Kaiser Wilhelm ». Il estime sa hauteur à 6010 mètres. Ce n'est qu'en 1952 que d'autres explorateurs découvriront que le massif montagneux n'a « que » 5895 mètres de haut. Le Kilimandjaro, situé à seulement 350 km au sud de l'équateur, dont la calotte de glace et de névé d'une blancheur éplouissante soulevait encore tant de questions au milieu du 19e siècle, devient en 1889 accessible à la recherche scientifique grâce à cette première ascension. En outre, cet exploit fait brusquement la renommée mondiale de Hans Meyer, renommée bien méritée. Sa première décoration lui est décernée dès son retour sur la côte, le 24 décembre 1889, par le sultan de Zanzibar qui lui remet l'ordre de « L'étoile brillante » en tant qu'ami et « (…) en reconnaissance des (…) voyages d'exploration réalisés… ».[7a] L'entreprise de Hans Meyer racontée dans son livre

Abbildung II
Hans Meyer und Oscar Baumann in Kettenhaft vor Buschiri, 1888.
Hans Meyer et Oscar Baumann emprisonnés et enchaînés devant Bushiri, 1888.

ohne alpine Ausrüstung unmöglich war und kehrte mit dem Entschluß, sich künftig ganz der Erforschung dieses Riesenberges zu widmen, nach Leipzig zurück. 1888 veröffentlichte er seine Eindrücke in dem illustrierten Werk »Zum Schneedom des Kilimandscharo«.

Im Juli 1888 traf Hans Meyer, diesmal besser ausgerüstet und in Begleitung des eingangs bereits erwähnten österreichischen Geographen Dr. Oscar Baumann, erneut in Sansibar ein. Im August brachen beide mit 230 Trägern und Lasten, die Lebensmittel und Ausrüstungen für zwei Jahre enthielten, zum Kilimandscharo auf. Meyer und Baumann durchquerten zunächst, getrennt von der Hauptkarawane, als erste Europäer die Usambara-Berge. Da brach im September 1888 in Ostafrika der Araber-Aufstand gegen die sich immer mehr etablierende und Steuern erhebende private Deutsch-Ostafrikanische Gesellschaft aus. Aufständische konfiszierten die Waffen, Lebensmittel und Ausrüstungsgegenstände der Hauptkarawane im Wert von 30 000 Mark. Die Ereignisse zwangen die beiden Forschungsreisenden alsbald zur Umkehr. Einen Tagesmarsch von der Küste entfernt wurden sie schließlich von anderen Aufständischen gefangengenommen. Hans Meyer unterschrieb in Kettenhaft Anweisungen zur Zahlung von Lösegeldern in Höhe von 12 000 Rupien, worauf sie freikamen und der Führer der Aufständischen, Buschiri, sie beide zur Küste zurückbrachte.[7] Hans Meyer hat sich auch nach wiedergewonnener Freiheit nicht geweigert, die zugesagten Lösegelder auszahlen zu lassen.

Sofort nach seiner Rückkehr nach Deutschland traf er in Leipzig und Berlin neue Vorbereitungen zu einer dritten Kilimandscharo-Expedition. Als Begleiter wählte er sich diesmal den österreichischen Alpinisten Ludwig Purtscheller (1849–1900) aus. Im September 1889 traten beide mit einer neuen Karawane an den Hängen des Kilimandscharo ein. Der dortige Häuptling Mareale von Marangu unterstützte wohlwollend ihre Expedition.

Am 3. Oktober 1889 hatten Meyer und Purtscheller nach unendlichen Anstrengungen den Kibo-Kraterrand erstiegen und mußten nun wahrnehmen, daß es am Südrand des Riesenkraters noch einen 200 m höheren, den wirklichen Gipfel, gab. Sie kehrten zunächst ins Lager zurück, um schließlich drei Tage später, am 6. Oktober 1889 um 10.30 Uhr den Kibo-Gipfel endgültig zu erklimmen. Hans Meyer hißte die deutsche Flagge und taufte den Gipfel »Kaiser-Wilhelm-Spitze«. Die Höhe berechnete er auf 6010 Meter. Erst 1952 gelangten andere Forscher zur abschließenden Erkenntnis, daß das Bergmassiv »nur« 5895 Meter Höhe messe. Der Kilimandscharo, nur 350 km südlich des Äquators gelegen, der mit seiner blendend weißen Kappe aus Gletschereis und Firnschnee, in der Mitte des 19. Jahrhunderts noch so viele Fragen aufgeworfen hatte, war 1889 mit dieser Erstbesteigung der wissenschaftlichen Forschung zugänglich geworden. Hans Meyer begründete außerdem mit dieser bergsteigerischen Superleistung schlagartig seinen verdienten weltweiten persönlichen Ruhm. Die erste Auszeichnung wurde ihm durch den Sultan von Sansibar zu Teil, der ihm alsbald nach seiner

« Ostafrikanische Gletscherfahrten, Forschungsreisen im Kilimandscharo-Gebiet » (Excursions sur les glaciers d'Afrique orientale, explorations dans la région du Kilimandjaro) (Leipzig, 1890) devient un succès littéraire, encore passionnant à lire de nos jours. En hissant le drapeau de l'Empire allemand sur le Kilimandjaro, il a cependant aussi permis que ce massif montagneux ne soit plus sujet à discussion dans les négociations du Traité germano-britannique sur Helgoland et Zanzibar du 1er juillet 1890 quant à son appartenance politique mais soit considéré comme une partie de l'Afrique orientale allemande. C'est ainsi qu'en 1960, le plus haut sommet d'Afrique est devenu incontestablement une partie de l'actuelle Tanzanie.[7b]

En 1891, Hans Meyer, alors âgé de 33 ans, épouse la fille de Ernst Haeckel (1834–1919), très célèbre professeur de zoologie à l'Université d'Iéna. Trois enfants naissent de ce mariage. Hans Meyer entreprend sa prochaine grande expédition en 1898 qui doit à nouveau le conduire en Afrique. Le 23 août 1898, au cours de sa quatrième ascension du Kilimandjaro, accompagné cette fois du peintre munichois Ernst Platz, Hans Meyer peut retourner sur la brèche au bord du cratère, qui porte entre-temps son nom, et avancer dans la cuvette du cratère. Cette excursion visait en outre à compléter les observations scientifiques et les recherches en sciences naturelles antérieures.

Cette première ascension et exploration du Kilimandjaro est de nos jours encore honorée par le gouvernement tanzanien. C'est ainsi qu'en octobre 1969, il fit poser sur le versant sud du massif montagneux, au-dessus de Marangu, une plaque commémorant le 80e anniversaire de la première ascension du Kibo par Meyer et Purtscheller, également dédiée à leur ami, le chef de tribu Mareale von Marangu, qui avait encouragé leur entreprise.

En 1989, pour le 100e anniversaire, du 1er au 6 octobre, se déroula en Tanzanie un programme régional auquel participèrent également des descendants de Hans Meyer. A cette occasion eut lieu une ascension du Kilimandjaro, à Marangu, l'événement historique fut commémoré en présence de l'ambassadeur d'Autriche, et, pour terminer, Madame C. Steffler, qui était alors ambassadeur de l'Allemagne en Tanzanie, tint un discours le 6 octobre 1989 dans le stade de Mochi. La télévision allemande était présente. Tous ceux qui gravissent le Kilimandjaro rencontrent aujourd'hui encore le nom de Hans Meyer.[7c]

Les expériences et les résultats scientifiques de ses quatre expéditions en Afrique (1887–1898) avaient éveillé chez Hans Meyer un intérêt particulier pour la vulcanologie et les questions portant sur les hautes montagnes tropicales. Pour parfaire ses connaissances, il entreprend encore en 1903 une expédition dans les Andes de l'Equateur, qui marque l'apogée de sa carrière de géographe.

Abbildung III
Hans Meyer 1898 in Moschi am Kilimandscharo.
Hintere Reihe v.l.n.r.: Stabsarzt Meixner, Oberleutnant Merker, Zahlmeister Fischer;
vordere Reihe v.l.n.r.: Kunstmaler Platz, Hauptmann Kurt Johannes, Hans Meyer.
Hans Meyer (1er rang, à droite) en 1898 à Moshi sur le Kilimandjaro.

Rückkehr zur Küste, am 24. Dezember 1889, als Freund und »... in Anerkennung der ... gemachten Forschungsreisen ...« den Orden zum »Strahlenden Stern« verlieh.[7a] In Hans Meyers Buch »Ostafrikanische Gletscherfahrten, Forschungsreisen im Kilimandscharo-Gebiet« (Leipzig, 1890) fand seine Unternehmung dann einen bis heute spannend nachzulesenden, erfolgreichen schriftstellerischen Niederschlag. Mit der Hissung der deutschen Reichsflagge auf dem Kilimandscharo hatte er aber auch bewirkt, daß dieses Bergmassiv beim Aushandeln des deutsch-britischen Helgoland-Sansibarvertrages vom 1. Juli 1890 in seiner politischen Zugehörigkeit nicht mehr zur Diskussion stand, sondern als Teil Deutsch-Ostafrikas angesehen wurde. Auf diese Weise ist die höchste Erhebung Afrikas 1960 unstreitig ein Teil des heutigen Tansanias geworden.[7b]

1891 heiratete der 33jährige Hans Meyer die Tochter des damals sehr berühmten Professors des Zoologie an der Universität Jena, Ernst Haeckel (1834–1919). Aus der Ehe gingen drei Kinder hervor. Erst 1898 unternahm Hans Meyer seine nächste große Expedition, und zwar wieder nach Afrika. Am 23. August 1898, während seiner vierten Kilimandscharo-Besteigung, vermochte Hans Meyer, diesmal begleitet von dem Münchener Maler Ernst Platz, wieder zu der inzwischen nach ihm benannten Scharte am Kraterrand hinaufzusteigen und in den äußeren Kraterkessel vorzudringen. Im übrigen galt diese Hochtour der Vervollständigung vorangegangener wissenschaftlicher Beobachtungen und naturkundlicher Forschungen.

Die pionierhafte Erstbesteigung und Erforschung des Kilimandscharo wird auch heute noch von der Regierung Tansanias gewürdigt. So ließ sie im Oktober 1969 am Südhang des Bergmassivs, oberhalb Marangus, eine Gedenktafel anbringen, die der 80. Wiederkehr der Erstbesteigung des Kibo durch Meyer und Purtscheller sowie dem Freund und Förderer ihrer Unternehmungen, dem Häuptling Mareale von Marangu, gewidmet ist.

1989, zum 100. Jahrestag, fand in Tansania vom 1. bis 6. Oktober ein regionales Jubiläumsprogramm statt, an dem auch Nachfahren von Hans Meyer teilnahmen. In diesem Rahmen erfolgte eine Gedächtnisbesteigung des Kilimandscharo, in Marangu wurde des historischen Ereignisses im Beisein des österreichischen Botschafters gedacht, im Stadion von Moschi hielt schließlich am 6. Oktober 1989 die damalige deutsche Botschafterin in Tansania, Frau C. Steffler, eine Ansprache. Das deutsche Fernsehen war vertreten. Jeder Bergsteiger am Kilimandscharo begegnet noch heute dem Namen Hans Meyers.[7c]

Die wissenschaftlichen Erfahrungen und Ergebnisse seiner vier Afrika-Expeditionen (1887–1898) hatten in Hans Meyer das besondere Interesse an der Vulkanologie und den Fragen der tropischen Hochgebirge geweckt. Um hier seine Kenntnisse abzurunden, unternahm er 1903 noch eine Expedition in die Anden von Ecuador, womit seine Entwicklung zum Geographen einen gewissen Abschluß fand.

Au cours des années suivantes, Hans Meyer s'intéresse de plus en plus aux questions de politique coloniale. Influencé par l'esprit de l'époque, il est évident pour lui que l'Empire allemand qui prétend à une renommée mondiale doit également déployer des efforts au plan colonial. Il considère qu'une des tâches particulières de la politique allemande est d'éviter le plus possible les erreurs commises par d'autres puissances coloniales tout en surmontant son manque d'expérience premier. Il lui semble possible d'y parvenir en se basant sur l'exploration précise des territoires de l'Empire allemand même, tout en se faisant une idée précise de la pratique coloniale des autres grandes puissances. Il n'est pas surprenant qu'il ait été appelé en 1901 au Conseil colonial. On précisera qu'il s'agissait d'un comité consultatif qualifié créé par un décret de l'Empereur en date du 10 octobre 1890 (Journal officiel du Reich p. 179) et dont la présidence revenait au directeur du département colonial du ministère des Affaires étrangères. Presque toutes les mesures importantes relevant du domaine de l'administration coloniale étaient soumises au Conseil colonial pour qu'il donne son avis.

En 1902, lors du premier congrès colonial allemand, Hans Meyer propose dans un rapport sur les tâches de la recherche géographique de créer une commission pour l'exploration géographique méthodique des protectorats allemands. Cet organe devait notamment faire des propositions sur l'utilisation du « Fonds pour l'Afrique » du ministère des Affaires étrangères dont les moyens financiers étaient octroyés chaque année par le Reichstag à des fins scientifiques. Le Fonds dispose à l'époque d'un budget annuel de 200 000 Marks. En juillet 1904, le Conseil colonial met en place une commission correspondante dont Hans Meyer est le premier président élu. Il fut l'âme de cet organe aussi longtemps qu'il exista. Grâce à cette position, il exerce une influence considérable sur l'exploration des régions coloniales allemandes jusqu'à ce qu'éclate la Première Guerre mondiale. Il fut le promoteur et le conseiller d'environ dix expéditions.[8]

L'expédition en Afrique centrale, dont Adolf Friedrich duc de Mecklembourg cité plus haut prit l'initiative en 1906, est un exemple de la manière de penser et d'agir de Hans Meyer et est également intéressante pour toute recherche allemande au Rwanda. Hans Meyer fut le conseiller, le promoteur et le mécène de cette entreprise. Il obtient tout d'abord que l'ensemble de la planification soit le plus possible dirigé sur les sciences[9]; il veille ensuite à ce que 60 000 Marks soient octroyés par le Fonds pour l'Afrique qui soutenait alors l'Office impérial des colonies nouvellement créé; il vient enfin à la rescousse de l'expédition de 1907/08 en Afrique orientale quand elle rencontre de graves difficultés financières dues à une augmentation des coûts. En effet, le montant total des dépenses s'élève à plus de 300 000 Marks au lieu des 200 000 Marks estimés. Hans Meyer organise en Allemagne des comités de soutien privés qui contribuent à couvrir les déficits. Quand l'expédition est de retour, c'est de nouveau Hans Meyer qui veille à ce que les

In den folgenden Jahren entfaltete Hans Meyer ein steigendes Interesse an Fragen der Kolonialpolitik. Es war ihm unter dem Einfluß des Zeitgeistes im Grunde eine Selbstverständlichkeit, daß das deutsche Kaiserreich im Rahmen seiner erstrebten Weltgeltung auch koloniale Anstrengungen zu unternehmen hatte. Dabei sah er es als eine besondere Aufgabe der deutschen Politik an, unter Überwindung ihrer anfänglichen Unerfahrenheit die von anderen Kolonialmächten gemachten Fehler möglichst zu vermeiden. Dies erschien ihm auf der Basis der genauen Erforschung der Gebiete des eigenen deutschen Kolonialreichs bei gleichzeitig klaren Vorstellungen von der kolonialen Praxis der anderen Großmächte am ehesten möglich. Es ist nicht überraschend, daß ein solcher Mann 1901 in den Kolonialrat berufen wurde. Erläutert sei, daß es sich hierbei um einen durch Kaiserlichen Erlaß vom 10. Oktober 1890 (RGBl S. 179) gegründeten sachverständigen Beirat handelte, dessen Vorsitz dem Direktor der Kolonialabteilung des Auswärtigen Amtes oblag. Dem Kolonialrat sind fast alle wichtigen Maßnahmen aus dem Bereich der Kolonialverwaltung zur Begutachtung unterbreitet worden.

1902, auf dem ersten deutschen Kolonialkongreß, schlug nun Hans Meyer in einem Vortrag über die Aufgaben der geographischen Forschung vor, eine Kommission zur planmäßigen landeskundlichen Erforschung der deutschen Schutzgebiete zu schaffen. Dieses Gremium sollte insbesondere Vorschläge über die Verwendung des sog. »Afrikafonds« des Auswärtigen Amts machen, dessen finanzielle Mittel jährlich vom Reichstag für wissenschaftliche Zwecke bewilligt wurden. Der Fonds verfügte damals über ein jährliches Budget von 200 000 Mark. Im Juli 1904 setzte der Kolonialrat eine entsprechende Kommission ein, wobei Hans Meyer zum ersten Vorsitzenden gewählt wurde. Er blieb die Seele dieser Körperschaft, solange sie bestand. Aus dieser Position heraus übte er bis zum Ausbruch des Ersten Weltkriegs maßgeblichen Einfluß auf die weitere Erforschung der deutschen Kolonialgebiete aus. Für rund zehn Forschungsexpeditionen war er Förderer und Betreuer.[8]

Beispielhaft für Hans Meyers Denken und Handeln, gleichzeitig aber auch von Interesse für jede deutsche Ruanda-Forschung war die Zentralafrika-Expedition, zu der der eingangs bereits erwähnte Herzog Adolf Friedrich zu Mecklenburg 1906 die Initiative ergriffen hatte. Hans Meyer wurde Berater, Förderer und Mäzen dieses Unternehmens. Zunächst bewirkte er, daß die gesamte Planung auf größtmögliche wissenschaftliche Breite ausgerichtet wurde[9]; dann sorgte er für die Bewilligung von 60 000 Mark aus dem Afrikafonds, der nun dem neugeschaffenen Reichskolonialamt unterstand; schließlich war er der Helfer in der Not, als die Expedition 1907/08 in Ostafrika wegen steigender Kosten in größte finanzielle Schwierigkeiten geriet. Statt veranschlagter Gesamtkosten von 200 000 Mark fielen nämlich Ausgaben von über 300 000 Mark an. Hans Meyer organisierte in Deutschland private Unterstützungskomitees, die die Defizite abzudecken halfen. Nach der Heimkehr der Expedition war es wiederum Hans Meyer, der voraus-

scientifiques se voient octroyer des montants plus importants pour exploiter leur matériel. Il commence à demander les fonds nécessaires dès septembre 1908. C'est ainsi qu'il obtient par exemple des honoraires d'adaptation pour tous les auteurs d'un montant de 43 000 Marks et des subventions pour les éditeurs de l'ensemble des œuvres d'un montant de 40 000 Marks. Dans le courant de l'année, des ouvrages impressionnants, vastes et bien illustrés, peuvent alors être édités, notamment dans les domaines de l'ethnologie, la botanique et la zoologie, même si la Première Guerre mondiale et l'inflation qui suivit compromettent sérieusement les délais et le calcul des coûts. Hans Meyer demande encore en 1925 les dernières subventions pour une publication zoologique. Il signe à ce moment-là au nom de la « Redaktionskommission der Deutschen Zentralafrika-Expedition 1907/08 » (Commission de rédaction de l'expédition allemande en Afrique centrale de 1907/08). Nous en concluons qu'il a suivi l'expédition d'Adolf Friedrich duc de Mecklembourg au plan scientifique et financier pendant près de 20 ans. Hans Meyer ne savait que trop bien que des projets de recherche scientifique ne pourraient jamais être un événement du jour à court terme, mais qu'ils devaient être encouragés à long terme. Vu les résultats obtenus dans la recherche encore tangibles de nos jours, il mérite toute notre reconnaissance, ne serait-ce que pour son action exemplaire dans ce domaine.

Mais revenons à l'année 1906. Bernhard Dernburg (1865–1937) a alors été nommé chef de la politique coloniale allemande. Il s'efforce de déployer une toute nouvelle dynamique. Il décide très vite de dissoudre sans tambour ni trompette le vénérable Conseil colonial auprès duquel Hans Meyer a été appelé en 1904. Les résultats visés par cet organe ne valent, selon lui, même pas la peine d'être mentionnés. En ce qui concerne une de ses commissions, notamment la « Landeskundliche Kommission » (Commission d'exploration géographique) placée sous la présidence de Hans Meyer, Dernburg décide cependant de la transformer en une commission de délibération permanente de l'Office impérial des colonies nouvellement créé, la revalorisant ainsi manifestement. Hans Meyer obtient alors une reconnaissance particulière pour ses prestations dans cette institution nationale. Par ailleurs, Hans Meyer continue à connaître le succès. Il n'est pas seulement un auteur de rapports au style aisé, mais il publie également en 1909 dans sa maison d'édition de Leipzig le vaste recueil en deux volumes intitulé « Das deutsche Kolonialreich » (L'Empire colonial allemand) dont il a lui-même rédigé le premier volume portant sur l'Afrique orientale, intitulé « Ostafrika » (L'Afrique orientale) (416 p.). Il reste jusqu'à présent l'ouvrage de référence le plus important pour l'information sur la situation de l'époque en Afrique orientale.

schauend erkannte, daß den Wissenschaftlern größere finanzielle Beträge für die Auswertung ihrer Materialien zur Verfügung gestellt werden müßten. Er begann ab September 1908 die notwendigen Mittel zu beantragen. So wurden von ihm zum Beispiel Bearbeitungshonorare für die einzelnen Autoren in Höhe von 43000 Mark und Zuschüsse an die Verleger der einzelnen Werke in Höhe von 40000 Mark erwirkt. Im Laufe der Jahre konnten dann auch höchst beeindruckende, umfangreiche und gut illustrierte Werke, insbesondere auf den Gebieten Ethnologie, Botanik und Zoologie, veröffentlicht werden, wenn auch der Erste Weltkrieg und die nachfolgende Inflation Zeitpläne und Kalkulationen stark beeinträchtigten. Hans Meyer beantragte noch 1925 die letzten Subventionen für eine zoologische Veröffentlichung. Er firmierte zu diesem Zeitpunkt als »Redaktionskommission der Deutschen Zentralafrika-Expedition 1907/08«. Wir ersehen daraus, daß er die Expedition des Herzogs Adolf Friedrich zu Mecklenburg fast 20 Jahre lang wissenschaftlich und finanziell betreute. Hans Meyer wußte viel zu gut, daß Projekte wissenschaftlicher Forschung nie ein kurzfristiges Tagesereignis sein können, sondern langfristiger Förderung bedürfen. Allein schon mit seinem exemplarischen Wirken auf diesem Gebiet hat er angesichts der noch heute greifbaren Forschungsergebnisse ein ehrendes Angedenken verdient.

Doch noch einmal zurück in das Jahr 1906. Damals wurde Bernhard Dernburg (1865–1937) zum neuen Leiter der deutschen Kolonialpolitik ernannt, der sich bemühte, frische Dynamik zu entfalten. Er entschied alsbald, den ehrwürdigen Kolonialrat, in den Hans Meyer 1904 berufen worden war, sang- und klanglos aufzulösen. Die von diesem Gremium erzielten Arbeitsergebnisse erschienen ihm die Diskussionen und den Aufwand nicht wert. Hinsichtlich eines seiner Ausschüsse, nämlich der »Landeskundliche Kommission« unter ihrem Vorsitzenden Hans Meyer, verfügte Dernburg jedoch, ihn in eine ständige Beratungskommission des neugeschaffenen Reichskolonialamts (RKA) umzuwandeln und somit sichtlich aufzuwerten. Damit hatte Hans Meyer eine ganz besondere Anerkennung für seine Leistungen in dieser staatlichen Institution erfahren. Hans Meyer blieb auch sonst erfolgreich. Er war nicht nur ein schriftstellerisch gewandter Verfasser von Berichten über seine eigenen Expeditionen, sondern brachte 1909 in seinem Verlagshause in Leipzig auch das zweibändige umfangreiche Sammelwerk »Das deutsche Kolonialreich« heraus, wobei er für Band I, »Ostafrika« (416 S.), als Autor zeichnete. Zur Information über die damaligen Verhältnisse in Ostafrika ist es bis heute das bedeutendste Nachschlagewerk geblieben.

3. Le Rwanda et la région interlacustre en 1911

Il n'est pas étonnant qu'en 1911, Hans Meyer qui ne s'était pas rendu sur le continent africain pendant 13 ans, décide de remettre à jour et d'approfondir ses connaissances sur l'Afrique orientale. Etant donné que la vulcanologie et les hautes montagnes tropicales sont devenues ses domaines de prédilection, il est tout naturel qu'une telle expédition le mène au Rwanda, le pays des volcans Virunga. Son objectif est tout d'abord d'explorer lui-même la région située entre les lacs Victoria, Kivu et Tanganyika. Certes, avant lui, des explorateurs allemands ont déjà réalisé une bonne partie du travail et tracé un réseau relativement dense d'itinéraires. Mais la carte à grande échelle de l'atlas colonial allemand comporte encore des données vagues et de grands espaces blancs. Les compléter devient la tâche principale de Hans Meyer.

Une telle expédition, conduite par Hans Meyer lui-même, devait bien sûr être une entreprise d'exploration de style moderne, capable de rassembler le plus possible de connaissances scientifiques. C'est pourquoi il se fait accompagner par deux autres scientifiques. En tant qu'éditeur aisé et mécène, il renonce dès le départ à demander à la Commission d'exploration géographique dont il est le président de lui accorder des moyens financiers pour ce voyage. Cela lui suffit de pouvoir voyager en mission officielle, même à ses propres frais. Un rapport officiel en date du 27 février 1911 établi par le bureau de la Commission d'exploration géographique (Berlin, Wilhelmstrasse 29) indique que le voyage sera organisé de la manière suivante:

«Monsieur le Conseiller privé Hans Meyer de Leipzig, président de la Commission d'exploration géographique, envisage d'entreprendre début mai un voyage d'exploration en Afrique orientale. L'expédition durera de 6 à 7 mois et il est prévu qu'elle se rende tout d'abord de Bukoba au Rwanda et au lac Kivu, qu'elle visite les volcans Kirunga, puis qu'elle traverse les hauts plateaux de l'Urundi en direction de Tanganyika. A partir d'Usumbura et d'Udjidji, elle traversera le lac sur un bateau à vapeur jusqu'à Bismarckburg, (…) Passant par Kilossa, elle accostera finalement à Dar es-Salaam. (…) L'ensemble des coûts de l'expédition sera supporté par lui seul. Il se réserve les observations et les travaux géologiques, ethnographiques et économiques et sera accompagné par un topographe, qui, outre l'arpentage itinéraire, prendra également des clichés photogrammétriques, et d'un médecin, également zoologiste et botaniste (…) Conformément au souhait de la Commission, Monsieur le Conseiller privé Hans Meyer s'est déclaré prêt à mener son expédition en tant qu'expédition de la Commission d'exploration géographique si toute liberté lui est accordée dans la réalisation de ses objectifs. Dans l'intérêt de la Commission, il se charge de faire remplir par le topographe les espaces vides sur les cartes de la région du Rwanda et

Hans Meyer.

Abbildung IV

3. Ruanda und das Zwischenseengebiet, 1911

Es kann nicht überraschen, daß Hans Meyer 1911, nachdem er 13 Jahre lang den afrikanischen Kontinent nicht mehr bereist hatte, seine Kenntnisse über Ostafrika erneuern und vertiefen wollte. Da Vulkanologie und tropische Hochgebirge seine Spezialgebiete geworden waren, lag es nahe, daß ihn nun eine Expedition unbedingt auch nach Ruanda, in das Land der Virunga-Vulkane, führen mußte. Insgesamt war es sein Reiseziel, die Landschaften zwischen Viktoria-, Kivu- und Tanganyika-See erstmals aus eigener Anschauung kennenzulernen. Gewiß hatten dort deutsche Afrikaforscher vor ihm schon ein gutes Stück Arbeit geleistet und ein ziemlich enges Netz von Routen gezogen. Dennoch wies die großmaßstäbige Karte des Deutschen Kolonialatlas noch manche vage Eintragung und weiße Flecken auf. Diese zu tilgen, machte sich Hans Meyer zur Hauptaufgabe.

Eine solche von ihm selbst geleitete Expedition sollte natürlich ein Forschungsunternehmen modernen Stils sein, das in der Lage sein mußte, auf möglichst breiter Basis wissenschaftliche Erkenntnisse zu sammeln. Deshalb ließ er sich von zwei weiteren Wissenschaftlern begleiten. Als wohlhabender Verleger und Mäzen anderer verzichtete er von vornherein darauf, sich durch die Landeskundliche Kommission, der er selbst präsidierte, finanzielle Mittel für eine solche Reise bewilligen zu lassen. Es genügte ihm, in amtlicher Mission, wenn auch auf eigene Rechnung, reisen zu können. In einem offiziellen Antrag vom 27. Februar 1911 der Geschäftsstelle der Landeskundlichen Kommission (Berlin, Wilhelmstraße 29) liest sich die Reiseplanung wie folgt:

»Herr Geh. Hofrat Prof. Dr. Hans Meyer in Leipzig, Vorsitzender der Landeskundlichen Kommission, gedenkt Anfang Mai eine Forschungsreise nach Ostafrika anzutreten. Die Expedition ist auf die Dauer von 6–7 Monaten bemessen, und es ist in Aussicht genommen, zuerst von Bukoba nach Ruanda und zum Kiwusee zu gehen, auch die Kirungavulkane zu besuchen und dann durch das Hochland von Urundi nach Tanganika zu wandern. Von Usumbura und von Udjidji aus soll der See per Dampfer bis nach Bismarckburg gekreuzt werden,... Über Kilossa wird schließlich die Küste in Daressalam wieder erreicht werden.... Die gesamten Kosten der Expedition werden von ihm allein getragen. Er behält sich die geologischen, ethnographischen und wirtschaftlichen Beobachtungen und Arbeiten vor und wird begleitet sein von einem Topographen, der außer den Routenaufnahmen auch photogrammetrische Aufnahmen macht, und von einem Mediziner, der zugleich studierter Zoologe und Botaniker ist... Auf den Wunsch der Kommission hat sich Herr Geheimrat Hans Meyer bereit erklärt, seine Expedition als Expedition der Landeskundlichen Kommission auszuführen, falls ihm volle Freiheit in der Ausführung seiner Absichten gewährleistet wird. Er hat es übernommen, im Interesse der Kommission von dem

de celle située au sud du Rwanda. Vu l'importance d'une telle expédition (…) la Commission (…) a pris la décision de présenter une requête à l'Office impérial des colonies lui demandant de considérer l'expédition détaillée ci-dessus de son président comme une expédition officielle, de lui assurer la même protection policière et le même soutien qu'aux expéditions officielles – procuration d'askaris etc., recommandations auprès des autorités etc. – ainsi que de bien vouloir soutenir les demandes de congé du topographe et du médecin que Monsieur le Conseiller privé Hans Meyer souhaite emmener… »[10]

Le secrétaire d'Etat de l'Office impérial des colonies de l'époque, von Lindequist (successeur de Bernhard Dernburg) a bien sûr eu l'amabilité de donner une réponse positive à cette demande. Le gouverneur de Dar es-Salaam fut immédiatement informé du fait que participeraient à l'expédition le lieutenant Otto Tiller, ex-officier des troupes coloniales, en tant que topographe, et le docteur en médecine Rainhard Houy de l'« Institut für Schiffs- und Tropenkrankheiten » (Institut des maladies tropicales et des maladies des marins) de Hambourg, en tant que médecin et zoologiste. Le lieutenant Tiller devait arriver avant Hans Meyer pour réaliser des travaux préparatoires. Le secrétaire d'Etat donna en outre la directive suivante :

« (…) Tout en soulignant que Monsieur le Conseiller privé Meyer, en sa qualité de président de la ‹ Kommission für die landeskundliche Erforschung der Schutzgebiete › (Commission d'exploration géographique des protectorats allemands), a déjà rendu, depuis de nombreuses années, des services importants d'une manière désintéressée et dévouée à l'administration coloniale, j'ai l'honneur de demander à votre Excellence de bien vouloir considérer comme <u>officiel</u> l'assentiment que j'ai accordé au professeur Dr Hans Meyer – hormis la question de la couverture des coûts – et de soutenir ses travaux (…) sous toute forme admise légalement, ainsi que de donner dès que possible les instructions correspondantes aux services concernés. Je me permettrai de vous faire parvenir un rapport sur cette affaire (…) »[11]

Hans Meyer était ainsi certain de recevoir toute l'aide officielle nécessaire.
Hans Meyer quitte Leipzig le 18 mai 1911 par le train pour rejoindre au Népal le bateau en partance pour Mombasa. En tant qu'entrepreneur, il savait que l'argent se mérite et c'est la raison pour laquelle, accompagné du Dr Houy, il ne voyage pas en première classe. Sur le bateau à vapeur, il rencontre d'ailleurs de nombreuses vieilles connaissances, et parmi elles, le capitaine Werner von Grawet (1867–1918) qui vient de passer trois ans au service de l'Office impérial des colonies à Berlin. Ce dernier avait épousé Freiin von Bothmer (née en 1882) à la fin de l'année 1909, alors qu'il se trouvait en Allemagne, et retourne en Afrique orientale allemande

Abbildung V
Reisepaß von Prof. Dr. Hans Meyer, ausgestellt am 11. April 1911,
Originalgröße 32,8 × 41,8 cm.
Passeport du professeur Hans Meyer, délivré le 11 avril 1911,
dimensions originales 32,8 × 41,8 cm.

Topographen die auf den Karten im Ruandagebiet und südlich davon befindlichen leeren Stellen ausfüllen zu lassen. Im Hinblick auf die Bedeutung einer solchen Expedition ... hat die Kommission ... den Beschluß gefaßt, eine Eingabe an das Reichs-Kolonialamt zu richten, die im vorstehenden näher detaillierte Expedition ihres Vorsitzenden als eine amtliche zu betrachten und ihr denselben polizeilichen Schutz und dieselbe Förderung – durch Beschaffung von Askari etc., Empfehlungen an die Behörden usw. – wie den amtlichen Expeditionen zu sichern, sowie die Urlaubsgesuche des Topographen und des Arztes, die Herr Geheimrat Hans Meyer mitnehmen will, gütigst unterstützen zu wollen ...«[10]

Natürlich hat der damalige Staatssekretär des Reichs-Kolonialamts von Lindequist (Nachfolger von Bernhard Dernburg) einen solchen Antrag nur positiv bescheiden wollen. Der Gouverneur in Dar-es-Salaam wurde alsbald darüber informiert, daß als Topograph der frühere Schutztruppenoffizier Oberleutnant Otto Tiller und als Mediziner und Zoologe der approbierte Arzt Dr. phil. et med. Rainhard Houy vom Institut für Schiffs- und Tropenkrankheiten in Hamburg teilnehmen würden. Oberleutnant Tiller sollte vor Professor Meyer eintreffen, um Vorbereitungsarbeiten zu leisten. Im übrigen erging die folgende Weisung des Staatssekretärs:

»... Indem ich hervorhebe, daß Geheimrat Meyer in seiner Eigenschaft als Vorsitzender der Kommission für die landeskundliche Erforschung der Schutzgebiete bereits seit einer Reihe von Jahren in uneigennütziger und aufopfernder Weise der Kolonialverwaltung in halbamtlicher Stellung wertvolle Dienste leistet, ersuche ich Eure Exzellenz ergebenst, der von mir gegebenen Zusage entsprechend die Expedition des Professors Dr. Hans Meyer – abgesehen von der Frage der Kostendeckung – als eine amtliche anzusehen und die Arbeiten ... in jeder gesetzlich zulässigen Weise zu unterstützen, auch die in Betracht kommenden Dienststellen alsbald mit entsprechenden Weisungen zu versehen. Einem Berichte über das Veranlaßte sehe ich ergebenst entgegen ...«[11]

Hans Meyer konnte somit sicher sein, daß ihm jegliche amtliche Unterstützung zuteil werden würde.

Hans Meyer verließ Leipzig per Bahn am 18. Mai 1911, um in Neapel das Schiff nach Mombasa zu erreichen. Er war sich als Unternehmer bewußt, daß Geld erst verdient werden muß, und reiste deshalb mit seinem Begleiter Dr. Houy nicht in der 1. Klasse. Auf dem Dampfer traf er übrigens viele alte Bekannte, unter ihnen Hauptmann Werner von Grawert (1867–1918), der gerade drei Jahre Dienst im Reichs-Kolonialamt in Berlin verbracht und sich Ende 1909, also während seiner Jahre in Deutschland, mit Freiin von Bothmer (geb. 1882) verheiratet hatte, und der nun mit seiner Frau und dem sieben Monate alten Söhnchen Adolf-Friedrich

avec sa femme et leur fils, Adolph Friedrich, âgé de sept mois. La compagnie de navigation donnait une image fermement établie des liens coloniaux allemands avec l'Afrique. En faisaient partie les injures des planteurs allemands des montagnes Usambara à l'encontre du Baron Albrecht von Rechenberg (1861–1935), successeur du comte von Götzen au poste de gouverneur de l'Afrique orientale allemande, parce qu'il défendait les intérêts africains et désapprouvait les colons.

Le 7 juin 1911, le bateau passe en grande pompe l'équateur, un événement que Hans Meyer vit pour la 11ème fois. Soit dit en passant, le compagnon de voyage qu'il s'est choisi commence déjà à l'irriter pendant la traversée. Le docteur Houy joue trop au skat et ne profite pas assez de son temps pour apprendre le kiswahili! Hans Meyer s'est d'ailleurs encore souvent énervé contre son compagnon. Le 10 juillet, ils arrivent tous deux à Mombasa; ils prennent ensuite le chemin de fer en Ouganda qui les emmène au lac Victoria qu'ils traversent par bateau à vapeur le 22 juin 1911 pour atteindre Bukoba où ils sont reçus de façon hospitalière par Eberhard Gudowius, résident officiel. Le lieutenant Tiller, troisième participant allemand à l'expédition, est également sur place. Le prochain bateau apporte le reste des bagages, tandis que, de l'autre direction, arrive déjà du courrier du Dr Kandt qui souhaite la bienvenue à l'expédition à Kigali. Hans Meyer achète alors trois mulets. Le voyage n'est certainement pas bon marché, mais l'ensemble des coûts couverts par la fortune personnelle de Hans Meyer n'apparaît malheureusement pas dans les actes.

A partir de Bukoba, Hans Meyer et ses compagnons allemands commencent un traitement préventif contre le paludisme en prenant un gramme de quinine tous les sept et huit jours. Les recommandations qui leur avaient été faites de prendre un demi-gramme de quinine tous les cinq jours, s'étaient avérées absolument inefficaces. Le résident Gudowius avait expliqué que les Européens établis depuis longtemps ne suivaient pas de traitement préventif et prenaient le risque d'attraper le paludisme. Si quelqu'un était atteint de paludisme, il devait prendre 1 gramme de quinine par jour jusqu'à ce que la crise soit passée. C'est à peu près de la même manière que l'on agit de nos jours dans cette région africaine.

En quittant Bukoba le 28 juin 1911, la caravane comprend, outre les trois Allemands, 118 hommes, dont deux cuisiniers et plusieurs askaris que la résidence a accordés en escorte. Les bagages sont répartis en 90 fardeaux, dont 15 tentes (y compris tables pliantes et chaises), 20 valises en fer blanc, 40 caisses de bois, quatre lits et dix fardeaux de riz.

Dans l'ensemble, le voyage de Hans Meyer était méthodique et bien organisé. En 1911, une expédition ne permettait pas d'apporter de nouveaux résultats spectaculaires. Pour cela, le comte von Götzen, Kandt, les scientifiques de l'expédition du duc Adolf Friedrich et toute une série d'officiers allemands bien formés de la troupe de protection avaient déjà trop bien travaillé. L'expédition de Hans Meyer

Abbildung VI
Heutige politische Gliederung des ehemaligen Deutsch-Ostafrika
in die Staaten Tansania, Ruanda und Burundi.
Reiseroute von Hans Meyer nachträglich eingetragen.
Organisation politique actuelle de l'ancienne Afrique orientale allemande
comprenant le Tanzanie, le Rwanda et le Burundi.
Itinéraire de Hans Meyer tracé ultérieurement.

wieder nach Deutsch-Ostafrika zurückkehrte. Die Schiffsgesellschaft zeigte ein Bild fest etablierter deutscher kolonialer Bindungen zu Afrika. Zum Spektrum gehörte auch das Schimpfen der deutschen Pflanzer aus den Usambara-Bergen auf den seit 1906 als Nachfolger des Grafen Götzen fungierenden Gouverneur von Deutsch-Ostafrika, den Freiherrn Albrecht von Rechenberg (1861–1935) wegen seiner die afrikanischen Belange vertretenden und den Siedlern gegenüber kritischen Haltung.

Am 7. Juni 1911 überquerte das Schiff mit festlichem Pomp den Äquator, was Hans Meyer zum elften Male erlebte. Ganz nebenbei begann er sich schon während der Seefahrt über den von ihm ausgesuchten Reisebegleiter zu erzürnen. Dr. Houy spiele zu viel Skat und nutze die Zeit zu wenig, um Kisuaheli zu lernen! Hans Meyer hat sich übrigens noch öfter über seinen Begleiter geärgert. Am 10. Juli trafen beide in Mombasa ein; mit der Uganda-Bahn ging es weiter bis zum Viktoria-See, per Dampfer über Muanza erreichten sie am 22. Juni 1911 Bukoba, wo sie vom amtierenden Residenten Eberhard Gudowius gastlich aufgenommen wurden. Auch der dritte deutsche Expeditionsteilnehmer, Oberleutnant Tiller, ist hier zu Stelle. Der nächste Dampfer brachte noch das restliche Gepäck, aus der anderen Himmelsrichtung kam bereits Post von Dr. Kandt, der die Expedition in Kigali willkommen hieß. Hans Meyer erwarb nun noch drei Maultiere. Billig kann die Reise nicht gewesen sein, leider sind die von Hans Meyer aus seinem Privatvermögen abgedeckten Gesamtkosten aus den Akten nicht ersichtlich.

Ab Bukoba begannen Hans Meyer und seine deutschen Begleiter mit der Malaria-Prophylaxe, indem sie ein Gramm Chinin an jedem siebten und achten Tage schluckten. Vorher erhaltene Empfehlungen, an jedem fünften Tage ein halbes Gramm Chinin einzunehmen, wurden hier als völlig unwirksam bezeichnet. Resident Gudowius kommentierte, daß die länger ansässigen Europäer gar keine Prophylaxe betrieben und es hinsichtlich Malaria darauf ankommen ließen. Habe jemand Malaria, so schlucke er täglich ein Gramm, bis der Anfall vorbei sei. So etwa wird es auch heute noch in dieser afrikanischen Region gehandhabt.

Die Karawane umfaßte bei ihrem Abmarsch in Bukoba am 28. Juni 1911 außer den drei Deutschen 118 Mann, darunter zwei Köche und mehrere Askaris, die die Residentur zur Begleitung mitgegeben hatte. Das Reisegepäck war in 90 Lasten aufgeteilt, davon 15 Zeltlasten (einschließlich Klapptische und Stühle), 20 Blechkoffer, 40 Holzkisten, vier Betten und zehn Lasten Reis.

Hans Meyers Reise war insgesamt durch Planmäßigkeit und gute Organisation gekennzeichnet. Spektakuläre neue Ergebnisse konnte eine Expedition im Jahre 1911 nicht mehr erbringen, dafür hatten Graf Götzen, Kandt, die Wissenschaftler der Expedition des Herzogs Adolf Friedrich und eine ganze Reihe gut ausgebildeter deutscher Schutztruppenoffiziere schon zuviel geleistet. Hans Meyers Expedi-

devint donc le voyage classique qui permit de récolter d'autres connaissances scientifiques de détail et de comparer des conceptions coloniales en matière économique avec la réalité. Elle avait également pour objectif d'actualiser le volume I de l'ouvrage capital « Das deutsche Kolonialreich » (L'Empire colonial allemand) intitulé « Ostafrika » (Afrique orientale).

Hans Meyer traverse d'abord la région désertique des versants du graben d'Ihángiro que les caravanes avaient l'habitude de contourner. Cela lui permet d'explorer précisément le lac Burigi (lac Urigi) et de le mesurer presque entièrement en cinq jours seulement. Passant par le plateau de Karagwe, il atteint la rivière Kagera qu'il traverse sur le « ferry de Migera » (une entreprise de ferry à l'aide de petits bateaux près de la colonie de Migera) pour s'engager sur l'autre rive dans le plateau du Rwanda oriental. En chemin, il découvre le lac Kihonde situé dans une cuvette, sans doute formé par les eaux marécageuses de la Kagera.[12] Les détails de la traversée du Rwanda feront l'objet de l'exposé ci-après.[13]

Au total, Hans Meyer, âgé de 53 ans, et ses compagnons effectuent en quatre mois environ, à pied et à dos de mulets, le parcours suivant : Bukoba – le lac Burigi – le lac Mohasi – Kigali – Kissenji – l'ascension du Karissimbi (4500 m) et du Niragongo (3400 m) – Kissenji, la traversée du lac Kivu en pirogue, Rubengera – Nyanza avec visite au roi du Rwanda – Mussivi (Russiga) montagnes – vers la vallée des sources du Ruwuvu – le massif le plus élevé des abords du graben centrafricain – Usumbura et la pointe nord du lac Tanganyika – puis, en direction de l'Est vers Maria Hilf dans le petit empire d'Uschirombo – et de là vers Tabora qu'ils atteignent le 21 octobre 1911. A partir de cette ville, Hans Meyer n'est plus qu'à trois jours et demi de marche de la voie ferrée alors en construction. Le 11 novembre, il prend à Dar es-Salaam[13a] un bateau allemand qui le ramène en Europe.

Quelques indications sur le Rwanda de l'époque permettent de mieux comprendre les informations de détail qui suivent.

Cette partie nord-ouest de l'Afrique orientale allemande n'occupait certes qu'environ 3,5 % de la surperficie totale, mais comprenait environ 25 % de la population totale de la colonie avec un nombre d'habitants estimé à environ 2 millions. Le Rwanda bénéficiait d'un climat d'altitude agréable, de sorte que des groupes d'intérêt individuels allemands considéraient ce pays comme une région de colonisation appropriée. Le cheptel était estimé à un million de bœufs à longues cornes. L'exportation des peaux et des fourrures avait commencé, les plantations de café étaient prometteuses. Pour ces raisons, le Rwanda était considéré comme un pays si intéressant qu'il était question de financer et de construire un raccordement de chemin de fer au réseau ferroviaire d'Afrique orientale allemande.

Depuis des années, le Rwanda faisait également l'objet de recherches socio-ethnographiques approfondies. Il passait pour être un royaume régi de manière

tion wurde die klassische Reise zur Erlangung weiterer wissenschaftlicher Detailkenntnisse und zur Überprüfung kolonialwirtschaftlicher Meinungen anhand der Wirklichkeit. Sein Ziel war es dabei auch, den 1909 veröffentlichten Bd. I »Ostafrika« des Standardwerks »Das deutsche Kolonialreich« auf seine Aktualität zu überprüfen.

Hans Meyer durchquerte zunächst die unbewohnte Wildnis der Grabensenke von Ihángiro, die Karawanen sonst zu umgehen pflegten. Dabei gelang ihm in nur fünf Tagen eine genauere Untersuchung und fast vollständige Vermessung des Burigi-Sees (Urigi-See). Über das Karagwe-Plateau erreichte er den Kagera-Fluß, den er auf der sog. »Migera-Fähre« (ein Fährbetrieb mit Hilfe kleiner Boote bei der Ansiedlung Migera), kreuzte, um auf der anderen Seite das Plateau von Ost-Ruanda zu betreten. Unterwegs entdeckte er den in einem Bruchkessel gelegenen Kihonde-See, der sich vermutlich aus Sumpfwassern des Kagera bildet.[12] Die Einzelheiten der anschließenden Durchquerung Ruandas werden Gegenstand der nachfolgenden Darstellung sein.[13]

Insgesamt legte der 53jährige Hans Meyer mit seinen Begleitern in knapp vier Monaten zu Fuß und auf dem Maultier die folgende Strecke zurück: Bukoba – Burigi-See – Mohasi-See – Kigali – Kissenji – Besteigung des Karissimbi (4500 m) und des Niragongo (3400 m) – Kissenji – Kivusee-Fahrt im Einbaum – Rubengera – Nyanza mit Besuch beim ruandischen König – Muwissi- (Russiga-)Gebirge – zum Tal der Ruwuvu-Quelle – höchstes Massiv des Randgebietes des zentralafrikanischen Grabens – Usumbura und Nordende des Tanganyika-See – dann gen Osten nach Mariahilf in der kleinen Herrschaft Uschirombo – von dort nach Tabora, wo er am 21. Oktober 1911 eintraf. Von dieser Stadt aus mußte Hans Meyer damals nur noch dreieinhalb Tage wandern, um die Gleisspitze der im Bau befindlichen Zentralbahn zu erreichen. Am 11. November bestieg er in Dar-es-Salaam[13a] ein deutsches Schiff, das ihn wieder nach Europa zurückbrachte.

Zum besseren Verständnis der nachfolgenden Detail-Informationen seien einige Hinweise zum Ruanda der damaligen Zeit eingefügt.

Diese Nordwestecke Deutsch-Ostafrikas umfaßte zwar nur rd. 3,5 % der Gesamtfläche, aber mit schätzungsweise knapp 2 Mio. Einwohnern etwa 25 % der Gesamtbevölkerung der Kolonie. Ruanda hatte ein angenehmes Hochlandklima, so daß einzelne Interessengruppen in Deutschland dieses Land als geeignetes Siedlungsgebiet ansahen. Der dort vorhandene Viehbestand wurde allein auf 1 Mio. Langhornrinder veranschlagt. Ein Export von Häuten und Fellen hatte begonnen, der Kaffeeanbau galt als vielversprechend. Ruanda wurde daher als so wertvoll angesehen, daß eine Diskussion um die Finanzierung und den Bau eines Eisenbahnanschlusses an das Bahnnetz von Deutsch-Ostafrika begonnen hatte.

Ruanda war auch seit Jahren Gegenstand eingehender sozio-ethnographischer Forschungen. Es galt als zentralistisch regiertes Königreich. Die herrschende Fa-

centralisée. La famille régnante était issue de la tribu des Watussi de haute stature dont on suppose qu'ils étaient venus 500 ans auparavant d'Afrique du Nord. Leur économie était basée sur l'élevage de bœufs. Le pourcentage de population du groupe ethnique dominant était estimé à seulement 3 % environ de l'ensemble de la population rwandaise. La grande majorité était représentée par les Wahutu qui pratiquaient l'agriculture et étaient opprimés et exploités par les Watussi.

A partir de 1901, l'administration coloniale allemande se fixa pour objectif politique de gouverner le Rwanda sous la forme d'une souveraineté indirecte. Cela devait permettre de limiter les frais et d'éviter également le plus possible les agitations internes. Il s'agissait ainsi de stabiliser le royaume. Un résident allemand devait cependant être adjoint au souverain en qualité de conseiller et de représentant du gouverneur. Dans le cadre de ce système, il lui incombait de respecter les us et coutumes de la population, ce qui signifiait toutefois l'acceptation et l'« utilisation » du système de souveraineté des Watussi. Une législation équilibrée, s'inspirant du modèle allemand, devait tout d'abord être introduite progressivement. Sur la base de la confiance mutuelle, le souverain autochtone devait finalement devenir une sorte de fonctionnaire administratif payé. Le prélèvement d'un impôt, qui devait entraîner une modification du système social, ne devait avoir lieu qu'à long terme et avec l'accord du souverain. Le cas échéant, le résident devait servir de médiateur et trancher entre les missionnaires blancs qui avaient entrepris de christianiser le pays, et les commerçants européens et indiens, qui étaient également des forces motrices du changement.

Quand Hans Meyer entreprend son voyage en Afrique orientale en 1911, l'administration coloniale allemande a entamé depuis environ quatre ans la réalisation du système de résidence, non seulement au Rwanda, mais aussi dans les régions voisines, Bukoba et Urundi. En 1907, le médecin et explorateur de l'Afrique Richard Kandt a été nommé résident du Rwanda. Il s'efforce de pratiquer une politique compréhensive, réservée en cas de doute. En 1908, il avait fondé Kigali en tant que siège administratif du Rwanda. Cette ville était située à 2–3 jours de marche de Niansa, siège du roi du Rwanda. L'introduction d'une économie monétaire, la mise en place de liaisons postales et un certain développement économique avait commencé. 24 firmes commerciales (deux allemandes, un grecque, les autres indiennes et arabes) avaient leur activité au Rwanda. La population européenne adulte était composée de 55 hommes et dix femmes, dont 28 Allemands, 22 Français, six Hollandais. Environ la moitié des Européens, surtout les Français et les Hollandais, étaient des missionnaires catholiques. Parmi les 28 Allemands, quatre étaient des fonctionnaires du gouvernement de Kigali, six appartenaient aux troupes de protection de Kissenji et Mruhengeri, le reste était composé de missionnaires protestants, de commerçants et autres.[14]

Il y aurait lieu enfin de signaler un développement politique exceptionnel. Le

Abbildung VII

Die Gebäude der Residentur von Kigali nach einer Aufnahme von Hans Meyer, 1911.
Les bâtiments de la Résidence de Kigali, une photographie prise par Hans Meyer, 1911.

belgisch regierte westliche Nachbar Ruandas, der Kongo-Staat, hatte seit Jahren rund ein Drittel Ruandas für sich gefordert. Deutschland war ab 1898 diesem territorialen Anspruch mit militärischer Präsenz erfolgreich entgegengetreten. 1910 hatten deutsche, belgische und britische Diplomaten in Brüssel für die Gesamtregion einen umfassenden Kompromiß ausgehandelt und vertraglich besiegelt. 1911 führten ihn Grenzkommissionen in Ruanda aus. Hans Meyer konnte vor Ort erfahren und notieren, was die deutschen Beamten und Offiziere davon hielten. Wenn auch insgesamt die Intensität der deutschen kolonialen Präsenz in Ruanda ausgesprochen bescheiden genannt werden muß, so war sie doch im Ausbau begriffen. Es ist nur natürlich, daß Hans Meyer den erwähnten faszinierenden soziologischen und politischen Faktoren (königliche Watussi-Herrschaft mit Residentursystem, christliche Missionierung[14a] sowie Beilegung des Kivu-Grenzstreits mit dem Kongo-Staat) seine kritische Aufmerksamkeit zuwandte, wenn auch sein wissenschaftliches Interesse mehr der Botanik[15], Geologie und Vulkanologie der Hochgebirge galt.

Niemand hielt es für möglich, daß die deutsche Position in nur wenigen Jahren durch den Ersten Weltkrieg beseitigt werden würde.

Nachfolgend seien aus den Tagebuchaufzeichnungen Hans Meyers einige Streiflichter wiedergegeben, die vor dem soeben skizzierten Hintergrund zu werten sind.

Vom 15. bis 19. Juli 1911 weilte Hans Meyer in Kigali bei Richard Kandt, dem Kaiserlichen Residenten von Ruanda. Meyer litt unter Halsentzündung und Kandt, von Hause aus Arzt, bemühte sich um dessen Heilung. Kandt selbst machte auf Hans Meyer einen äußerst müden und kranken Eindruck.[16]

Gegenstand der Gespräche war natürlich auch das deutsch-belgisch-britische Brüsseler Abkommen von 1910. Mit seinen Einzelheiten war Richard Kandt gar nicht einverstanden. Er vertrat vielmehr die Auffassung, daß auch die englischen Ansprüche abzulehnen gewesen wären, da es nie einen Berg Mfumbiro gab, auf dessen Besitzrecht sich die Briten immer berufen haben. König Musinga sei wegen der Abgabe einzelner ihm unterstehender Landesteile an den Belgisch-Kongo und an England äußerst ungehalten, und Kandt könne ihm die schmerzliche Wahrheit nur tropfenweise beibringen. Kandt war auch verbittert darüber, daß er zum Vertragsentwurf nicht um seine Meinung gefragt worden war.[16a]

Kandt und Meyer haben an ihren gemeinsamen Abenden in Kigali natürlich sämtliche damals aktuellen politischen Fragen erörtert. Dazu gehörte auch ihre Verärgerung über die angebliche belgische Freihandelspolitik, die sie als bloße Spiegelfechterei betrachteten, da die großen Gesellschaften im Belgisch-Kongo erhebliche Konzessionsgebiete zugeteilt erhielten, in denen die Handelsfreiheit für andere Kaufleute praktisch unterbunden werde.

Hochaktuell waren damals auch die Fragen des Bahnbaues. Gouverneur von

à l'époque. Le gouverneur von Rechenberg défend un tracé qui a été accepté en 1914 par le Reichstag allemand, Kandt et Meyer jugent par contre une liaison ferroviaire entre le lac Victoria et le coude de la Kagera beaucoup plus judicieuse.[17]

Hans Meyer admire les idées de Kandt au sujet du développement économique du Rwanda. Kandt espère ainsi pouvoir fabriquer des briquettes avec les papyrus des nombreux terrains bas, comme celles que les Anglais utilisent pour la navigation sur le Nil. A l'époque, Kandt évoque aussi la possibilité de prélever un impôt, le roi Musinga devant obtenir 20 % des recettes et ses Watuale 5 %. Kandt ne pensait pas que la population se révolterait. Comme nous le savons, Wintgens, le représentant de Kandt, a entrepris avec succès l'imposition de certaines régions en 1914, la population espérant que si elle payait des impôts à l'administration coloniale allemande, elle ne devrait pas en verser à la classe dominante des Watussi![18]

Le mardi 25 juillet 1911, Hans Meyer quitte Kigali en direction de Ruhengeri. En chemin, il est fortement impressionné par l'intensité des cultures du Rwanda et les compare à un paysage cultural allemand. Il constate avec admiration que les champs aménagés sur les pentes abruptes sont terrassés sans mur et sont seulement formés par des marches.[19]

Le 30 juillet, Hans Meyer atteint Ruhengeri. Il note dans son journal que le poste du lieutenant Wintgens a été créé afin de pouvoir mieux habituer les rebelles Bakiga à la domination allemande. La population insoumise mènerait encore de nombreuses guerres intestines. La veille, deux ou trois personnes auraient de nouveau été battues à mort, mais le gouvernement aurait ordonné de ne pas se mêler de ces querelles.[20]

A partir de Ruhengeri, Hans Meyer escalade le 3 août 1911 le Karissimbi, volcan de 4506 m de haut, une escalade pendant laquelle l'expédition souffre beaucoup de la neige, de la pluie et de la grêle. Son chef doit endurer des douleurs lombaires dues aux durs efforts physiques. Après coup, il note : « (…) mais je suis tout de même satisfait d'avoir pu, à 53 ans, réaliser cette grande excursion, avançant toujours seul en tête et gardant le moral dans le brouillard et la grêle (…) »[21]

A partir de Kissenji (aujourd'hui Gisenyi) au bord du lac Kivu, il escalade aussi le Niragongo (3469 m) le 11 août, un volcan que le comte von Götzen avait été le premier à explorer en 1894 et qui appartient au Congo belge depuis la fin du litige de la frontière du Kivu. Au bord du cratère, l'expédition trouve une boîte en fer blanc protégée par des pierres qui contient même un livre de visiteurs comprenant déjà 22 inscriptions![22]

Au sujet de Kissenji même, Hans Meyer rapporte qu'il s'y trouve deux commerçants allemands, un Grec, deux Arabes et une vingtaine d'Indiens. La contrebande n'est plus florissante et les marchands ne peuvent vendre qu'un peu de caoutchouc et d'ivoire ainsi que ce dont la compagnie de la troupe de protection a besoin. Une

Rechenberg trat für eine Trassenführung ein, die 1914 vom deutschen Reichtstag angenommen wurde, Kandt und Meyer hielten demgegenüber eine Bahnverbindung zwischen dem Viktoria-See und dem Kagera-Knie für wesentlich sinnvoller.[17]

Hans Meyer bewunderte Kandts Ideen zur wirtschaftlichen Entwicklung Ruandas. So hoffte Kandt, aus dem Papyrus der zahlreichen sumpfigen Niederungen Briketts machen zu können, wie sie die Engländer für die Nilschiffahrt verwendeten. Kandt erwog damals auch die Möglichkeiten der Steuererhebung, wobei König Musinga an den Erträgen zu 20 % und seine Watualen zu 5 % beteiligt werden sollten. Kandt glaubte nicht an einen Widerstand der Bevölkerung. Wie wir wissen, hat 1914 Kandts Vertreter Wintgens die Besteuerung einzelner Landesteile erfolgreich in Angriff genommen, wobei die Bevölkerung hoffte, daß sie dann, wenn sie Steuern an die deutsche Kolonialverwaltung zahle, keine weiteren an die herrschende Klasse der Watussi zu leisten hätte![18]

Hans Meyer marschierte am Dienstag, den 25. Juli 1911, von Kigali Richtung Ruhengeri ab. Auf dem Wege war er höchst beeindruckt von der intensiven Bebauung Ruandas und verglich sie mit deutschen Kulturlandschaften. Bewundernd sah er, daß an Steilhängen die Felder ohne jegliche Mauern terrassiert und nur durch Bodenstufen errichtet waren.[19]

Am 30. Juli erreichte Hans Meyer Ruhengeri. Er notierte in sein Tagebuch, daß der Posten von Oberleutnant Wintgens angelegt worden sei, um die aufsässigen Bakiga besser an die deutsche Oberhoheit gewöhnen zu können. Die unruhige Bevölkerung führe immer noch viele Kriege untereinander. Gestern seien wieder zwei oder drei totgeschlagen worden, die Regierung habe aber angeordnet, daß man sich in kleinere Plänkeleien nicht einmischen solle.[20]

Von Ruhengeri aus bestieg Hans Meyer am 3. August 1911 den 4506 m hohen Karissimbi, wobei die Expedition viel unter Schnee, Regen und Hagel zu leiden und ihr Chef durch die starken körperlichen Anstrengungen rheumatische Kreuzschmerzen zu erdulden hatte. Hinterher vermerkte er: »… bin aber doch vergnügt, daß ich mit meinen 53 Jahren die große Tour, immer voran und oben allein führend und in Nebel und Hagel die Stimmung haltend, habe durchführen können …«[21]

Von Kissenji (heute Gisenyi) am Kivu-See aus wurde am 11. August auch der Niragongo (3469 m) bestiegen, ein Vulkanberg der 1894 erstmals von Graf Götzen erforscht worden war und seit Beendigung des Kivu-Grenzstreits zum Belgisch-Kongo gehörte. Auf dem Krater fand die Expedition unter dem Schutz von Steinen einen Blechkasten, der sogar ein Besucherbuch enthielt, das bereits 22 Eintragungen aufwies![22]

Über Kissenji selbst notierte Hans Meyer, daß es dort zwei deutsche Kaufleute, einen Griechen zwei Araber und einige zwanzig Inder gebe. Der Schmuggel blühe nicht mehr, und die Händler könnten nur etwas Kautschuk und Elfenbein sowie das, was die Schutztruppenkompanie benötige, umsetzen. Ein geschmuggelter El-

défense d'éléphant pesant 52 livres (26 kilogrammes) est vendue en contrebande pour 300 roupies (environ 3000 Euro actuels, voir annotations), soit environ 6 roupies la livre.[23]

Hans Meyer se rend également au poste militaire belge situé de l'autre côté de la frontière nord-ouest du Rwanda, près de Goma, dirigé par le commandant Derche. Seul un officier belge baragouine l'allemand, la conversation ne peut avoir lieu qu'en français. Hans Meyer est surpris de voir que le mess des officiers belges ressemble à une baraque vétuste. Le commandant Derche rend leur visite aux Allemands à Kissenji, au cours de laquelle on se montre de part et d'autre enjoué et détendu, évitant toutefois de parler de politique. Les deux parties sont bien trop ennuyées par le compromis que les diplomates allemands, britanniques et belges ont trouvé en 1910. Si les officiers allemands ont honte des résultats de l'accord conclu en avril 1910 à Bruxelles entre les Allemands, les Belges et les Britanniques, c'est aussi en grande partie parce qu'il a conduit à remettre certaines régions à la partie belge et britannique. Hans Meyer note en outre à ce sujet que la population concernée est elle aussi triste d'être devenue congolaise.[24]

Poursuivant son voyage, Hans Meyer passe par Rubengera sur les rives du lac Kivu où il rencontre le missionnaire protestant Karl Roehl.[25] Il admire ses efforts pour mettre en place une chaîne commerciale de la société missionnaire afin de limiter la progression des marchands indiens. Au sujet du roi Musinga, le missionnaire Roehl raconte que la relative proximité de sa résidence de Nyansa de Kigali ne lui conviendrait plus, car cela donnerait l'occasion à trop d'Européens de visiter la cour du roi. Musinga voudrait posséder prochainement deux résidences afin de mieux pouvoir se faire porter pâle dans de telles occasions![25a]

Peu après, les 29 et 30 août, Hans Meyer se rend en personne à la cour royale où on lui montre quelques huttes en face de la résidence qui ont été construites au début de l'année 1911 à l'occasion de la visite du gouverneur allemand von Rechenberg. Il est évident que les visiteurs ne manquent pas ! Dans le cadre du programme de festivités organisé pour Hans Meyer, qui était un représentant officiel de l'Empire allemand, a lieu une rencontre personnelle avec le roi Musinga, des parades, des représentations et des jeux, tout à fait semblables à ceux qui ont été offerts au duc Adolf Friedrich.[26] Le roi Musinga rend d'abord une visite de politesse à Hans Meyer qui lui rend visite à son tour le lendemain.

Dans ses publications ultérieures, Hans Meyer s'est exprimé en ces termes au sujet du roi :[27]

« (…) Son aspect et son comportement ne donnent absolument pas l'impression d'un grand despote. Bien qu'il soit vraiment très grand (il mesure près de 2 m), une taille que ne dépassent que très peu de ses compagnons, il est beaucoup moins imposant que plusieurs de ses grands Watuale… Il paraît très myope, car il regarde de très près tout ce que nous lui montrons. Au cours de l'entretien, il

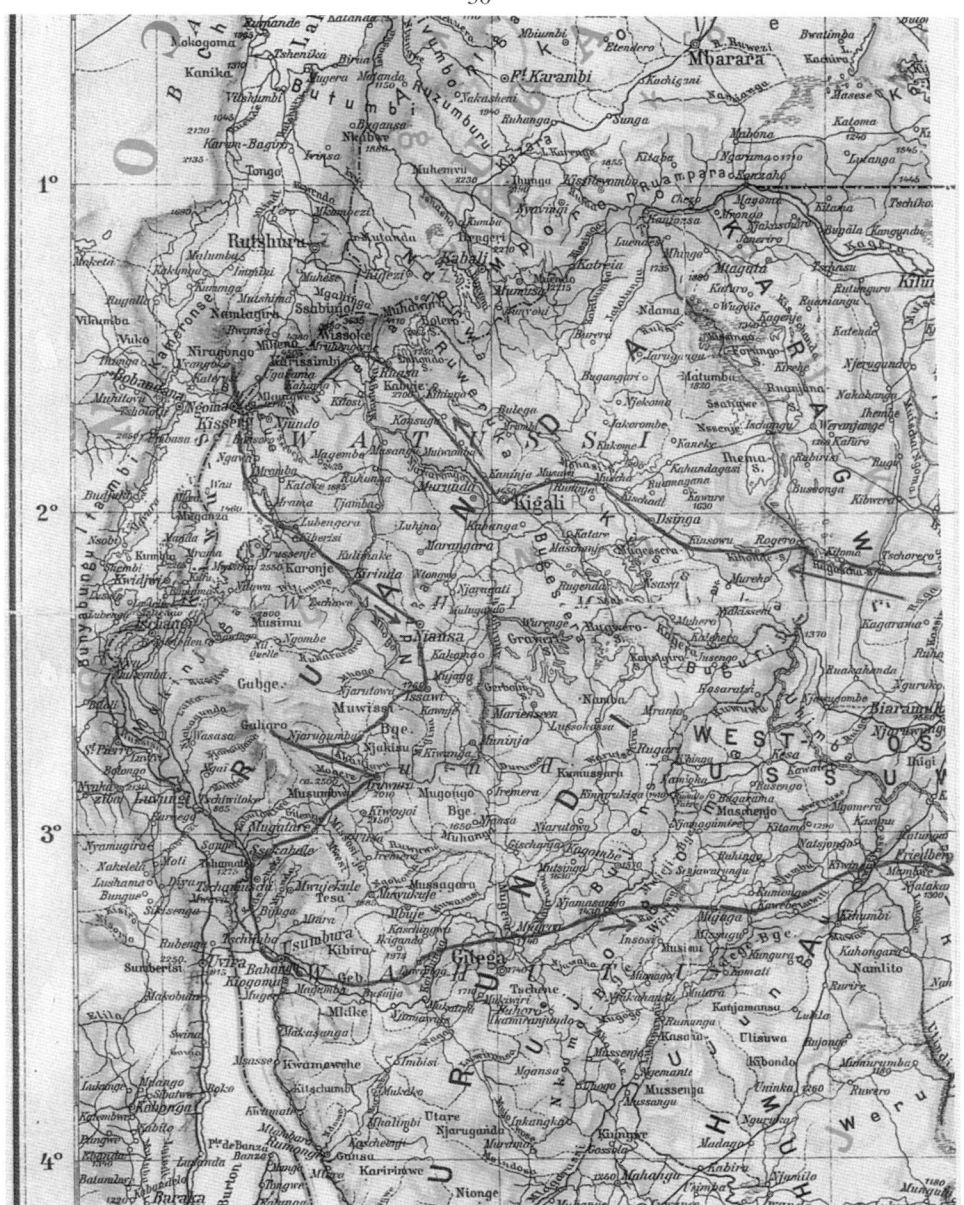

Abbildung VIII
Reiseroute von Hans Meyer, eingetragen auf einem Ausschnitt der letzten Karte von Deutsch-Ostafrika, veröffentlicht vom Reichskolonialamt in Berlin, 1918.
Itinéraire de Hans Meyer à travers le Rwanda et l'Urundi en 1911, tracé sur un extrait de la dernière carte d'Afrique orientale allemande publiée par l'Office impérial des colonies et parue à Berlin 1918.

fenbeinzahn im Gewicht von 52 Pfund (26 Kilogramm) wurde für 300 Rupien (heute etwa 3000 Euro), etwa 6 Rupien pro Pfund, angeboten.[23]

Hans Meyer besuchte auch jenseits der Nordwestgrenze Ruandas, im nahen Goma, den belgischen Militärposten, der von Commandant Derche geleitet wurde. Nur ein Offizier der Belgier habe etwas Deutsch radebrechen können, Unterhaltung sei nur in Französisch möglich gewesen. Hans Meyer war überrascht, wie budenhaft und vergammelt die belgische Offiziersmesse wirkte. Commandant Derche machte den Deutschen auch einen Gegenbesuch in Kissenji, wobei beide Seiten offenbar ausgelassen und heiter waren; es wurde allerdings vermieden, über Politik zu reden. Zu sehr fühlten sich beide Seiten von dem Kompromiß belastet, den deutsche, britische und belgische Diplomaten 1910 gefunden hatten. Eine besondere Rolle spielte bei den deutschen Offizieren auch, daß sie sich der Ergebnisse des deutsch-belgisch-britischen Abkommens vom April 1910 in Brüssel sogar schämten, weil es zur Übergabe einzelner Landstriche an die belgische und britische Seite geführt hatte. Hans Meyer notierte hierzu ergänzend, daß auch die betroffene Bevölkerung traurig sei, kongolesisch geworden zu sein.[24]

Auf der Weiterreise passierte Hans Meyer Rubengera am Kivu-See, wo er dem protestantischen Missionar Karl Roehl[25] begegnete. Er bewunderte dessen Bemühungen, eine Handelskette der Missionsgesellschaft aufzubauen, um das Vordringen indischer Händler zu beschränken. Über König Musinga wußte Missionar Roehl zu berichten, daß jenem die relative Nähe seiner Residenz in Nyansa zu Kigali nicht mehr passe, da dies Gelegenheit zu so vielen Europäerbesuchen am Hofe des Königs biete. Musinga wolle demnächst zwei Residenzen besitzen, um sich bei solchen Vorgängen besser verleugnen lassen zu können![25a]

Bald danach, am 29./30. August, weilte Hans Meyer selbst am Königshofe, wo er einige Hütten gegenüber der Residenz gezeigt bekam, die Anfang 1911 aus Anlaß des Besuchs des deutschen Gouverneurs von Rechenberg errichtet worden waren. Wahrlich, es bestand offensichtlich kein Mangel an Besuchern! Im Rahmen der Festprogramme für Hans Meyer, der ja ein offizieller Vertreter des Deutschen Kaiserreichs war, kam es zu persönlichen Begegnungen mit König Musinga, Paraden, Vorführungen und Spielen, ganz ähnlich wie sie Herzog Adolf Friedrich geboten worden waren.[26] König Musinga machte dabei zuerst seinen Höflichkeitsbesuch bei Hans Meyer, der am nächsten Tage von ihm erwidert wurde.

Hans Meyer hat sich in einer seiner späteren Veröffentlichungen über den König wie folgt geäußert[27]:

»… Sein Äußeres und sein Benehmen machen durchaus nicht den Eindruck eines großen Selbstherrschers. Obwohl von enormer Körperlänge (fast genau 2 m), in der ihn nur wenige seiner Begleiter überragen, ist er doch eine viel weniger imposante Erscheinung, als mehrere seiner Groß-Watualen… Offenbar ist er sehr kurzsichtig, denn er hält alle Dinge, die wir ihm zeigen, dicht vor sein

55

parle très lentement et assez bas, mais ce qu'il dit est intelligent et amusant. Ses mimiques sont vivantes, son expression enjouée. Il mène seul la conversation, aucun de ses compagnons n'y participe sans avoir été interrogé. Il parle parfaitement kiswahili et baragouine aussi un peu l'allemand : « Danke schön », « Leb wohl », « Auf Wiedersehen » etc. En parlant, il touche toutes sortes d'objets et se montre exceptionnellement avide de savoir. Son intérêt principal se porte cependant sur les choses techniques, c'est pourquoi, parmi les cadeaux que je lui ai offerts, ceux qui ont rencontré le plus de succès sont un couteau à plusieurs lames, une pince universelle, une horloge à balancier qui peut sonner et une grande boîte à musique. Musinga n'attache aucune importance (…) aux apparences de la civilisation européenne (…) vêtements, logement, mode de vie, (…) »

Dans les notes du journal de Hans Meyer nous trouvons encore l'indication qu'il remercie le roi pour la bonne bière-pombé (bière de banane) fournie et qu'il lui demande s'il est aussi bon buveur. Le roi aurait répondu : « Je ne bois jamais de bière-pombé, ne fume jamais de tabac, ne mange pas non plus et vis pourtant », ce qui signifie approximativement qu'en tant que roi Watussi, je suis semblable à un dieu et je n'ai absolument aucun besoin. A leurs yeux rougis et gonflés et à leur début d'embonpoint, on voit cependant que la plupart des grands, parmi lesquels se trouvent des colosses, notamment des vieux grisonnants, s'adonnent à la bière-pombé.[27a]

Le charme de l'accueil du roi Musinga ne peut cependant rien changer au fait que Hans Meyer considère qu'un changement profond du système de souveraineté du Rwanda est inévitable. Dans une publication ultérieure[28], il se félicite que le résident Kandt ait réussi à limiter la souveraineté despotique des Watussi. En outre, Hans Meyer défend le point de vue contradictoire suivant :

« Je ne doute pas de ce que, au cours du temps, la souveraineté que les Watussi, relativement très peu nombreux, exercent sur le pays et sur la population Wahutu doit être brisée et que le royaume dirigé de manière centralisée devra être disloqué en une multitude de petites principautés autonomes, si l'Allemagne veut le dominer effectivement et le rendre utile à l'économie coloniale allemande (…) »

Le 9 septembre 1991, Hans Meyer passe la frontière de l'Urundi. Encore impressionné par la structure centralisée du Rwanda, il ressent l'éclatement politique du pays voisin comme un contraste et note à ce sujet :

« (…) Le royaume de l'Urundi est un Etat très peu soudé; les seuls liens communs sont la langue, les mœurs et l'animosité contre le Rwanda et l'Uha (…) »[24]

Pendant son voyage en Urundi, Hans Meyer rencontre du reste le commandant de la troupe de protection de Dar es-Salaam, le major von Schleinitz qui, accompagné

Abbildung IX

Im Reisezelt: Dr. med. Houy, Hans Meyer, Oberleutnant Tiller, 1911.
Le docteur Houy, Hans Meyer et le lieutenant Tiller dans leur tente de voyage, 1911.

Abbildung X

Gesicht. In der Unterhaltung spricht er langsam und ziemlich leise, aber was er sagt, ist klug und witzig. Sein Mienenspiel ist lebendig, der Ausdruck heiter. Die Unterhaltung führt er ganz allein, keiner seiner Begleiter beteiligt sich ungefragt daran. Er spricht tadellos Kisuaheli und radebrecht auch etwas Deutsch: »Danke schön«, »Leb wohl«, »Auf Wiedersehen« usw. Im Gespräch berührt er alle möglichen Gegenstände und zeigt sich außerordentlich wißbegierig. Sein Hauptinteresse aber ist technischen Dingen zugewandt, und unter meinen Geschenken gewannen deshalb seinen größten Beifall ein großes vielklingiges Messer, eine Universalzange, eine schlagende Standuhr und eine große Musikspieldose. Auf die Äußerlichkeiten europäischer Zivilisation in Kleidung, Wohnung, Lebensweise, ... legt Musinga gar keinen Wert. ...«

In den Tagebuchnotizen von Hans Meyer finden wir noch den Hinweis, daß er dem Könige für das gelieferte gute Pombe (Bananenbier) gedankt und dabei die Frage gestellt habe, ob auch er einen guten Becher schwinge. Der König habe darauf geantwortet: »Ich trinke nie Pombe, rauche nie Tabak, esse auch nicht und lebe doch«, was etwa bedeutete: als Watussi-König bin ich Gott ähnlich und habe keinerlei Bedürfnisse. Den meisten der Großen sähe man aber doch den Pombesuff an den roten verquollenen Augen und dem Ansatz von Fettleibigkeit an, wobei kolossale Kerle, namentlich unter den ergrauten Alten, zu finden seien.[27a]

Der Charme des Empfanges bei König Musinga konnte dennoch nichts daran ändern, daß Hans Meyer einen grundlegenden Wandel im traditionellen Herrschaftssystems Ruandas für unabwendbar hielt. In einer späteren Veröffentlichtung[28] begrüßte er es, daß es dem Residenten Kandt schon gelungen sei, die despotische Watussiherrschaft einzuschränken. Im übrigen vertrat Hans Meyer die folgende eher widersprüchliche Auffassung:

»Es ist mir nicht zweifelhaft, daß im Laufe der Zeiten die Herrschaft der verhältnismäßig sehr wenigen Watussi über das Land und seine Wahutubevölkerung gebrochen werden muß und das jetzt zentralistisch beherrschte Reich in eine Mehrheit kleiner selbständiger Fürstentümer aufgelöst werden muß, wenn Deutschland es faktisch beherrschen und es der deutschen Kolonialwirtschaft dienstbar machen will...«

Am 9. September 1911 überschritt Hans Meyer die Grenze nach Urundi. Noch unter dem Eindruck der zentralistischen Struktur Ruandas empfand er die politische Zersplitterung im Nachbarland als Kontrast und notierte darüber:

»... Das Reich Urundi ist ein sehr lockeres Staatswesen; das gemeinsame Band ist nur die Sprache, die Sitte und die Feindschaft gegen Ruanda und Uha...«[29]

Auf seiner Weiterreise in Urundi begegnete Hans Meyer übrigens am 11. September 1911 dem Kommandeur der Schutztruppe aus Dar-es-Salaam, dem Major von

de son frère venu lui rendre visite, se trouve en voyage d'inspection et envisage bien sûr de faire prochainement halte chez le roi Musinga. Le visiteur suivant était donc déjà en marche !

De retour en Allemagne, Hans Meyer s'emploie encore pendant de nombreuses années à exploiter scientifiquement et à publier les impressions qu'il a acquises.[30] Ses nombreuses remarques également sur la construction d'un chemin de fer et le tracé de la ligne, sur l'établissement de colons allemands ainsi que sa proposition de réglementer sévèrement l'emploi de main d'œuvre africaine par les organismes publics allemands, éclaircissent les questions économiques qui étaient d'actualité à l'époque en Afrique orientale allemande et font de lui un « colonialiste éclairé » engagé. Il ne doute pas le moins du monde de la cause coloniale, comme il était de mise dans les cercles dirigeants allemands de l'époque, mais il est toujours resté un observateur compétent et critique ainsi qu'un scientifique indépendant qui ne se laissait pas influencer par les courants politiques allemands de l'époque.

4. La fin de sa vie

En 1915, Hans Meyer se retire de la maison d'édition familiale et est nommé professeur de géographie coloniale et directeur de l'Institut de géographie coloniale de l'Université de Leipzig. Là aussi, des dons familiaux constituent la base financière de cet institut nouvellement créé. Une place de prédilection était ainsi assurée à la région interlacustre dans les cours universitaires. Cela est illustré par ex. par le fait que dès 1917 deux thèses de doctorat, suivies par Hans Meyer, parurent à l'Université de Leipzig, sur la région rwandaise, à savoir celle de H. Linke : « Die Virungavulkane » (Les volcans du Virunga) et celle de K. H. Dietzel « Versuch einer geographischen Charakterisierung des ostafrikanischen Zwischenseegebietes » (Essai sur une caractérisation géographique de la région interlacustre d'Afrique orientale).[31]

En 1916 déjà paraît le grand ouvrage de Hans Meyer, « Die Barundi » (Les Barundi), qui contient de nombreuses références sur le Rwanda. L'auteur explique dans la préface qu'il a utilisé pendant son expédition, outre ses propres observations, notamment le riche matériel du Père J. van der Burgt de l'ordre des Pères Blancs, missionnaire en Urundi, et qu'il a également pu consulter les imprimés de l'ouvrage achevé de Jan Czekanowski, ethnologue de l'expédition du duc Adolf Friedrich de 1907/08. A la fin de l'époque coloniale allemande, on dispose ainsi de toute une série d'ouvrages exceptionnels, rédigés avec une minutie allemande, sur l'Urundi et le Rwanda. De nos jours encore, ces livres restent exceptionnellement informatifs. Pendant qu'il exerce ses fonctions de professeur de géographie coloniale, Hans Meyer entreprend également la rédaction d'un ouvrage de divulgation

Schleinitz, der sich, begleitet von seinem zu Besuch weilenden Bruder, auf Inspektionsreise befand und natürlich auch demnächst bei König Musinga haltmachen wollte. Der nächste Besucher war also bereits im Anmarsch!

Zurückgekehrt nach Deutschland war Hans Meyer noch jahrelang damit befaßt, seine gewonnen Eindrücke wissenschaftlich auszuwerten und zu veröffentlichen.[30] Seine umfangreichen Ausführungen auch über Eisenbahnbau und Streckenführung, die Niederlassung deutscher Siedler sowie sein Vorschlag, die Beschaffung afrikanischer Arbeitskräfte durch deutsche staatliche Stellen streng zu reglementieren, verdeutlichen die damals aktuellen Wirtschaftsfragen in Deutsch-Ostafrika und weisen ihn als engagierten »aufgeklärten Kolonialisten« aus. Er war frei von grundsätzlichen Zweifeln an der kolonialen Sache, wie es in den damals führenden deutschen Kreisen üblich war, dennoch blieb er ein stets kritischer sachverständiger Beobachter und unabhängiger Wissenschaftler, der sich von damaligen deutschen innenpolitischen Strömungen nicht ohne weiteres vereinnahmen ließ.

4. Lebensausklang

1915 schied Hans Meyer aus dem Verlag seiner Familie aus und wurde zum Professor der Kolonialgeographie und Direktor des Kolonialgeographischen Instituts an der Universität Leipzig berufen. Auch hier bildeten familiäre Zuwendungen die finanzielle Basis für dieses neugeschaffene Institut. Dem Zwischenseengebiet war damit in den universiären Lehrveranstaltungen ein herausragender Platz gesichert. Dies illustriert zum Beispiel die Tatsache, daß 1917 an der Universität Leipzig allein zwei von Hans Meyer betreute Doktordissertationen über die ruandische Region erschienen, und zwar von H. Linke »Die Virungavulkane« und von K. H. Dietzel »Versuch einer geographischen Charakterisierung des ostafrikanischen Zwischenseegebietes«.[31]

1916 war bereits Hans Meyers großes Werk »Die Barundi« erschienenen, das zahlreiche Bezugspunkte zu Ruanda enthält. Der Autor erklärt im Vorwort, daß er neben eigenen Beobachtungen während seiner Expedition insbesondere das reiche Material des in Urundi missionierenden Paters J. van der Burgt aus dem Orden der Weißen Väter benutzt habe, und daß er außerdem Einblick in die Druckbögen des fertiggestellten Werkes von Jan Czekanowski, des Völkerkundlers in der Expedition des Herzogs Adolf Friedrich von 1907/08, nehmen konnte. Damit lagen zum Ende des deutschen kolonialen Zeitalters über Urundi und Ruanda eine ganze Reihe ausgezeichneter, mit deutscher Gründlichkeit verfaßter Werke vor. Es sind Bücher, die bis heute außerordentlich informativ geblieben sind. Hans Meyer begann während seiner Zeit als Professor der Kolonialgeogra-

scientifique sur son voyage de 1911, sous le titre « Im Lande der Nilquelle » (Au pays des sources du Nil). Il restera malheureusement inachevé.

En tant que professeur de géographie coloniale à l'Université de Leipzig, Hans Meyer tente également de défendre pendant la Première Guerre mondiale l'idée de la conservation des colonies allemandes en tant que nécessité politique. C'est selon lui le seul moyen pour l'Allemagne de participer convenablement à la mise en place pacifique de la politique mondiale : « (…) Ce n'est pas la domination mondiale, mais la puissance mondiale, qui assurera à toutes les nations la liberté de la mer, qui est le but suprême de notre politique d'outre-mer (…) », annonce-t-il dans son cours inaugural, le 12 juin 1915.[32] La conquête de toutes les régions coloniales allemandes par les ennemis de guerre qui devait avoir lieu peu de temps après l'amène à l'automne 1916 à la conclusion que l'Allemagne n'a possédé jusqu'à présent que trop peu de colonies qui étaient, en outre, trop dispersées. Il faut aspirer à un empire colonial d'Afrique centrale s'étendant de l'Afrique orientale jusqu'au Cameroun, car seule une région cohérente permettrait d'éviter les faiblesses actuelles et offrirait les avantages militaires nécessaires à l'avenir. Hans Meyer se range par conséquent pendant la Première Guerre mondiale parmi les défenseurs des objectifs guerriers impérialistes.[33] Même après la défaite de 1918, il reste convaincu que l'Allemagne doit de nouveau faire partie des puissances coloniales.

En 1922, il se voit offrir un poste au ministère allemand des Affaires étrangères en tant que représentant de l'Empire allemand, soit à Lisbonne, à Pékin ou à Santiago du Chili. Le Chili l'aurait le plus tenté en raison de ses particularités géographiques. Hans Meyer a finalement refusé la nouvelle carrière qui lui était offerte pour pouvoir rester fidèle à son poste de professeur à l'Université de Leipzig et continuer à transmettre à la jeunesse académique l'idéologie coloniale de son époque ainsi que les connaissances scientifiques sur des continents inconnus. L'un de ses derniers travaux est de nouveau entièrement consacré aux hauts plateaux tropicaux africains et paraît sous le titre « Morphologie der Virungavulkane in Ruanda, Ostafrika » (Morphologie des volcans du Virunga au Rwanda, Afrique orientale).[34] Il commence par un bref récit de la découverte de cette région montagneuse. Hans Meyer s'abstient de toute remarque sur la politique coloniale. Sa bibliographie sur les volcans du Virunga indique déjà 100 sources dans la littérature scientifique pour la période allant de 1874 à 1926 !

En 1928 paraît son traité intitulé « Bei Richard Kandt in Ruanda 1911 » (Chez Richard Kandt au Rwanda en 1911).[35] Par cette dernière publication, il consacre par écrit le plus grand explorateur allemand du Rwanda. Par ailleurs, Hans Meyer adresse à cette occasion des paroles désagréables à l'encontre de la Belgique qui est devenue entre-temps la nouvelle puissance coloniale du Rwanda. A la fin de sa vie, il a ainsi transmis à la postérité certains courants d'après-guerre allemands.

phot. Pieperhoff, Leipzig

Abbildung XI

phie auch noch ein populärwissenschaftliches Gesamtwerk über seine Reise aus dem Jahre 1911 unter dem Titel »Im Lande der Nilquellen« zu verfassen. Es ist leider nicht abgeschlossen worden.

Als Professor der Kolonialgeographie an der Universität Leipzig versuchte Hans Meyer auch während des Ersten Weltkriegs den Gedanken der Bewahrung deutscher Kolonien als politische Notwendigkeit zu vertreten. Nur so sei Deutschland in der Lage, sich an der friedlichen Gestaltung der Weltpolitik angemessen zu beteiligen: »... Nicht Weltherrschaft, sondern Weltmacht, die allen Nationen die Freiheit der Meere sichern will, ist das höchste Ziel unserer Überseepolitik ...« verkündete er in seiner Antrittsvorlesung am 12. Juni 1915.[32] Die bald darauf erfolgte Eroberung aller deutschen Kolonialgebiete durch die Kriegsgegner brachte ihn im Herbst 1916 zu der Erkenntnis, daß Deutschland bisher zu wenige und zu zersplitterte Kolonien besessen habe. Es müsse ein mittelafrikanisches Kolonialreich anstreben, das von Ostafrika bis nach Kamerun reiche, denn nur ein solches zusammenhängendes Gebiet würde die Schwächen der Gegenwart vermeiden sowie die notwendigen militärischen Vorteile für die Zukunft bieten. Hans Meyer ist daher während des Ersten Weltkrieges in die Reihe der Vertreter imperialistischer Kriegsziele einzuordnen.[33] Er blieb auch nach der Niederlage von 1918 überzeugt, daß sich Deutschland wieder in den Kreis der Kolonialmächte einzureihen habe.

1922 wurde ihm angeboten, in das Auswärtige Amt einzutreten, um als Gesandter das Deutsche Reich entweder in Lissabon oder in Peking oder in Santiago de Chile zu vertreten. Chile hätte ihn wegen seiner geographischen Besonderheiten am meisten gereizt. Hans Meyer hat die ihm angebotene neue Karriere schließlich abgelehnt, um als Professor der Universität Leipzig treu bleiben und der akademischen Jugend weiterhin den kolonialen Gedanken seiner Zeit sowie wissenschaftliche Erkenntnisse über fremde Kontinente vermitteln zu können. Eine seiner letzten Ausarbeitungen ist wieder ganz dem afrikanischen tropischen Hochgebirge gewidmet und erschien unter dem Titel »Morphologie der Virungavulkane in Ruanda, Ostafrika«.[34] Sie beginnt mit einer kurzen Entdeckungsgeschichte dieser Bergregion. Hans Meyer enthält sich hier jeglicher kolonialpolitischer Anmerkungen. Sein Literaturverzeichnis über die Virunga-Vulkane weist bereits 100 wissenschaftliche Fundstellen für den Zeitraum 1874 bis 1926 auf!

1928 erscheint noch sein Aufsatz »Bei Richard Kandt in Ruanda 1911«.[35] Mit dieser offenbar letzten Veröffentlichung hat er dem größten deutschen Ruandaforscher noch ein schriftliches Denkmal gesetzt. Im übrigen richtete Hans Meyer bei dieser Gelegenheit auch unfreundliche Worte an die Adresse Belgiens, das inzwischen die neue Kolonialmacht Ruandas geworden war. Am Ende seines Lebens hat er auf diese Weise auch bestimmte damalige deutsche Nachkriegsströmungen für die Nachwelt festgehalten.

La mort frappe brutalement Hans Meyer. Après son 70ème anniversaire (le 22 mars 1928), il se retire de sa charge de professeur à l'Université de Leipzig. Il veut désormais mettre à jour tranquillement des documents jusqu'alors inexploités et rafraîchir ses connaissances par des voyages outre-mer. Lors d'un voyage à Ténériffe au début de l'année 1929, il est atteint de dysenterie dont il meurt brusquement, de retour à Leipzig.

Hans Meyer, comme nous l'avons déjà évoqué, est bien moins tombé dans l'oubli que d'autres explorateurs de l'Afrique. Bien que nombre de ses activités en matière de politique coloniale aient été controversées rétrospectivement et qu'elles ne s'expliquent que dans le contexte de l'époque, reste sa capacité incontestable à rassembler des connaissances scientifiques sur l'Afrique et ses peuples, à en faire profiter un plus grand public grâce à son style accessible, et à encourager d'autres chercheurs dans leurs aspirations. La cérémonie de commémoration qui lui a été consacrée en 1989 à l'occasion du centième anniversaire de la première ascension du Kilimandjaro doit être considérée comme le signe que Hans Meyer est entré à juste titre dans l'histoire.[36]

Dans le cimetière sud de Leipzig, près du monument de la bataille des nations, se trouve aujourd'hui encore sa dernière demeure (emplacement NW 54/55, III sec.). Elle fait partie du tombeau familial qui était entretenu par le « VEB Bibliographisches Institut » d'Etat jusqu'à la fin de la RDA en 1990. On peut lire sur sa pierre tombale :

> Ici repose en paix
> HANS MEYER
> né le 22 mars 1858
> décédé le 5 juillet 1929
> Editeur
> Explorateur
> Professeur de géographie coloniale
> à l'Université de Leipzig
> Impavidi progrediamur

Avançons sans crainte – une maxime à laquelle il est resté fidèle toute sa vie durant.

Abbildung XII
Grabstein von Hans Meyer auf dem Südfriedhof in Leipzig (Sektion III, Platz 54/55).
Pierre tombale de Hans Meyer datant de 1929 dans le cimetière « Südfriedhof » de Leipzig
(n° : IIIe section; emplacement 54/55).

Der Tod ereilte Hans Meyer ganz überraschend. Von seinem Lehramt an der Universität Leipzig war er nach Vollendung seines 70. Lebensjahres (22. März 1928) hochgeehrt zurückgetreten. Er wollte nun in Ruhe bisher unausgewertete Materialien wissenschaftlich aufarbeiten und durch Überseereisen seine Kenntnisse auffrischen. Auf einer Reise nach Teneriffa Anfang 1929 befiel ihn die Dysenterie, an der er, zurückgekehrt nach Leipzig, ganz plötzlich verstarb.

Hans Meyer geriet, wie eingangs erwähnt, weit weniger in Vergessenheit als andere Afrikaforscher. Mögen auch manche seiner kolonialpolitischen Aktivitäten rückblickend umstritten und nur aus dem Zeitgeist heraus erklärlich sein, so bleibt es seine unbestreitbare Leistung, wissenschaftliche Erkenntnisse über Afrika und seine Völker erarbeitet und mit schriftstellerischer Gewandtheit einer breiteren Öffentlichkeit zugänglich gemacht sowie andere Forscher in ihrem Streben gefördert zu haben. Auch das Gedenken an ihn, 1989, anläßlich des 100. Jahrestages der Erstbesteigung des Kilimandscharo, darf als Zeichen dafür gewertet werden, daß Hans Meyer verdienstvoll in die Geschichte eingegangen ist.[36]

Auf dem Südfriedhof von Leipzig, nahe dem Völkerschlachtdenkmal, befindet sich noch heute seine letzte Ruhestätte (NW-Wandstelle 54/55, III. Abt.). Sie ist Teil des Familiengrabes, das bis zum Ende der DDR im Jahre 1990 vom staatlichen »VEB Bibliographisches Institut« unterhalten wurde. Sein Grabstein trägt die Inschrift:

>Hier ruht in Frieden
>HANS MEYER
>geb. d. 22. März 1858
>gest. d. 5. Juli 1929
>Verlagsbuchhändler.
>Forschungsreisender.
>Professor der Kolonialgeographie
>an der Universität Leipzig.
>Impavidi progrediamur.

Furchtlos laßt uns voranschreiten – dieser Maxime ist er sein Leben lang treu geblieben.

5. Anmerkungen / *Annotations*

Allgemeiner Hinweis: Ruandische geographische und persönliche Namen hatten zur damaligen Zeit keine einheitliche Schreibweise. Es wird diejenige Buchstabierung verwendet, die sich jeweils aus dem Zusammenhang ergibt.
Zitierte damalige (1910) Mark-Beträge können etwa mit 7,5 multipliziert werden, um im Mittelwert zu einem ungefähren Anhaltspunkt über den heutigen Euro-Wert zu gelangen. Wegen der unterschiedlichen Kaufkraftentwicklungen kann der Multiplikator zwischen 4,5 für Nahrungsmittel und 11,5 beim Neubau für Wohngebäude schwanken (Auskunft Deutsche Bundesbank August 2003). Drei damalige deutsch-ostafrikanische Rupien entsprechen vier Mark.
1 Mark allemand de 1910 correspond aujourd'hui (valeur moyenne) à peu près à 7,50 Euro. Le multiplicateur est entre 4,5 (vivres) et 11,5 (bâtiments d'habitation). 3 Roupies de l'Afrique orientale allemande égalent 4 Mark.

1   Siehe Reinhart Bindseil: »Ruanda im Lebensbild des Offiziers, Afrikaforschers und Kaiserlichen Gouverneurs Gustav Adolf Graf von Götzen (1866–1910)«, Berlin (Dietrich Reimer Verlag) 1992, das eine Darstellung »Deutsche Forschungsreisende in Ruanda, 1890–1914« enthält.
1a Über Franz Stuhlmann siehe Deutsches Biographisches Jahrbuch, Bd. X, 1931, für das Jahr 1928, S. 271–279, und R. Bindseil: »Franz Stuhlmann, 1863–1928, Zoologe, Afrikaforscher ... zuletzt Direktor des Hamburgischen Weltwirtschafts-Archivs. Ein biographisches Portrait, gleichzeitig eine kolonialhistorische Personalstudie«, Bonn 1990, vervielfältigtes Manuskript, 42 S.
2   Siehe Anm. 1.
3   Siehe Anm. 1.
4   R. Bindseil: »Ruanda und Deutschland seit den Tagen Richard Kandts«, Berlin 1988,
5   Siehe Anm. 1 sowie Bindseil: »Adolf Friedrich Herzog zu Mecklenburg (1873–1969), ein Manager der Afrika-Forschung und Ruanda-Reisender des Jahres 1907 (Kaiserlicher Gouverneur von Togo 1912-1914)«. Bonn 1992, vervielfältigtes Manuskript.
5a Tagebuchaufzeichnung vom 25. Juli 1911.
6   Hans Meyers Lebensweg ist (mit ergänzenden Hinweisen) gut dargestellt bei H. Schmitthenner: »Hans Meyer verstorben« in Geographische Zeitschrift, 36. Jg., 1930, S. 129–145.
Siehe auch Johannes Hohlfeld in Deutsches Biographisches Jahrbuch, Bd. XI für das Jahr 1929, Stuttgart 1932.
Fritz Jaeger: »Hans Meyer verstorben«, in Petermanns Mitteilungen, 1929, S. 266 f.
Reinhard Escher: »Die Verdienste von Hans Meyer um die Erforschung des Kilimandscharo« in Geographische Berichte, 34. Jg., 1989, S. 247–257, Gotha (ehem. DDR).
Informativ auch Hans Meyer: »Zum Gipfel des Kilimandscharo« mit einem Vorwort und Anmerkungen des Herausgebers Reinhard Escher, Leipzig 1989.
Karl H. Dietzel in »Hans Meyer: Hochtouren im tropischen Afrika«, Leipzig (Verlag F. A. Brockhaus) 1923, S. 5–9.
Dietmar Henze in »Enzyklopädie der Entdecker und Erforscher der Erde«, Graz ab 1973; Stichwort »Meyer, Hans« (1991).
7   Spannend geschriebene Darstellung des Hergangs dieser Ereignisse bei Oscar Baumann: »In Deutsch-Ostafrika während des Aufstandes. Reise der Dr. Hans Meyer'schen Expedition in Usambara«, Wien und Olmütz (Verlag Eduard Hölzel) 1890.
Zu wertmäßigen Umrechnungen siehe oben, 3. Absatz vom Beginn der Anmerkungen.
7a Kopie der Originalurkunden dieser Ordensverleihung erhalten 1993 aus dem damaligen (inzwischen aufgelösten) privaten Museum Siebentritt, Gunzenhausen.

7b Zur »politischen Position« des Kilmandscharo siehe Heinz Schneppen (deutscher Botschafter in Tanzania 1993–1996): »Why Kilimanjaro is in Tanzania – Some reflections on the making of this country and its boundaries« in National Museums of Tanzania, Occasional Paper No. 9, Dar es Salaam 1996 (37 Seiten).

7c Die Zeitung »Sunday News« in Dar-es-Salaam vom 27. August 1989 brachte einen illustrierten Artikel über Hans Meyers Besteigung des Kilmandscharo von 1889.

8 Siehe »Deutsches Kolonial-Lexikon«, herausgegeben von Heinrich Schnee, Leipzig 1920, Stichworte »Afrikanische Gesellschaft und Afrikafonds« sowie »Kolonialrat« und »Landeskundliche Kommission des Reichskolonialamtes«.
Hans Meyer: »Die Landeskundliche Kommission des Reichskolonialamtes« in Koloniale Rundschau, 1910, S. 722 (724)–734.
Hans Meyer: »Übersicht über die Ergebnisse der Expeditionen der Landeskundlichen Kommission des Reichskolonialamtes« in Verhandlungen des (3.) Deutschen Kolonalkongresses 1910, Berlin 1910, S. 5–15.

9 Siehe Anm. 8, Hans Meyer.
sowie Anm. 1, »Götzen«, Kapitel VIII 2.
Adolf Friedrich Herzog zu Mecklenburg: Vorwort zu »Ins innerste Afrika«, Leipzig 1909.

10 Die Originalkorrespondenz verwahrt das Leibniz-Institut für Länderkunde, Leipzig (bis 1991 Institut für Geographie und Geoökologie der Akademie der Wissenschaften).

11 Vgl. Anm. 10.

12 Zitiert nach Dietmar Henze (vgl. Anm. 6).

13 Im Leibniz-Institut für Länderkunde in Leipzig (siehe Kapitel II, Vorbemerkung) werden die zehn handschriftlichen Tagebücher Hans Meyers aus dem Jahre 1911 verwahrt. Sie wurden mir 1991 zur Auswertung zur Verfügung gestellt. Soweit nicht anders angegeben, wurden die Reisedetails dort entnommen. Sie sind unter dem jeweiligen Datum auffindbar.

13a Die deutsche Postverwaltung benutzte bis 1908 Poststempel mit der Inschrift »DAR-ES-SALAAM, DEUTSCH-OSTAFRIKA«; ab 1906 ging sie allmählich und ab 1908 vollständig zu »DARESSALAM ...« über. Hier im Text wurde die erste Schreibweise beibehalten.

14 Zum Residentursystem und zur Entwicklung Ruandas bis zum Ersten Weltkrieg siehe oben Anm. 1, Bindseil: »Graf Götzen«, Kapitel V 2, S. 141 ff., und Bindseil: »Kandt«, S. 107–170; Jahresbericht der Residentur Ruanda für 1910, datiert 1. Juni 1911, verfaßt von Kandt.

14a Zur christlichen Missionierung hatte auch Hans Meyer die von Missionaren so oft bedauerte kritische Distanz der deutschen Kolonialbeamten. (Siehe Bindseil: »Kandt«, S. 155, und Ernst Johanssen: »Führung und Erfahrung«, Bd. II, 1935, S. 107 und 155). Hans Meyers Anmerkungen über die christliche Missionierung müssen zum Teil recht oberflächlich genannt werden.

15 Hans Meyers Wirken als Botanikforscher lassen noch folgende Pflanzenbenennungen erkennen (Zusammenstellung von Dr. Eberhard Fischer, Botanisches Institut der Universität Bonn, jetzt Professor an der Universität Koblenz):
Hans-Meyer-Gagelstrauch, Myrica meyeri-johannis ENGLER (Myricaceae),
Hans-Meyer-Rankbegonie, Begonia meyeri-johannis ENGLER (Begoniaceae),
Hans-Meyer Schwalbenwurz, Ceropegia meyeri-johannis ENGLER (Asclepiadaceae),
Hans-Meyer-Dickähre, Pycnostachys meyeri GUERKE (Lamiaceae),
Hans-Meyer-Manerpfeffer, Sedum meyeri-johannis ENGLER (crassulaceae);
Hans-Meyer-Gauchheil, Anagallis serpens ssp. meyeri-johannis (ENGLER) TAYLOR (Primulaceae),
Hans-Meyer-Schmalzahnmoos, Leptodontium johannis-meyeri C. MÜLLER (Pottiaceae).

16 Vgl. Tagebuchaufzeichnungen und Hans Meyer: »In Ruanda bei Richard Kandt 1911« in Zeitschrift der Gesellschaft für Erdkunde zu Berlin, Sonderband zur Hundertjahrfeier 1928, S. 146–157.

16a Siehe Tagebuchaufzeichnungen Hans Meyers vom 20. Juli 1911 sowie Teil IV dieser Ausarbeitung.

17 Siehe Anm. 1, Bindseil: »Kandt«, S. 139.
   Hans Meyers Veröffentlichungen zum Bahnbau siehe Literaturverzeichnis; außerdem »Ergebnisse einer Reise …«, S. 23.
   sowie Tagebuchaufzeichnungen vom 22. Juli 1911.
18 Siehe Bindseil: »Kandt«, S. 121 und Tagebuchaufzeichnungen vom 24. Juli 1911.
19 Tagebuchaufzeichnungen vom 25. Juli 1911.
20 Tagebuchaufzeichnungen vom 30. Juli 1911, nachmittags.
21 Tagebuchaufzeichnungen vom 4. August 1911, ziemlich am Schluß.
   Hans Meyers Ausarbeitung »Bergfahrten im ostafrikanischen Zwischenseengebiet: Der Karissimbi 1911« erschien in »Hochtouren im tropischen Afrika«, Leipzig (Verlag F. A. Brockhaus) 1923, und ist in Anlehnung an seine Tagebuchaufzeichnungen vom 31. Juli bis 4. August 1911 abgefaßt.
22 Tagebuchaufzeichnungen vom 11. August 1911.
23 Vgl. Tagebuchaufzeichnungen vom 8. und 18. August 1911.
24 Tagebuchaufzeichnungen vom 8. und 17. August 1911.
25 Sein Grabkreuz in Bethel/Bielefeld (Neuer Zionsfriedhof, NK III, Familienabt. 15, Reihe XII, Grab 10) trägt die Inschrift: »Missionar Pastor Dr. Karl Roehl, geb. 27. Juli 1870, gest. 16. März 1951, Schoepfer der Suaheli-Bibel, Ost-Afrika«.
25a Tagebuchaufzeichnungen vom 25. August 1911.
26 A. F. Herzog zu Mecklenburg: »Ins innerste Afrika«, Leipzig 1909, S. 105–125.
27 »Reiseberichte vom Professor Dr. Hans Meyer aus Deutsch-Ostafrika« in Mitteilungen, S. 347.
27a Tagebuchaufzeichnungen vom 29. August 1911.
28 Anm. 27, S. 348, linke Spalte.
29 Anm. 27, S. 349, rechte Spalte, und Anm. 27a.
30 Siehe Literaturverzeichnis.
31 Hans Meyer: »Morphologie der Virungavulkane in Ruanda, Ostafrika«, Leipzig 1927, S. 28.
32 »Inhalt und Ziele der Kolonialgeographie als Lehrfach« in Koloniale Rundschau, 1915, S. 325.
33 Hans Meyer: »Die Barundi«, Leipzig 1916, Vorwort, S. IV.
   In seinem Vortrag »Gegenwart und Zukunft der deutschen Kolonien« erschienen in »Meereskunde, Sammlung volkstümlicher Vorträge zum Verständnis der nationalen Bedeutung von Meer und Seewesen«, Heft 11/12, Berlin 1916 spricht Hans Meyer besonders gegen Schluß seiner Ausführungen ganz im Geiste jener deutschen imperialistischen Kreise des Ersten Weltkrieges, die das notwendige Augenmaß für das Vertretbare und politisch Machbare aus dem Auge verloren hatten.
34 Siehe Literaturverzeichnis, Abschnitt VI 2 e.
35 Siehe oben, Anm. 15.
36 Siehe oben, Anm. 6, außerdem im Text Hinweis auf Gedenkfeier 1.–6. Okt. 1989.

II. Journal de Hans Meyer durant sa traversée de l'Afrique orientale en 1911 (extraits) Le Rwanda: 12 juillet – 9 septembre 1911

Avant-propos

Hans Meyer nous a laissé de son voyage en Afrique orientale 10 carnets (format 11 × 15,5 cm) de 160 pages en moyenne remplis de notes au crayon de papier. Ces carnets sont conservés sous le n° de référence 180/37–46 à l'Institut géographique, Schongauerstr. 9, 04329 Leipzig (qui était jusqu'en 1990 l'Institut de géographie et de géo-écologie de l'Académie des Sciences de RDA). Le premier carnet commence ainsi: «Jeudi 18 mai 1911, départ de Leipzig à midi en compagnie du docteur Houy à destination de Munich en passant par Iéna. Il m'a été très dur de me séparer de Liese, des enfants et de ma mère. Liese a été, comme toujours, très courageuse». Les dernières inscriptions datent du 2 décembre 1911: «Me voici de retour à la maison».

L'itinéraire du voyage, que viennent compléter des informations concernant le stade de développement du Rwanda à cette époque, est présenté dans le portrait biographique qui précède. L'expédition proprement dite commence à Bukoba sur la rive ouest du lac Victoria. Le voyage au Rwanda, qui durera au total près de deux mois, se termine dans le sud du pays près de la rivière Akanyaru, endroit où le chercheur franchit la frontière de l'Urundi.

L'expédition rwandaise est documentée dans cet ouvrage par des extraits du journal de Hans Meyer. Géographe et chercheur de son métier, il avait toujours le regard fixé sur le thermomètre et le baromètre. En outre, ses notes contiennent de nombreuses indications géographiques ainsi que des descriptions relevant des domaines de la botanique, de la zoologie et de la géologie. Même si ces dernières illustrent bien la mentalité de scientifique de Hans Meyer, elles risquaient de lasser le lecteur intéressé plutôt par les aspects historiques. C'est pourquoi nous avons choisi de les comprimer, à certains endroits en raison de l'illisibilité du texte. Le texte ci-après représente environ la moitié des notes prises par Hans Meyer durant son voyage au Rwanda. Il s'agit dans une très large mesure de notes présentant un intérêt politique et sociologique. Supprimer la plupart des indications ayant trait au domaine de la physique et des sciences naturelles rendait bien entendu malheureusement inévitable une certaine perte du caractère universel des informations fournies par Hans Meyer. A l'occasion, j'ai ajouté l'une ou l'autre remarque

$1°C = 8/10 R$ oder $9/5 + 32°F$
$1°R = 10/8 C$ oder $9/4 + 32°F$
$1°F = 5/9 (F-32) C$ oder $4/9 (F-32) R$

Donnerstag 18/5. 11.

Mittag Abfahrt Leipzig mit D. Hony über Jena nach München. Sehr schwerer Abschied von Liese, den Kindern und Mutter. Liese sehr tapfer wie immer. In Jena Niemand an Bahn, da Vater Haeckel mit gebrochenem Bein daheim liegt. Wetter kühl u. regnerisch. In München strömender Regen. Hotel Russischer Hof Abendessen mit Walther u. Josefa. Schlechte Nacht, da von schweren Abschieds- träumen gequält. Die rechte Reiselust will noch nicht auf- kommen.

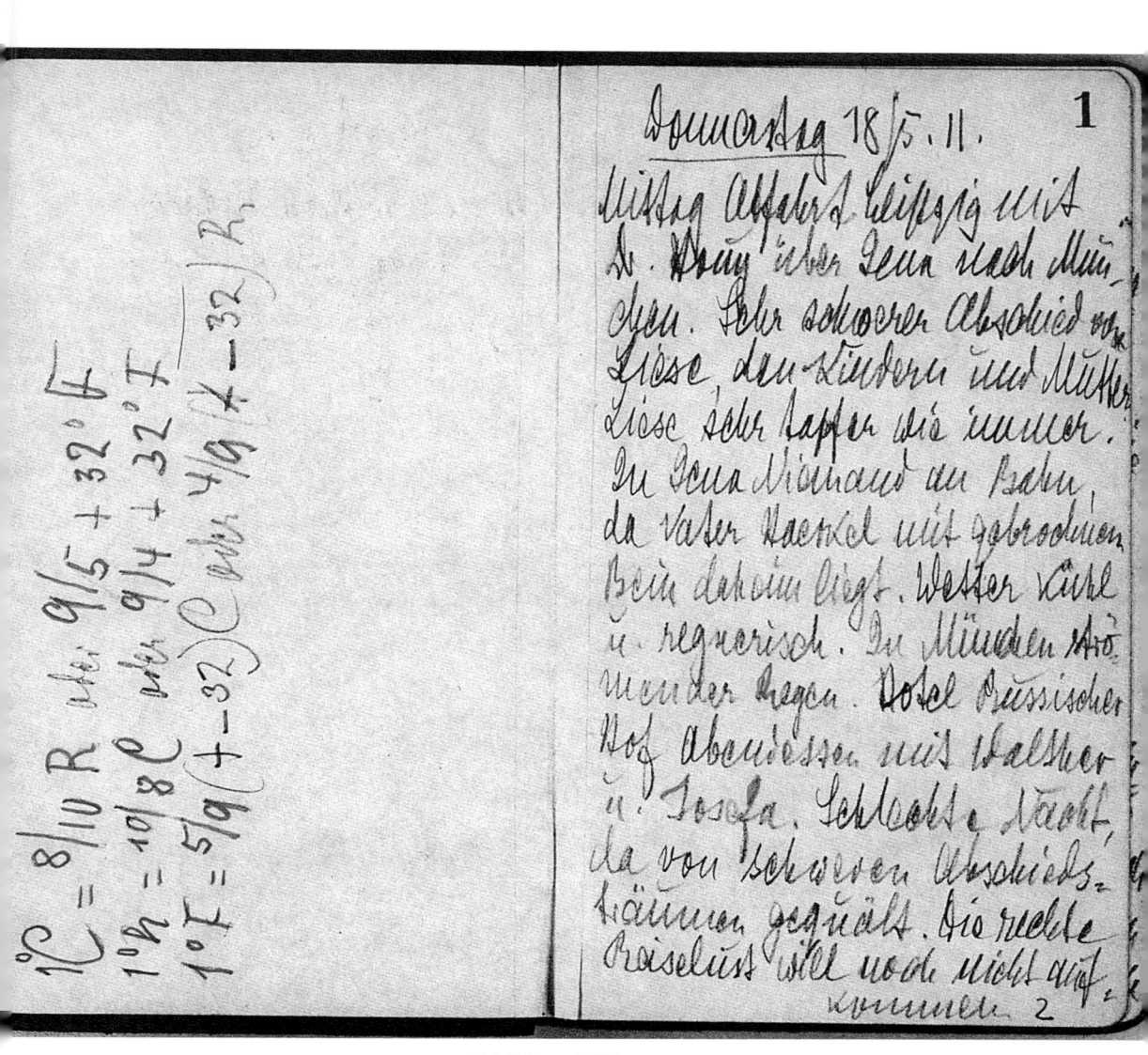

Abbildung XIII
Beginn der Tagebuchaufzeichnungen von Hans Meyer, 18. Mai 1911.
Début des note de Hans Meyer dans son journal, le 18 mai 1911.

II. Aus den Tagebuchaufzeichnungen von Hans Meyer über seine Reise durch Ostafrika im Jahre 1911
Ruanda: 12. Juli bis 9. September 1911

Vorbemerkung

Hans Meyer hat über seine Ostafrikareise 10 Notizbücher im Format 11×15,5 cm, im Schnitt zu je 160 Seiten, gefüllt mit handschriftlichen Bleistiftnotizen, hinterlassen. Sie werden im Leibniz-Institut für Länderkunde – Archiv für Geographie –, Schongauerstr. 9, 04329 Leipzig, Tel. Direktor Dr. Brogiato 0341/255-6526 (bis 1990 Institut für Geographie und Geoökologie der Akademie der Wissenschaften der DDR), unter Reg. Nr. 180/37–46 aufbewahrt. Tagebuch No. 1 beginnt: »Donnerstag 18.05.11. Mittag Abfahrt in Leipzig mit Dr. Houy über Jena nach München. Sehr schwerer Abschied von Liese, den Kindern und Mutter. Liese sehr tapfer wie immer …« Die Tagebucheintragungen enden am 2. Dezember 1911 mit dem Wort »Daheim.«

Der Reiseverlauf, ergänzt durch Informationen zum damaligen Stand der Entwicklung in Ruanda, ist im obigen biographischen Porträt dargestellt. Die eigentliche Expedition hatte in Bukoba am Westufer des Victoria-Sees begonnen. Die insgesamt fast zwei Monate dauernde Bereisung Ruandas endete im Süden des Landes nahe dem Akanjaru-Fluß, wo die Grenze nach Urundi überschritten wurde.

Über den Reiseabschnitt Ruanda werden nachfolgende Hans Meyers Tagebuchaufzeichnungen auszugsweise wiedergegeben. Als forschender Geograph las er fortlaufend Thermometer und Barometer ab. Seine Aufzeichnungen enthalten außerdem zahlreiche geographische Angaben sowie botanische, zoologische und geologische Beschreibungen, die auf den historisch interessierten Leser eher ermüdend wirken, mögen sie auch Hans Meyers Forschermentalität illustrieren. An solchen Stellen wurde weitgehend gekürzt. Nur punktuell mußten Auslassungen wegen Unleserlichkeit erfolgen. Insgesamt stellt der nachfolgende Text etwa die Hälfte der Tagebuchaufzeichnungen Hans Meyers von seiner Reise durch Ruanda dar. Es handelt sich vornehmlich um seine Notizen von politisch-soziologischem Aussagewert. Aufgrund der Streichung der meisten naturwissenschaftlichen Aufzeichnungen war leider eine gewisse Beeinträchtigung des Gesamtcharakters der Darstellungsweise von Hans Meyer unvermeidbar. Gelegentlich wurden von mir als Bearbeiter erklärende Anmerkungen eingefügt. Die Unterstreichungen im

explicative. Les passages ou mots soulignés dans le texte l'étaient déjà dans les notes prises par le chercheur. Quant aux passages manquants, ils sont remplacés par trois points placés entre parenthèses.

Suivant ses inscriptions :

Mercredi 12 juillet

(…) La Kagera est très tranquille ici, mais il paraît qu'il y a plus de courant près de Migera, là où la rivière se rétrécit. De l'autre côté, commence la <u>région de Kissaka</u> avec ses basses collines qui font place très vite à de hautes montagnes. Toutes les formes sont doucement arrondies, les vallées peu profondes; celle de la Kagera ressemble au lac Rugascha et à une « vallée inondée ». <u>Il n'y a nulle part de rive proprement dite</u>. Les versants des montagnes s'arrêtent directement au bord de l'eau. Les montagnes rwandaises sont un peu plus boisées que le Karagwe.

De la colline panoramique, nous descendons le versant pentu, glissant misérablement sur les galets, en direction de Migera, un groupe de huttes situé sur une presqu'île dans la vallée de la Kagera. Nous nous dirigeons ensuite vers la rive de la Kagera bordée de papyrus où nous attendent six petits bateaux pour nous faire passer la rivière. Kandt *(résident impérial du Rwanda)* nous a envoyé un kirongosi *(un guide)* qui parle swahili. Cela fait 16 jours que ce dernier a quitté Kigali et il doit nous conduire tout d'abord à Dsinga; faire traverser le large <u>marais</u> à 118 hommes met un certain temps. Une odeur de pourriture et de vase, de poissons en décomposition, nous monte aux narines et nous lève le cœur.

11 h 30 : traversée en pirogue conduite par deux rameurs debout. Pour commencer, nous avançons durant dix minutes environ à travers un passage pratiqué dans le marais de papyrus, puis nous descendons pendant quelque dix minutes encore la Kagera qui fait à cet endroit environ 40 m de large. <u>Eau d'une couleur brun sale</u>, 17 °C, faible courant; nous parcourons à peu près un ou deux mètres en 10 secondes. Magnifiques nénuphars violets. Traversée inoubliable sans un bruit entre des murs de papyrus. 11 h 55 : arrivée du côté rwandais, où la Kagera touche directement à la rive escarpée. Nous escaladons la colline; couches de schiste argileux orientées S.S.-O.-N.N.-E. et inclinées vers l'ouest; environ 30 °C. En haut, petit espace vert entouré de bush, très chaud, mais il nous faut trouver un <u>campement</u> car le passage des caravanes risque de durer encore longtemps. A chaque fois (c'est-à-dire toutes les 50 minutes dans les deux sens), 14 hommes seulement et leur chargement peuvent passer la rivière sur sept pirogues. Entre midi et trois heures de l'après-midi, chaleur torride sur notre colline herbeuse près de Rogero. 14 h 30 (…) 32,5 °C (…) Heureusement, l'une de nos tentes arrive enfin et nous nous réfugions à l'intérieur avec une corbeille de ravitaillement qui contient au moins du thé, du pain, du beurre et du miel. L'immobilité absolue de l'air nous

Text sind aus Hans Meyers Tagebuchnotizen übernommen. Die Stellen, an denen Kürzungen erfolgten, sind durch »...« angedeutet.

Nachfolgend die Tagebuchaufzeichnungen.

Mittwoch, 12. Juli

... Der Kagera fließt ganz glatt, soll aber bei Migera, wo er sich verengt, mehr Strömung haben. Jenseits fängt die Landschaft Kissaka mit niedrigen Hügeln an, geht aber schnell in hohe Bergzüge über. Alle Formen mild gerundet, Täler nicht tief, Kageratal sieht ebenso wie der Rugaschasee, wie ein »ertrunkenes Tal« aus. Nirgends Entwicklung eines Uferlandes. Die Berghänge laufen direkt ins Wasser hinein. Die Ruanda-Berge sind etwas waldiger als Karagwe.

Vom Ausblickshügel ... steil hinab über miserables Geröll nach Migera, das als Hüttengruppe auf Halbinsel des Kageratales liegt. Hinab zum Kagerapapyrusrand, wo 6 kleine Boote zum Übersetzen. Von Kandt *(Anm.: Kaiserlicher Resident von Ruanda)* ist ein Suaheli sprechender Kirongosi *(Anm.: Führer)* da, der schon 16 Tage von Kigali weg ist und uns zunächst nach Dsinga bringen soll; die Übersetzung der 118 Mann über den breiten Sumpf dauert lang. Im Sumpf selbst stinkt es mörderlich nach Moder und Schlamm, wie nach verfaulten Fischen.

11.30 Uhr Überfahrt im Einbaum mit zwei stehenden Ruderern. Erst ca. 10 Minuten durch offengeschlagene Papyrusstrecke, dann ca. 10 Minuten auf dem ca. 40 m breiten offenen Kagera abwärts. Wasser schmutzig braun, 17°C, Strömung langsam, ca. 1–2 m in 10 Sek. Herrliche violette Seerosen. Sehr stimmungsvolle Fahrt im Einbaum auf schweigendem Strom zwischen Papyrusmauern. 11.55 Uhr an auf Ruandaseite, wo Kagerafluß direkt an hiesigem Steilufer. Steil den Hügel hinauf, wo Tonschieferstrecken SSW-NNO, Einfall nach Westen mit ca. 30°C. Oben kleine Grasfläche von Busch umschlossen, sehr warm, aber Zeltplatz, da das Übersetzen der Karawanen noch lang dauern wird. Jedes Mal (das heißt alle 50 Min. hin und her) können in den 7 Einbäumen nur 14 Mann mit Lasten übergesetzt werden. Zwischen 12.00 und 3.00 Uhr ist eine Knallhitze auf unserem Grasplatzhügel Rogero. ½ 3.00 Uhr ... 32,5°C., ... Glücklicherweise kommt eins unserer Zelte, unter das wir uns flüchten, und der Menagekorb, der wenigstens Thee und Brot mit Butter und Honig enthält. Die Bewegungslosigkeit der Luft verdammt uns zur Untätigkeit bis 4 Uhr. Der übliche Südostwind fehlt, wohl weil ihn die über dem breiten Kageratal aufsteigenden Luftströme aufhalten. Hoch oben wallen sich über dem Kageratal weiße Gewitterwolken zusammen, aber sie zerfließen leider

contraint à l'oisiveté jusqu'à 16 heures. Pas de vent habituel du sud-est, sans doute à cause des courants d'air ascendants au-dessus de la large vallée de la Kagera. Très haut dans le ciel, des nuages blancs annonçant l'orage se forment au-dessus de la vallée, mais ils se dissipent malheureusement à nouveau. De larges filaments de cirrus se déplacent du nord vers le sud. Vue magnifique sur la mer tranquille de papyrus qui s'étend vers l'est jusqu'à la surface miroitante du Rugascha dans le lointain.

Le nom de bac donné à notre mode de passage est trompeur. Le propriétaire a certes un certificat faisant de lui un passeur privilégié avec un tarif imprimé pour les différents types de bagages, mais il ne possède que deux petits bateaux. Les cinq autres bateaux disponibles aujourd'hui ont été envoyés sur l'ordre de Kahigi *(le souverain du Bukoba)* d'un endroit plus au nord. Malheureusement, le pouvoir de Kahigi s'arrête ici. Une fois du côté rwandais, les indigènes ont déjà refusé de nous aider à porter les bagages, même en étant bien payés.

La région située en direction de l'ouest vers la mission de Dsinga est, paraît-il, pas mal habitée et cultivée si bien que nous espérons y arriver en 4 jours. Kandt ne m'a malheureusement pas fait parvenir de message par l'intermédiaire du guide qu'il nous a envoyé (…) Le plus terrible, ce sont les mouches piqueuses la journée, qui sont encore plus pénibles que les moustiques la nuit, la moustiquaire offrant une protection relative. On trouve également des tiques à volonté dans les hautes herbes sèches, mais heureusement pas de papasi, ces tiques qui transmettent une fièvre récurrente. Ceux-ci se sont attaqués à quelques boys et porteurs (…) Même la quinine n'est d'aucun secours dans ce cas.

A notre arrivée à la frontière du royaume de Kahigi, c'est au tour du katikiro de Bukoba de faire ses adieux. Avec sa jeune bibi *(son épouse)*, il a fait tout le long trajet à pied. Il reçoit ½ roupie par jour et j'y ajoute deux roupies de ma poche. Il se charge en échange d'emporter mes deux caisses de pierres à Bukoba. La traversée de la Kagera représente la fin de la première partie de notre expédition. La deuxième commence maintenant : la traversée du Rwanda jusqu'aux volcans. J'espère que nous arriverons à destination d'ici le début du mois d'août. (…)

Jeudi 13 juillet

(…) A partir de 6 h 30, nous traversons le maquis vers le sud en direction de la vallée située derrière la colline où nous avons campé. Dans les terrains bas, il y a malheureusement de nouveau beaucoup de mouches tsé-tsé. Nous en souffrons tous, nos mules aussi. (…) 11 h 00 : caravane à Njakabungo.

Sur le bord du campement sont accroupis, leur lance dressée vers le ciel à la main, entre 50 et 60 Watussi, les maîtres du pays. Venus des environs, ils se sont rassemblés à l'annonce de notre arrivée. Ce sont pour la plupart des Chamites à la

wieder. Hohe Cirrusstreifen ziehen von N nach S. Großartiger Überblick über das stille Papyrusmeer nach Osten bis zum fernen blanken Spiegel des Rugascha.

Dass hier die Übersetzerei eine Fähre genannt wird, ist irreleitend. Der Bootsmann hat zwar einen Schein als priviligierter Fährmann mit gedrucktem Tarif aller Lastenarten, aber er hat nur 2 kleine Boote. Die übrigen heute vorhandenen 5 sind auf Kahigis Befehl *(Anm.: Herrscher von Bukoba)* weiter von N hergekommen. Leider hört hier Kahigis Machtbereich auf. Die Eingeborenen auf der Ruandaseite verweigerten bereits das Mithelfen beim Lastentragen, selbst gegen gute Bezahlung.

Von hier ab in der Westrichtung nach Missionsstation Dsinga soll das Land gut bewohnt und bebaut sein, so dass wir hoffentlich gut in 4 Tagen dort hin kommen. Kandt hatte seinem Boten leider keinerlei briefliche Mitteilung an mich mitgegeben.... Abscheulich sind die Stechfliegen am Tag, oft lästiger als die Moskitos der Nacht, gegen die man sich einigermaßen mit dem Moskitonetz schützen kann. Auch Zecken gibts im hohen dürren Gras genug, glücklicherweise keine Rückfallfieberzecken Papasi. Von letzteren sind aber einige Boys und Träger ... befallen worden. Da hilft leider kein Chinin.

Heute an Kahigis Reichsgrenze verlässt uns auch der Katikiro aus Bukoba, der mit seiner jungen Bibi *(Anm.: Frau)* den ganzen Marsch zu Fuss mitgemacht hat. Er bekommt ½ Rupie pro Tag und dazu lege ich zwei Rps. extra. Er nimmt meine 2 Steinkisten nach Bukoba mit. Mit Erreichung und Überschreitung des Kagera haben wir den ersten Abschnitt der Expediton beendet und beginnen den zweiten: Ruanda bis zu den Vulkanen. Hoffentlich wird er bis Anfang August vollendet sein....

Donnerstag, 13. Juli

... Ab 6.30 Uhr durch Buschwald südwärts ins Tal hinter unserem Lagerhügel.... In den Niederungen gibt es leider wieder viel Tsetse. Wir selbst werden geplagt und die Muli auch ... 11.00 Uhr Karawane an Njakabungo.

An der Seite des Zeltplatzes hocken neben ihren aufgerichteten Speeren 50–60 Watussi, die Herren des Landes, die auf die Nachricht von unserem Kommen sich aus der Umgebung versammelt haben. Grösstenteils schlanke Hamiten mit

mince silhouette avec des têtes typiquement somaliennes. Ils sont vêtus d'une sorte de toge brune ornée d'une bordure plus claire, comme nous en avons apportées pour faire du troc. Ils ont le front rasé assez loin sur le crâne avec quelques bandes en travers non rasées. La plupart ont des cheveux brun foncé, mais ils sont également nombreux à avoir des cheveux beaucoup plus clairs et plus longs que les Bantu, mais également frisés. Le chef (<u>mtuale</u>) de la région tout entière s'avance pour nous offrir une quantité abondante de nourriture (chakula), à savoir des haricots, des bananes, du manioc, des patates et un taureau bien portant. Nous lui offrons en échange des tissus, puisque l'argent n'a pas cours ici. Les autres nous observent <u>en silence</u>. Personne ne bouge. Nul ne dit mot. Quelle différence frappante avec la soumission bavarde de l'autre côté de la Kagera ! Les véritables fournisseurs de la « chakula » sont bien entendu les Wahutu, la population bantu agricole réduite à la servitude. Le Mtussi s'adonne uniquement à l'élevage. Les Wahutu qui sont présents copient la coiffure des Watussi, mais ils ne leur ressemblent par ailleurs que fort peu.

<u>L'Euphorbia Stuhlmanni</u>, nom donné au buisson qui entoure l'enclos, forme une excellente haie, très dense, vert foncé en permanence, qui procure beaucoup d'ombre et mesure plus de 8 mètres de haut. Elle fait penser à une rangée serrée de cyprès. (…)

Un fort vent du sud se lève au moment où le soleil se couche. L'air est agréablement <u>frais</u>, ce qui fait du bien après la chaleur lourde d'hier sur les bords de la Kagera.

Vendredi 14 juillet

(…) A partir de 6 h 30, nous descendons dans la vallée. (…) Puis nous remontons, redescendons et remontons encore une fois avant d'atteindre le schambe (petite plantation) de <u>Kaschasche</u> où nous découvrons une belle place herbue idéale pour notre <u>campement</u>. (…) Peu de temps après que les tentes ont été dressées, arrivent en longue caravane conduite par 30 Watussi lourdement chargés des Wahutu qui nous apportent du ravitaillement (chakula); il y a de tout en abondance. Le vieux chef (mtuale) reçoit des étoffes et des perles et se retire satisfait avec sa suite. Tout est bien organisé et discipliné. Le soir, il fait très frais, cognac et lainages, manteaux d'hiver.

Samedi 15 juillet

Départ à 5 h 50. (…) Les grues couronnées du marais voisin m'ont réveillé dès 4 h 00. (…) Nous nous arrêtons à 12 h 30 pour <u>camper</u> sur le versant opposé près de

typischen Somalköpfen. Gekleidet in togaförmige Überwürfe von braunem Stoff mit helleren Randstreifen, wie wir sie als Tauschartikel mithaben. Stirn hochgeschoren und dann querüber ein paar Raupen stehengelassen. Farbe meist dunkles Schwarzbraun, viele aber viel heller und mit längerem Haar als die Bantu, aber doch gekräuselt. Der Mtuale der ganzen Gegend meldet sich als Lieferant der reichlichen Chakula von Bohnen, Bananen, Maniok, Bataten und führt noch einen stattlichen Stier als Geschenk vor. Gegengabe Stoffe, da Geld nicht mehr geht. Die übrigen sehen stumm zu, keiner rührt sich, keiner spricht. Welch ein Gegensatz gegen die geschwätzige Unterwürfigkeit jenseits des Kagera! Die eigentlichen Lieferanten der Chakula sind natürlich die Wahutu, die ackerbauende hörige Bantubevölkerung. Der Mtussi gibt sich bloss mit Viehzucht ab. Auch die anwesenden Wahutu ahmen die Haartracht der Watussi nach, ähneln ihnen aber sonst sehr wenig.

Die baumige Euphorbia Stuhlmanni, die die Höfe umhegt, ist ein ausgezeichnetes Heckengewächs. Sie wächst sehr dicht, ist stets dunkelgrün und tiefschattig und wird über 8 m hoch. Eine solche Hecke sieht fast aus wie eine dichte Cypressenhecke. ...
   Mit Sonnenuntergang dringt ein starker Südwind auf. Die Luft ist herrlich kühl. Eine große Erquickung nach der gestrigen Schwüle am Kagera.

Freitag, 14. Juli

... Ab 6.30 Uhr in den Talgrund hinab. ... Wieder bergauf und ab und auf zur Schambe Kaschasche, wo auf freier Grashöhe schöner Zeltplatz. ... Bald nachdem die Zelte stehen, kommen in langer Karawane, geführt von 30 schwertragenden Watussi, die Chakula *(Anm.: Verpflegung)* bringenden Wahutu; alles sehr reichlich. Der alte Mutuale bekommt Stoffe und Perlen und zieht mit seinem Gefolge befriedigt ab. Es ist alles trefflich diszipliniert. Abends sehr kühl, Cognac und Wollzeug, Wintermantel.

Sonnabend, 15. Juli

5.50 Uhr. ... Die Kronenkraniche des nahen Sumpfes haben schon 4 Uhr geweckt. ... Wir lagern 12.30 Uhr am jenseitigen Berghang nahe dem Wasser, ...

l'eau (…) sur les rives de la Bissenga. Nous avons tout juste terminé de dresser les tentes lorsqu'arrivent environ 25 Watussi équipés de leurs lances, très fiers et bien habillés de vêtements de coton indien (kanga). De taille élancée (entre 1,75 m et 2 m), ils conduisent une caravane de Wahutu qui se compose de 120 porteurs de ravitaillement. En fin de cortège arrive un bœuf bien portant encadré de deux jeunes Watussi. Le tout se passe avec une <u>discipline</u> exemplaire. Cette fois, le mtuale et sa suite nous saluent avec gravité. Les innombrables paquets contenant du ravitaillement sont distribués tandis qu'on abat le bœuf et qu'on le taille en morceaux. Le mtuale reçoit en paiement la peau, les cornes et une cuisse de bœuf en plus de tissus blancs et de couleur. Puis la grande société rejoint dignement ses fermes et nous laisse d'ailleurs à partir de ce moment-là parfaitement tranquilles. Ordre de Msinga, le roi du Rwanda.

J'ai une petite dispute avec Tiller, que la chaleur étouffante rend nerveux et qui me répond avec effronterie.

En récoltant des plantes une fois la plus grosse chaleur passée, je me fais surprendre par un orage. C'est la première fois qu'il pleut depuis que nous avons quitté Kihigi et la fraîcheur humide qui succède à la pluie est un présent vivifiant que j'espérais depuis longtemps et un bienfait pour ma gorge aussi. (…)

J'envoie un messager à Dsinga pour qu'il annonce au missionnaire que nous arrivons demain. Nous allons malheureusement troubler son dimanche paroissial. Il paraît qu'il y a aussi une femme missionnaire à Dsinga.

Dimanche 16 juillet

6 h 00 (…) Brouillard matinal dans les vallées; bon nombre <u>d'oies</u> brun foncé s'envolent vers le sommet des montagnes. A 6 h 30, à mi-hauteur sur les collines qui dominent la vallée de la Bissenga, on aperçoit la vallée de la Mukidogo orientée vers le nord qui rejoint un petit fleuve situé plus au nord.

(…) Plus aucune trace de l'orage d'hier. Tout est de nouveau desséché. A 7 h 50, arrivée en haut de la colline, B 620. Devant nous s'étend <u>à l'ouest un paysage de plateaux profondément découpés</u> et plantés de rundu. Les plantations ne se trouvent pas seulement dans les vallées, mais aussi sur les sommets plats du fait que c'est du schiste argileux partout. Il n'y a des arbres uniquement près des schamben. C'est une <u>région densément peuplée qui rappelle le paysage de cultures européen</u>. Le chemin traverse sans interruption des champs de millet (mtama), des bananeraies et des champs de viasi. (…)

Les <u>femmes et les enfants</u> sont très peureux et s'enfuient à notre approche. A 9 h 15, nous faisons une pause à l'ombre d'un bel arbre, un ficus. (…) Devant nous, les indigènes remontent la vaste colline de Muniaga avec du petit bois sur le dos. Derrière, en contrebas, se trouve Dsinga.

Bissengalager. Direkt nachdem die Zelte stehen, kommt ¼ Hundert sehr stolzer gut in Kanga gekleideter speertragender Watussi von 1¾–2 m Länge und führen eine Wahutukarawane von 120 Chakulaträger herbei. Am Schluß ein großer von zwei jungen Watussi geführter Ochse, alles in musterhafter <u>Disziplin</u>. Diesmal aber begrüßt uns der Mtuale nebst Gefolge gravitätisch. Die zahllosen Chakulapakete werden verteilt, der Ochse geschossen und zerstückelt. Die Haut, Hörner und eine Keule bekommt der Mtuale und ebenso die weissen und farbigen Stoffe als Zahlung, worauf die ganze große Gesellschaft würdevoll in ihrer Schamben zurückkehrt und uns im übrigen völlig in Ruhe läßt. Befehl Msingas.

Ich habe eine kleine Auseinandersetzung mit Tiller, der von der Schwüle nervös geworden ist und mir ungezogen antwortet.

Beim Pflanzensammeln nach der größten Hitze werde ich von einem losbrechenden Gewitter überrascht. Es ist der erste Regen seit wir Kihigi verlassen haben und es folgt abends eine herrlich erquickende feuchte Kühle, wie ich sie schon lange auch für meinen Hals ersehnt habe. …

Nach Dsinga an den Missionar schicke ich einen Boten voraus, dass wir morgen kommen. Wir werden ihm leider seinen Pfarrsonntag stören. Auch eine Frau Missionarin soll auf der Station sein.

Sonntag, 16. Juli

6.00 Uhr, … Früh Nebel in den Tälern und zahlreiche dunkelbraune <u>Gänse</u> ziehen aus der Niederung bergwärts. Ab bergauf 6.30 Uhr aus dem Bissengatal von halber Höhe Blick in das nördlich ziehende Mukidogotal, das mit Flüsschen fern nach N hinab führt.

… Von dem gestrigen Gewitterregen keine Spur. Alles wieder staubtrocken. 7.50 Uhr auf der Höhe, B 620. Vor uns <u>im Westen lauter tieferes zerschnittenes Plateauland</u>, Rundu bepflanzt. Die Bebauung nicht bloss in den Tälern, sondern auch auf den flachen Höhen, weil überall Tonschiefer. Bäume nur bei den Schamben. <u>Dicht bewohnt. Bild einer europäischen Kulturlandschaft</u>. Unablässig Weg durch Mtamafelder *(Anm.: Hirse)*, Bananenhaie, Viasifelder. …

Die <u>Weiber und Kinder</u> sind äußerst furchtsam und fliehen. 9.15 Uhr Rast unter schönem Schattenbaum, Rindenfikus. … Vor uns der breite Muniagahügel mit kleinem Gehölz auf Rücken. Dahinter liegt tiefer Dsinga.

Les Watussi se tiennent sur les bords du chemin appuyés sur leurs lances, debout souvent sur une jambe seulement. L'air apparemment indifférent, mais en réalité avec une grande curiosité si l'on observe l'éclat vif de leurs yeux, ils regardent passer la caravane. Au loin brille la pointe du lac Mugessera.

(…) 11 h 45 (…) Nous apercevons en dessous de nous en direction du nord-ouest sur une grande colline arrondie une vieille maison en briques et plusieurs huttes en paille avec des schamben : il s'agit de la mission de <u>Dsinga</u>. Nous y parvenons vers midi et demi. La cour est propre, les vieilles maisons en partie recouvertes de plantes vertes grimpantes. Le <u>missionnaire Mörchen</u>, un jeune homme fiévreux et maigre, vient nous accueillir et nous invite à dîner. Nous attendons tout d'abord l'arrivée de la caravane pour pouvoir nous débarrasser de la puanteur des boues marécageuses. Nous dressons notre camp de l'autre côté de la mission sur le sommet d'une colline herbeuse. (…) Repas de midi à la mission. Les maisons sont en brique crue et le sol en terre battue, ce qui n'est guère confortable. Les murs sont peints à la chaux et les quelques petites fenêtres sont de travers. Mais le bureau est orné de photos et le service à café en argentan bien joli. Cette demeure aurait une toute autre allure avec quelques nattes par terre et des tentures aux murs. Mme Mörchen est encore jeune, mais elle est pâle et fatiguée. Elle porte une robe rationnelle et un énorme pince-nez. C'est sans doute une ancienne institutrice. Elle nous parle de son grand poulailler, des fraises, des ananas, etc., mais on ne les voit pas. Mari et femme ont perdu toutes leurs illusions. M. Mörchen raconte que le travail de missionnaire est voué à l'échec tant qu'on ne sera pas parvenu à briser l'orgueil des <u>Watussi</u>. A son avis, les Wahutu sont certes des filous, des menteurs, des voleurs, des lâches, bref, tout ce qu'on voudra, mais ces <u>crâneurs de Watussi</u> sont encore bien pire. La seule chose qui leur fasse vraiment peur du fait de leur lâcheté, ce sont les vols accompagnés de violences que commettent les Wahutu. Par contre, ils incitent ces derniers, qui sont leurs sujets, à s'attaquer aux autres tribus watussi pour leur voler du bétail. Les Watussi volés de telle façon prennent alors leur revanche quelques semaines plus tard, ce qui coûte chaque fois la vie à quelques Wahutu. La Résidence de Kigali ne peut rien faire car elle s'est engagée par règlement gouvernemental à ne pas s'immiscer dans les affaires intérieures des Watussi et des Wahutu. Dans la province relativement peuplée de Bassango, où se situe la mission de Dsinga, les Watussi sont proportionnellement assez nombreux, mais leur nombre ne dépasse toutefois pas quelques centaines, alors que les Wahutu se comptent par dizaines de milliers. C'est la nature soumise du Bantu (…) qui ne se sent bien que dominé par un pouvoir despotique qui est à l'origine de cette emprise totale d'un petit nombre de personnes sur une population aussi importante. Le fait que les Watussi aient également introduit jadis, à leur arrivée au Rwanda, les importants troupeaux de bovins a rempli les Bantu d'une crainte respectueuse à leur égard. (…) Les Européens ne pourront donc consolider leur domination sur

Die Watussi stehen am Weg auf ihre Speere gelehnt, oft mit eingestemmtem Standbein und gucken scheinbar gleichgültig aber im Grund sehr neugierig, wie man den lebhaft wandernden Augen ansieht, der Karawane zu. In Ferne blinkt Zipfel des Mugesserasees.

… 11.45 Uhr. … Nordwestlich unter uns auf breitem runden Hügel ein rotes Ziegelhaus und mehrere Strohhäuschen nebst Schamben: Missionsstation <u>Dsinga</u>. Hinab, an ½ 1 Uhr. Sauberer Hof, die alten Häuschen von grünen Rankengewächsen überzogen. <u>Missionar Mörchen</u>, ein junger fieberkranker, hinfälliger Mann, begrüßt uns und ladet uns zum Essen ein. Wir warten erst die Karawane ab, um uns vom stinkenden Sumpfschlamm zu reinigen. Wir lagern jenseits der Station auf grasiger Hügelhöhe. … Zum Mittagessen in der Mission. Luftziegelhäuschen mit unbedeckten ungemütlichen Lehmfußboden. Wände roh getüncht und ein paar windschiefe kleine Glasfenster. Aber Schreibtisch mit Photos, hübsches neusilbernes Kaffeeservice etc. Wie nett ließe sich das Heim mit ein paar Matten auf dem Estrich und ein paar Stoffbehängen an den Wänden machen. Frau Mörchen ziemlich jung, aber bleich und müde. Reformkleid, großer Klemmer, wahrscheinlich einstige Lehrerin. Sie erzählt vom großen Hühnerhof, von Erdbeeren, Ananas etc., aber man merkt nichts davon. Mann und Frau haben alle ehemaligen Illusionen aufgegeben. Er erzählt, dass die Missionsarbeit gänzlich erfolglos sei, so lange nicht der Hochmut der <u>Watussi</u> gebrochen sei. Die Wahutu seien zwar verschlagen, lügnerisch, diebisch, feige etc. aber die so <u>grossspurigen Watussi</u> seien alles dies noch viel mehr. Nur zu gewaltsamen Diebstählen, wie sie die Wahutu betreiben, seien sie zu feig. Dagegen stiften sie ihre hörigen Wahutu an, gewaltsam bei den anderen Watussisippen Vieh zu rauben. Die Beraubten revanchieren sich ein paar Wochen später, wobei regelmässig ein paar Wahutu totgeschlagen werden. Die Residentur in Kigali kann nichts machen, weil sie sich nach Gouvernementsverordnung jeder Einmischung in innere Angelegenheiten der Watussi und Wahutu enthalten muß. In der stark bevölkerten Provinz Bassango, in welcher Dsinga liegt, wohnen relativ sehr viel Watussi; im Ganzen aber doch nur einige Hundert, wogegen die Wahutu nach zehntausenden zählen. Dass so wenige so viele völlig beherrschen, erklärt sich aus der submissiven Natur des Bantu …, der sich nur unter despotischer Hand wohl fühlt. Auch dass die Watussi bei ihrem einstigen Eindringen die imposanten Rinderherden mitbrachten, hat ihnen in der Ehrfurcht der Bantu das Prävenire gegeben. … Eine europäische Herrschaft über Ruanda sei nur möglich, wenn man die gegen Juhi (Anm.: ruandischer König) renitenten Häuptlinge von Kissaka und der Nordgebiete als selbstständige Herrscher einsetze und sie in dieser Herrschaft stützte und gegeneinander ausspielte. Auch in Urundi sei dies das beste anstatt der Stützung des alten Kissabo als Alleinherrscher. Ein Aufstand infolge Steuererhebung sei nicht zu befürchten. Zu offenem Krieg gegen eine gute Companie seien die Watussi zu <u>feige</u>. Aber sie würden die

le Rwanda qu'en nommant chefs autonomes les chefs de Kissaka et des territoires du Nord en lutte contre Juhi V. Musinga (roi du Rwanda) et en les soutenant dans leur nouvelle fonction tout en se servant des uns contre les autres. Il faudrait d'ailleurs procéder de même en Urundi au lieu de soutenir le vieux Kissabo dans sa fonction de roi absolu. Une révolte due à une augmentation des impôts n'est pas à craindre, les Watussi étant trop lâches pour mener une guerre ouverte contre une compagnie bien organisée. Par contre, ils obligeraient les Wahutu à percevoir les impôts pour eux s'ils étaient intéressés pour une part aux bénéfices.

(NB: Hans Meyer notait certes soigneusement ce genre de remarques critiques ou médisantes faites par des Européens, mais il les considérait plutôt comme des notes confidentielles qu'il ne publiait pas sous cette forme. Dans ses publications, il se concentrait dans une large mesure sur les découvertes faites dans le domaine scientifique).

De nombreux moustiques ce soir en dépit du lieu choisi pour le campement. Les missionnaires souffrent beaucoup du paludisme dans ce beau pays du Rwanda ainsi que de fièvres récurrentes attrapées sur la route des caravanes (barrabarra).

Lundi 17 juillet

Lever 6h30. (…) Journée de repos car les porteurs sont encore très fatigués après la journée d'hier. Tout le monde dort dans le campement. Quel calme merveilleux pour écrire! J'inscris des détails que je voulais noter depuis longtemps et je range des caisses. Le docteur Houy, qui devrait en fait faire ce travail, est absolument inutile quand il s'agit de rangement. Il s'acquitte en effet avec un tel manque de soin et une telle réticence de toutes les tâches qui ne sont pas en rapport direct avec sa spécialité, la zoologie, que Tiller et moi préférons nous en occuper nous-mêmes. Je me suis malheureusement complètement trompé sur l'utilité de ce jeune homme; je songe même à le renvoyer chez lui quand nous arriverons à Kigali. Je m'entends finalement fort mieux à la longue avec Tiller qui n'est certainement pas quelqu'un de très facile, mais qui sait prendre les choses en main et faire son travail d'arpentage tout à fait correctement à condition qu'on lui rappelle régulièrement de mesurer l'altitude et de faire des relevés.

Avant de manger, je fais le tour de la mission. On ne dirait pas qu'elle existe depuis quatre ans. Le jardin est plus ou moins laissé à l'abandon; seules les goyaves, les citrons et les fraises ont l'air passable. Les légumes et les pommes de terre sont en friche. Une nouvelle habitation a été mise en chantier, mais elle n'est pas terminée par manque de bois de construction et de chaux. Presque rien n'a été fait pour planter des arbres. Le plus gros problème, c'est que la mission n'a pas l'eau courante dans le jardin. Il y a un petit ruisseau vaseux à environ un quart d'heure en

Wahutu zum Aufbringen der Steuern zwingen, wenn sie, die Watussi, am Ertrag etwas beteiligt würden.

(Anmerkung: Solche kritischen bis abfälligen Meinungsäußerungen von Europäern notierte sich Hans Meyer zwar aufmerksam, behandelte sie aber als vertrauliche Notizen, die er so nicht veröffentlichte. In seinen Publikationen konzentrierte er sich weitgehend auf naturwissenschaftliche Erkenntnisse.)

Abends viel Moskitos trotz der freien Lage. Die Missionare leiden viel unter Malaria im schönen Ruanda und unter Rückfallfieber, das sie sich auf der Barrabarra zuziehen.

Montag, 17. Juli

6.30 Uhr. … Rasttag, da die Träger von gestern sehr müde sind. Alles schläft in der Zeltstadt, und es ist eine wundervolle Ruhe zum Schreiben. Ich trage allerlei Verschobnes nach und packe Kisten um. Dr. Houy, der diese Arbeit machen sollte, ist zu alldergleichen Ordnungsarbeiten nicht zu brauchen. Alles, was über sein zoologisches Spezialgebiet hinausgeht, macht er so lässig und schlecht und widerwillig, dass ich oder Tiller es lieber selber machen. Ich habe mich in der Nützlichkeit dieses jungen Manns leider sehr getäuscht; vielleicht schicke ich ihn in Kigali doch noch nach Hause. Mit Tiller, der zwar kein verträglicher Mensch ist, aber fest zugreift und seine Routenarbeit ganz ordentlich macht, wenn man ihn öfters zu Höhenmessungen und Peilungen mahnt, komme ich auf längere Zeit viel besser aus.

Vor Tisch spaziere ich bei der Station umher. Für einen vierjährigen Aufenthalt ist verflixt wenig geschehen. Im Garten ist das meiste verkommen; nur Gujaven, Zitronen, Erdbeeren stehen leidlich. Gemüse und Kartoffeln sind verwildert. Neues Wohnhaus ist begonnen aber es fehlt an Bauholz und an Kalk. Für Anpflanzung von Bäumen ist fast nichts getan. Der Fehler ist hauptsächlich der, dass die Station kein fließendes Wasser für Gartenanlagen hat. Ein sumpfiges Bächlein liegt ca. ¼ Stunde unter der Station. Dort entspringt auch keine kleine sickernde Quelle

contrebas; c'est là aussi que coule une petite source d'eau potable. On voit aussi partout que l'argent fait défaut pour pouvoir acheter quelque chose de correct ou poursuivre un projet concret. M. Mörchen nous a raconté par exemple qu'ils avaient dû renoncer à l'alcool sous quelque forme que ce soit par faute de moyens. L'isolement total est également paralysant. En effet, la mission protestante la plus proche se situe à sept jours de marche. A midi, nous avons invité le couple de missionnaires à déjeuner avec nous. J'ai sorti pour l'occasion deux demi-bouteilles de Henckel sec. Le vin mousseux fait également du bien à une gorge douloureuse comme la mienne. Malheureusement, ma toux ne semble pas encore vouloir disparaître. (…)

Mardi 18 juillet

6 h 30 (…) Nous commençons notre descente de la colline de Dsinga. Le frère du Msinga, qui dirige cette province, est venu assister à notre départ. C'est un jeune homme timide qui ressemble au Msinga. (…)

Aucun des Watussi ne porte plus de manteau ou de pagne en cuir; ils portent tous des capes sales en tissu. Les Wahutu sont souvent vêtus de pagnes en cuir ou tressés avec des feuilles fraîches de bananier. Le frère du Msinga nous quitte à la frontière de son district et il est remplacé par le mutuale (chef) du nouveau district qui s'approche avec sa suite afin de nous servir à son tour d'escorte.

(…) 11 h 45. Nous campons à Muscha sur le chemin entre Ischangu et Kigali. Vue sur le sommet du Mohasi. (…) Des schamben tout autour. Nous avons à peine terminé de monter nos tentes lorsqu'arrive la caravane habituelle de Wahutu porteurs de bananes et de viasi, et escortés par des Watussi qui les guident, la lance à la main. Ils s'approchent en colonne serrée et chacun dépose son chargement juste à côté de celui du voisin et continue sa marche afin de laisser la place au suivant. On nous amène de nouveau un bœuf car le Msinga a ordonné que j'en reçoive un tous les deux jours. Le mtuale qui l'apporte rappelle fortement Néron, grand, un peu gras, avec un visage à la fois effrayant et voluptueux. Ses cheveux forment une sorte de casque, sa barbe est taillée en pointe et il serre une pipe en argile noire entre ses grosses lèvres. Voilà l'apparence que doivent avoir la plupart des watuales qui vivent en parasites à la cour du Msinga. Aucun des grands watuales (seigneurs) ne vit dans sa province; ils vivent tous à la cour du Msinga car chacun craint d'être victime d'intrigues s'il n'est pas constamment présent à la cour. Cependant, ils restent tous quotidiennement en contact avec leur province grâce à des messagers. Il est bien évident que, pendant ce temps, les sous-chefs se livrent à leurs propres intrigues en province. Les ragots et les intrigues ne sont nulle part plus florissants que dans le royaume du Msinga. A la cour de Niansa, on mène une vie de plaisirs oiseuse. Personne ne travaille, tout le monde fait travailler les autres et c'est en fin de compte sur les épaules des Wahutu que tout repose.

für Trinkwasser. Man sieht auch überall, dass es an Geld fehlt, um etwas Ordentliches zu schaffen oder fortzuführen. Sagt doch auch Herr Mörchen, »den Alkohol haben wir uns in jeder Gestalt abgewöhnt, weil wir uns diese Ausgabe nicht leisten können". Lähmend wirkt auch die starke <u>Vereinsamung</u>, da die nächste evangelische Missionstation 7 Tage Reise entfernt liegt. <u>Mittags</u> haben wir das Missionsehepaar zu Tisch, wobei ich zwei halbe Flaschen Henckel trocken spendiere. Der Schampus tut auch einem schmerzhaften Hals gut, der Husten weicht leider noch nicht....

Dienstag, 18. Juli

6.30 Uhr, ... Ab entlang auf Dsingahügel. Zum Abschied kommt Bruder des Msinga (Anm.: ruandischer König), der hier seine Provinz hat. Junger Mann, dem Msinga ähnlich, schüchtern....

An den <u>Watussi</u> sieht man nirgendsmehr Ledermäntel oder Lederschürze, sondern nur dreckige Stoffumhänge. <u>Wahutu</u> haben öfters Lederschürze oder frische Bananenblattschurze. An der Grenze seines Distrikts verläßt uns der Bruder des Msinga und es nähert sich uns der Mutuale des neuen Bezirks mit Gefolge und gibt uns das Geleite.

... 11.45 Uhr Lagerplatz Muscha an dem Pfad Ischangu-Kigali. Blick auf Zipfel des Mohasi.... Rings Schamben. Kurz nach unserem Zeltbau erscheint die übliche Karawane von Bananen und Viasi tragenden <u>Wahutu</u>, geführt und eskortiert von speertragenden Watussi. In geschlossener Kolonne rücken sie an, jeder legt sein Bündel genau neben das andere nieder und marschiert weiter, um dem nächsten Platz zu machen. Auch ein Ochse wird wieder herbeigeführt, denn Msinga hat befohlen, dass ich jeden zweiten Tag ein Rind bekommen soll. Der Mtuale, der es bringt, ist ein wahrer <u>Nerotypus</u>, groß, etwas fett, grausames, wollüstiges Gesicht. Hohe haubenförmige Frisur, Spitzbart, schwarzes Tonpfeifchen zwischen den dicken Lippen. So sollen die meisten Watualen aussehen, die am Hofe des Msinga schmarotzen. Von den Großwatualen lebt kein einziger in seiner Provinz, sondern <u>alle am Hofe des Msinga</u>, da jeder fürchtet, durch Intrigen gestürzt zu werden, wenn er nicht ständig am Hof bleibt. Mit seiner Provinz aber bleibt jeder durch tägliche Sendboten in Verbindung. Natürlich treiben indessen die Unterwatualen in der Provinz ihr eigenes Spiel. Klatsch und Ränkespiel blühen nirgends mehr als im Reich des Msinga. Am Hof in Niansa ist ein faules Genussleben. Keiner arbeitet, alle lassen andere für sich arbeiten und am Ende bleibt alle Last auf den Wahutu.

L'actuel Msinga est complètement sous l'influence de ses deux oncles Kaware et Munianga (?). Kaware est décédé récemment après le passage à Niansa de Rechenberg *(NB: gouverneur allemand)*. Naturellement, aux yeux du peuple, c'est Rechenberg qui l'a tué. Juhi Msinga n'a pas le droit, conformément aux vieilles coutumes, de quitter la province royale. L'usage veut en effet qu'à un Msinga attaché au terroir succède un Msinga qui circule librement. Luabugiri *(NB: roi du Rwanda jusqu'en 1896)* était de nature belliqueuse et se déplaçait beaucoup dans son royaume. L'actuel Msinga n'a pas du tout de guerriers bien entraînés. Tous les Watussi sont certes des vassaux, mais il n'existe pas ici d'organisation guerrière autochtone comme celle qui a remporté de si grandes victoires à Ungoni et Uhehe. Les soi-disant guerres des Watussi sont une pure farce. Quand la situation devient critique, les grands types se sauvent en courant et laissent leur suite wahutu terminer le travail. Il est d'ailleurs fort rare que le sang coule. Le romantisme dont les anciens visiteurs du Rwanda entourent la domination des Watussi ne résiste pas à un examen approfondi. Le mépris des vieux Africains est tel que le chef allemand de district, M. Gunzert, stationné à Muansa, s'est fait fort d'arrêter le Msinga avec une compagnie de la troupe de protection et de mettre ainsi un terme à son règne. A condition de reconnaître plusieurs princes rwandais indépendants, le Gouvernement pourra appliquer avec succès un vieux principe : « diviser pour mieux régner ».

Le soir, les Watussi nous ramènent quelques-uns de nos porteurs wasukuma qui ont volé du bois de chauffage dans les huttes wahutu. Pour mettre fin une fois pour toutes à de telles occasions de bagarre, je fais administrer 10 coups de bâton à chacun des voleurs et rapporter le bois volé. Le bois de chauffage est le bien le plus précieux dans le pays. Le Gouvernement ne pourra pas faire autrement plus tard que de procéder à un vaste reboisement. Quelques missions catholiques ont déjà accompli dans ce domaine de l'excellent travail au niveau des cultures, mais cela ne suffit pas encore.

Mercredi 19 juillet

(…) L'absence d'arbres confère aux hauteurs et aux vallées une ampleur phénoménale. Cela me rappelle souvent le paysage andin de l'Equateur, sauf que la région est ici plus peuplée et que les hauts volcans manquent.

(…) Tiller dessine désormais soigneusement notre itinéraire avec les terrains alentour. Seuls ses relevés barométriques des altitudes laissent encore à désirer. Houy tire des oiseaux et les dépouille proprement ; il attrape également des insectes, mais il ne s'intéresse que peu ou pas du tout au reste et l'habitude qu'il a de fredonner ou siffler en permanence des chansons d'étudiant ou des rengaines italiennes me

Der jetzige Msinga ist ganz unter dem Einfluß seiner beiden Oheime Kaware und Munianga (?). Kaware ist kürzlich gestorben, nachdem Rechenberg *(Anm.: Deutscher Gouverneur)* in Niansa gewesen. Natürlich hat ihn Rechenberg nach der Volksmeinung umgebracht. Juhi Msinga darf nach altem Brauch nicht aus der Königsprovinz heraus. Abwechselnd ist immer ein Msinga an die Scholle bannt, der nächste aber freizügig. Luabugiri *(Anm.: ruandischer König bis 1896)* zog viel im Reich umher und war kriegerischer Natur. Der jetzige Msinga hat gar keine gedrillten Krieger. Zwar ist jeder Watussi Lehns- und Gefolgsmann, aber eine einheimische kriegerische Organisation, wie sie in Ungoni und Uhehe so grosse Erfolge gehabt hat, gibt es nicht. Die sogenannten Kriege der Watussi sind die reine Komödie. Wenn es ernst werden will, reißen die langen Kerle aus wie Schafleder und lassen die Wahutu ihres Gefolges die Sache zu Ende machen. Blut fliesst dabei sehr selten. Die Romantik, mit der die früheren Besucher Ruandas die Watussiherrschaft umgeben haben, hält näherer Beleuchtung nicht stand. Die Geringschätzung alter Afrikaner geht so weit, dass Herr Bezirksamtmann Gunzert in Muansa sich anheischig gemacht hat, mit einer Kompanie Schutztruppe den Msinga festzunehmen und der ganzen Msingaherrschaft ein Ende zu machen. Mit der Anerkennung mehrer von einander unabhängiger Ruandafürsten wird das Gouvernement den Grundsatz »Divide et impera« erfolgreich anwenden können.

Abends bringen die Watussi einige unserer Wasukumaträger an, die aus den Wahutuhütten Brennholz geraubt hatten. Um ein für alle mal solche Anlässe zu Prügeleien zu verhindern, lasse ich jedem Dieb 10 Hiebe überziehen und das gestohlene Holz zurücktragen. Brennholz ist das kostbarste Gut im Lande. Das Gouvernement kann später nicht umhin, eine umfassende Aufforstung vorzunehmen. Einige katholische Missionsstationen haben darin schon echte Kulturarbeit getan, aber es ist gar wenig.

Mittwoch, 19. Juli

… Die Baumlosigkeit der Landschaft gibt dem Rundblick von den Höhen und Talhängen eine ungeheure Weite. Nicht selten erinnert sie mich an die andine Landschaft Ecuadors, nur dass sie hier mehr besiedelt ist, und dass die hohen Vulkane fehlen.

… Tiller macht seine Route jetzt hübsch unter Mitskizzierung des umgebenden Terrains. Nur seine Barometerablesungen für die Höhen sind noch zu spärlich. Houy schießt Vögel und balgt sie sauber ab, fängt auch Insekten, hat aber für alles andere wenig oder gar kein Interesse und fällt mir auf die Nerven mit seinem Trällern oder Pfeifen von Studentenliedern oder italienischen Gassenhauern. Von

porte affreusement sur les nerfs. Dès notre arrivée à Kigali, je lui donnerai des instructions sévères pour son travail qui consistera notamment en observations, croquis et notes ethnographiques.

Jeudi 20 juillet

(…) A partir de 6h35, descente dans la vallée du Rumirawahazi. (…) Des rapaces et des corbeaux au cou blanc – les deux espèces d'oiseau que l'on rencontre partout dans le paysage rwandais – décrivent des cercles au-dessus du kraal (type d'habitation sous forme d'enclos) fumant. Dans les vallées marécageuses, crient les grues couronnées et les oies sauvages. Les noms des montagnes, des rivières et des schamben sont presque toujours mélodieux et souvent très longs. Nombreuses sont les sifflantes et chuintantes douces imprononçables pour nous. La voyelle finale est souvent avalée: on dit par exemple « munjahas » au lieu de « munjahasi » et « Lanong » au lieu de « Lanongo ». Il est également difficile de savoir si la voyelle finale est un « a », un « o » ou un « e ». Le même problème se pose pour les consonnes entre le « l », le « r » et le « d ».

Nous rencontrons plusieurs petites caravanes venant de Kigali qui transportent des cuirs (bovins) au Bukoba. Ces énormes paquets de forme cylindrique et d'une longueur qui n'en finit plus sont très difficiles à porter. Il n'y a guère que les provinces orientales qui exportent du bétail sur pieds au Bukoba. Nous ne rencontrons plus ici de caravanes d'animaux. (…)

(…) 11h00. Arrivée sur la crête près des schamben de Njarugenje. (…) Tout de suite derrière, on aperçoit les huttes swahili et les toits en tôle ondulée de Kigali! Devant, sur une pointe en amont, apparaissent les toits en tuiles rouges de la nouvelle boma (Résidence). Richard Kandt nous accueille devant la tour (Thurmhaus) et nous conduit dans les deux pièces d'inspiration gothique dans lesquelles nous allons être logés. Les porteurs seront logés « en ville ». Dieu merci, enfin des lettres de la maison! Anciennes malheureusement, puisqu'elles datent de début juin. Pourvu qu'il y ait une nouvelle arrivée de courrier avant notre départ! Après avoir pris un déjeuner ravigotant dans la maison de Kandt, une demeure confortable dans laquelle un coucou de Forêt-Noire côtoie des nattes tressées rwandaises, il me faut malheureusement me mettre au lit car mon inflammation de la gorge s'est très nettement aggravée si bien que je me sens très fatigué et flapi. Kandt me prescrit des cataplasmes de Prießnitz et du repos après les fatigues des trois dernières semaines. Il me parle avec un calme et une lenteur étranges mais dans une langue choisie et imagée du pays et de ses habitants.

La distinction entre le Rwanda oriental relativement bas et le Rwanda occidental plus élevé est exacte. C'est la haute montagne d'Idjali qui forme la coupure, montagne qui s'élève tout près de Kigali et qui s'étend vers le nord jusqu'au

Kigali an werde ich ihm eine strenge Arbeitsdisposition machen, namentlich für ethnographische Beobachtungen, Skizzen und Notizen.

Donnerstag, 20. Juli

… Ab 6.35 Uhr ins Tal des Rumirawahazi.… Über den rauchenden Kraalen kreisen Raubvögel und weißnackige Raben, die beiden allgegenwärtigen Vögel in der Ruanda-Landschaft. In den sumpfigen Tälern schreien Kronenkraniche und Wildgänse. Die Namen der Berge, Flüsse, Schamben sind fast immer sehr wohllautend und oft sehr lang. Viele sehr weiche Zischlaute, die wir nicht wiedergeben können. Der Endvokal wird oft verschluckt, zum Beispiel Munjahas anstatt Munjahasi oder Lanong anstatt Lanongo. Auch ist schwer zu entscheiden, ob der Schlußvokal ein a, o oder e ist. Ob sie l, r oder d sprechen.

Es begegnen uns mehrere kleinere Karawanen von Kigali, die aus Ruanda Rindshäute nach Bukoba tragen, riesig lange zylindrische Lasten, die sehr unbequem zu tragen sind. Lebendes Vieh wird fast nur aus den Ostprovinzen nach Bukoba exportiert. Wir begegnen hier keiner Viehkarawane mehr.…

… 11.00 Uhr Rückenhöhen bei den Schamben Njarugenje, … Unmittelbar dahinter die Suahelihütten und Wellblechdächer von Kigali! Davor auf vorspringendem Bergsporn die roten Ziegeldächer der neuen Boma. Dr. Kandt empfängt uns am Thurmhaus und führt uns in die beiden gotisch anmutenden Räume desselben, wo wir wohnen. Die Träger kommen in der »Stadt« unter. Gottseidank, endlich <u>Briefe</u> von daheim; aber alt von Anfang Juni. Hoffentlich kommt noch eine Post. Nach erquickendem Mittagessen in Kandts gemütlichem mit Schwarzwälder Kuckucksuhr und Ruandageflecht ausgestattetem Heim muß ich mich leider zu Bett legen, da <u>meine Halsentzündung</u> viel schlimmer geworden ist und ich mich sehr matt und <u>schlapp fühle</u>. Kandt verordnet Priessnitzschen Umschlag und Ruhe nach den Anstrengungen der verflossenen drei Wochen. Er erzählt mir in seiner seltsamen ruhigen langsamen aber gedanken- und formvollen Sprechweise über Land und Leute.

Die Unterscheidung eines relativ <u>niedrigen Ostruanda</u> und eines <u>höheren Westruanda</u> ist richtig. Die Stufe bildet der hohe Bergwall Idjali, der dicht über Kigali aufsteigt und nordwärts bis Ost-Mpororo zieht. Der Abfluß des Mohasisees ist auf

Mpororo oriental. L'écoulement du lac Mohasi est bien situé sur la carte au 1/300 000ᵉ. Sur le Kwidschwi (île d'Ijwi) se trouve du calcaire de concrétions qui date de l'époque où le niveau du lac était encore plus élevé de 8 à 10 mètres. On trouve aussi ailleurs du calcaire de concrétions qui provient des anciennes sources chaudes, par exemple près de Ruasa.

Le Msinga n'est pas un despote. Ses rapports avec les grands Watussi sont ceux d'un primus inter pares. Etant donné qu'il ne doit pas quitter la région des montagnes (chaque Msinga qui est nommé Juhi par les grands watuales à son arrivée au pouvoir est lié au terroir), un gouvernement central ne peut exister que dans la mesure où tous les grands watuale vivent en leur qualité de gouverneurs des provinces à la cour du Msinga. Les provinces sont gérées pendant ce temps par les sous-watuale qui reçoivent leurs ordres de leurs grands watuale de Niansa (siège du Msinga). On ne peut pas parler de surabondance à la cour du Msinga, mais un fait est certain : ces messieurs vivent bien. Les Watussi du Msinga sont installés avec les bovins que leur a prêtés le roi jusqu'au nord-ouest du lac Kivu et au-delà du versant nord des volcans dans la région du Rutshuru, d'où ils envoient leur tribut au Msinga (voir Caput Nili). C'est pourquoi ce dernier est très contrarié de devoir céder une région qui lui était soumise jusqu'à présent à l'Etat du Congo et à l'Angleterre. Kandt lui apprend la douloureuse vérité avec ménagement. Kandt n'est pas du tout d'accord avec le nouvel accord frontalier. La revendication des Anglais repose sur l'attribution de la montagne du Mfumbiro. Mais étant donné qu'il n'y a pas de mont Mfumbiro sur le territoire allemand, il aurait fallu rejeter en bloc la revendication anglaise. Ce qu'ils ont voulu revendiquer de la région du Mfumbiro sur le territoire belge était leur affaire et celle des Belges et ne nous concernait en aucune manière. L'ère du secrétaire d'Etat von Schön *(NB: Wilh. Ed. von Schoen, 1851–1933, secrétaire d'Etat du Ministère allemand des Affaires étrangères de 1907 à 1910)* a été marquée par la faiblesse, faiblesse dont a profité l'Angleterre. Kandt se plaint qu'on ne lui ait jamais demandé son avis sur ce projet de traité ni celui d'autres spécialistes de la colonie.

Vendredi 21 juillet

Mon mal de gorge a plutôt encore empiré. Je reste au lit ce matin et je me sens si faible quand je me lève à midi que je manque de tomber. Pourtant, je n'ai pas de fièvre. Kandt m'a dit que les gros coups de froid sont fréquents ici et qu'ils mettent d'habitude assez longtemps à guérir. J'entends également de nombreux askaris et boys tousser. En dehors des brusques changements de température, je pense que la sécheresse de l'air est néfaste elle aussi car elle irrite les muqueuses. Kandt lui-même donne l'impression d'être très fatigué et malade. Sa démarche est manifestement vacillante et il s'arrête souvent pour chercher ses mots. Il fume environ

der 1:300000 Karte richtig gezeichnet. – Auf Kwitschwi steht Sinterkalk an aus der Zeit als Seespiegel noch 8–10 m höher stand. Auch an anderen Stellen, zum Beispiel bei Ruasa, gibt es Sinterkalk von ehemals heißen Quellen.

<u>Msinga ist kein Despot</u>. Er verkehrt mit den große Watussi als Primus inter Pares. Da er nicht aus dem Berggebiet weg darf (jeder Msinga, der bei dem Regierungsantritt den Namen Juhi von dem Grosswatualen erhält, ist an die Scholle gebunden) kann eine Zentralregierung nur dadurch stattfinden, daß alle Grosswatualen als Provinzgouverneure am Hof des Msinga leben. Die Provinzen werden von den <u>Unterwatualen</u> verwaltet, nach den Befehlen, die sie von ihren Großwatualen aus Niansa (Anm.: Sitz des Königs Msinga) erhalten. Von Schlemmerei am Hofe des Msinga ist keine Rede, aber gut leben die Herren natürlich. Die Watussi des Msinga sitzen mit den ihnen vom König verliehenen Rindern bis auf die Nordwestseite des Kiwu und bis über die Nordseite der Vulkane ins Rutschurrugebiet hinein, von wo sie dem Msinga-Tribut schicken (siehe Caput Nili). Der Msinga ist deswegen über die Abgabe des ihm bisher unterstehenden Landes an den Kongostaat und an England äusserst ungehalten. Kandt bringt ihm die schmerzliche Wahrheit nur tropfenweise bei. Mit dem neuen <u>Grenzabkommen ist Kandt gar nicht einverstanden</u>. Der Anspruch der Engländer basiert auf dem Zuspruch des Berges des Mfumbiro. Da es nun aber keinen Berg Mfumbiro auf deutschem Gebiet gibt, habe man alles Ansinnen der Engländer rund ablehnen müssen. Was sie von der Landschaft Mfumbiro auf belgischem Gebiet beanspruchen wollten, sei ihre und Belgiens Sache gewesen und sei uns gar nichts angegangen. Die Aera des Staatssekretärs v. Schön *(Anm.: Wilh. Ed. von Schoen (1851–1933), 1907–1910 Staatssekretär des Auswärtigen Amts)* war eine Aera der Schwäche, die sich England zu Nutze gemacht. Kandt und andere Sachverständige in der Kolonie <u>seien nie um ihre Meinung</u> über den Vertragsentwurf gefragt worden.

Freitag, 21. Juli

Meine <u>Halsentzündung</u> ist eher <u>schlimmer</u> als besser. Ich bleibe den Vormittag im Bett und fühle mich Mittags beim Aufstehen so schwach, dass ich fast umfalle. Fieber habe ich aber keins. Kandt meint, dass <u>schwere Erkältungen</u> hier <u>oft</u> vorkommen und gewöhnlich recht langsam verlaufen. Auch unter den Asikaris und Boys höre ich viele Husten. Vom üblen Einfluß ist außer den starken Temperaturwechseln wohl auch die Lufttrockenheit, die die Schleimhäute reizt. <u>Kandt</u> selbst macht einen äußerst müden, kranken Eindruck. Er hat auffallend unsicheren Gang und stockt oft in der Wortbildung. Er raucht ca. 60 Zigaretten täglich. Man

soixante cigarettes par jour. On pourrait le prendre pour un paralytique ou pour un morphinomane. Son teint est cireux et ses paupières bleutées. Le soir, ses yeux en général à moitié éteints semblent reprendre vie. Pourtant, nul autre n'a son <u>énergie</u> et sa <u>sagesse</u>; il suffit de voir ses créations et son influence colossale dans le royaume du Rwanda. Il n'y a que vers le nord que son influence ne va pas loin, car cette région est placée sous la direction du poste militaire de Kissenji, qui n'a guère pris d'initiatives notables jusqu'à présent (?)

De l'avis de Kandt, l'arrivée des Watussi dans le pays ne remonte guère qu'à quelques siècles en arrière. Sans doute s'est-elle effectuée en vagues nombreuses et sous forme d'attaques à partir d'endroits où les Watussi s'étaient bien installés et considérablement multipliés. Aujourd'hui encore, leur taux de reproduction est assez élevé; ils n'ont pratiquement jamais moins de trois enfants, tout comme les Wahutu. L'avortement est rare. Les couples sont en général monogames. Quand un homme a plusieurs femmes, chacune d'entre elles a son propre enclos à un autre endroit de la montagne. Il est fort probable que les Watussi aient été jadis bien plus belliqueux qu'aujourd'hui; ils brandissaient en allant au combat des boucliers en bois dont il ne reste plus que quelques spécimens utilisés comme armes décoratives. Le Mtussi d'aujourd'hui est passablement lâche et il a perdu depuis des siècles l'habitude de la guerre. Ce sont les Wahutu qui ont mené pour lui les « guerres » ordinaires. De nos jours, sous la domination allemande, il est clair que l'occasion ne se présente plus de faire la guerre; en effet, Kandt l'interdit. Il a également proscrit les châtiments horribles qui étaient pratiqués jadis, lorsqu'on empalait les condamnés, qu'on leur arrachait les yeux ou qu'on leur tranchait la main.

Les <u>migrations les plus récentes</u> n'ont visiblement pas repoussé plus au sud les colonies de Watussi plus anciennes, mais <u>elles les ont dépassées</u> et se sont installées elles-mêmes plus au sud si bien qu'aujourd'hui les colonies qui se trouvent le plus au sud sur le plateau du Tanganyika-Niassa sont les plus récentes. De l'avis de Kandt, même les Haussa d'Afrique occidentale avec leurs bœufs à longues cornes ont la même origine tribale que les Watussi. Les Watussi prétendent ne pas être des immigrants pour éviter qu'on ne les traite en étrangers et qu'on ne conteste leurs droits de possession. Il est très difficile de faire extérieurement la différence entre un kraal ou une hutte mtussi et une colonie wahutu. A l'intérieur, en revanche, la hutte watussi est généralement plus richement ornée d'ouvrages tressés exécutés par les femmes watussi et <u>un peu plus propre</u>. De l'extérieur, on reconnaît souvent le kraal mtussi au sol piétiné par les bovins qui forme une tache claire vue de loin ainsi qu'au gros <u>tas de fumier</u>. Avec le fumier, on confectionne d'ailleurs des boules, que l'on <u>sèche</u> et dont on se sert comme <u>matériel de chauffage</u>, comme dans d'autres pays pauvres en bois. Ce qui est étrange, c'est le fait que les colonies ne semblent pas être dépendantes de l'eau. Les kraals se situent souvent, par exemple en face de Kigali, en des endroits élevés de la montagne si bien qu'il faut compter

könnte ihn für einen Paralytiker oder für einen Morphinisten halten. Seine Gesichtsfarbe ist wachsbleich, die Augenlider bläulich. Am Abend beleben sich die sonst halb verloschen blickenden Augen. Aber an <u>Umsicht</u> und <u>Energie</u> sucht er dennoch seinesgleichen; das sieht man an seinen Schöpfungen und seinem kolossalen Einfluß im Reich Ruanda. Nur nach Norden reicht sein Einfluß nicht weit, weil dort der Amtsbereich der Militärstation <u>Kissenji</u> ist, von der aus aber bisher nur wenig gewirkt wurde (?)

Die Watussi-Einwanderung verlegt Kandt nur um wenige Jahrhunderte zurück, wahrscheinlich hat sie sich in zahlreichen Wellen und Vorstößen vollzogen von Punkten aus, an denen die Watussi festen Fuß gefaßt und sich beträchtlich vermehrt hatten. Noch heute ist die Vermehrung ziemlich stark, fast nie weniger als drei Kinder. Ebenso die der Wahutu. Fruchtabtreiben ist selten. Ehen sind meist Einzelehen. Wenn mehrere Weiber, so hat jede ihr eignes Gehöft auf einem anderen Teil des Berges. Einst waren die Watussi sicherlich viel kriegerischer; sie führten Holzschilde im Krieg, von denen heute nur einzelne als Schmuckwaffen vorhanden sind. Der heutige Mtussi ist durchschnittlich feige und des Krieges seit Jahrhunderten entwöhnt. Die gewöhnlichen »Kriege« fochten die Wahutu für ihn aus. Jetzt ist unter deutscher Herrschaft natürlich keine Gelegenheit mehr zum Kriegführen; Kandt verbietet es. Kandt hat auch die damaligen grausamen Strafen des Pfählens, des Augenausdrehens und des Handabhackens abgeschafft.

Die <u>jüngeren Wanderungen</u> haben offenbar nicht die älteren Watussisiedlungen aus ihren Sitzen weiter nach Süden gedrängt, sondern sie sind <u>an ihnen vorbei</u> selbst südwärts gezogen, so dass heute wohl die südlichsten auf dem Tanganika-Njassa-Plateau die jüngsten sind, Kandt meint, dass wohl auch die Haussa Westafrikas mit ihren großhörnigen Rindern Stammesgenossen der Watussi seien. Die Watussi wollen nicht eingewandert sein, damit man sie nicht als Fremde anspreche und ihren Besitztitel bestreite. Ein Mtussikraal ist äußerlich wie auch die Hütte selten von einer Wahutusiedlung zu unterscheiden. Im inneren ist die Watussihütte meist reichlicher mit Flechtwerk der Watussifrauen ausgestaltet und etwas <u>sauberer</u>. Äußerlich kann man den Mtussikraal oft an dem von ferne hell aussehenden durch die Rinder zertrampelten Boden erkennen und an den großen <u>Misthaufen</u>. Der Mist wird übrigens in Kugel geformt, <u>getrocknet</u> und als <u>Brennmaterial</u> verbrannt, wie in anderen holzarmen Ländern. Merkwürdig ist die scheinbare Unabhängigkeit der Siedlungen vom Wasser. Oft liegen die Kraale zum Beispiel gegenüber von Kigali, hoch auf Bergeshöhen, von wo es <u>zum Wasser im Tal mehr als eine Stunde</u> Weges ist. In der Regenzeit gibts natürlich oben in der Nähe Wasser, aber in der Trockenzeit brauchen die wasserholenden Weiber und Kinder oft 2–3 Stun-

plus d'une heure de marche pour aller chercher de l'eau dans la vallée. Durant la saison des pluies, il y a bien entendu de l'eau pas loin, mais durant la saison sèche, les femmes et les enfants mettent souvent entre 2 et 3 heures pour aller chercher de l'eau. Dans la région des volcans, la distance au prochain point d'eau est fréquemment de 4 à 5 heures. <u>Les besoins en eau de ces populations sont bien moindres</u> que les nôtres : l'eau leur sert uniquement à faire la cuisine et à boire. Ils ne se lavent et ne se baignent que de temps en temps. Mais on fait tous les jours l'aller retour jusqu'au point d'eau pour les bovins et les chèvres qui se trouvent sur les pâturages. Au sommet des montagnes, on voit souvent des <u>arbres isolés</u>. Ce sont des arbres plantés en souvenir des défunts et qui sont considérés comme <u>abritant leur âme</u>, alors que les petits groupes d'arbres ou les <u>bosquets</u> représentent les <u>anciennes demeures</u> des chefs. Chaque famille mtussi fait partie d'un <u>clan</u>. Chacun des clans possède un totem, un animal qu'il ne doit ni toucher ni tuer. La signification de l'animal-totem en tant que siège de l'âme des anciens membres du clan a complètement disparu.

Le soir, après un bon repas bien arrosé de « <u>Deidesheimer Kieselberg</u> » *(une marque de vin)* chez Kandt, je dors pour la première fois depuis longtemps sept heures d'affilée et je me sens déjà <u>plus en forme</u> le lendemain matin.

Samedi 22 juillet

J'ai passé toute la matinée à <u>faire des caisses</u>. Après avoir expédié à Weule *(directeur du musée de Leipzig)* des pierres et des plantes à conserver, j'ai préparé d'autres caisses contenant des réserves dont nous n'avons pas besoin pour l'instant et que j'envoie au Msinga à Niansa. J'ai également envoyé les porteurs dans les pori *(terrains en friche)* me ramasser du <u>bois de chauffage</u>. En récompense, ils se soûlent à la pombe (bière) et font un tel cirque que je suis obligé d'en faire enfermer quelques-uns. 18 détenus sont désormais <u>enchaînés</u>, charmante compagnie… Il y a quelques jours, Kandt a fait pendre 6 voleurs et assassins, des boys indiens et d'autres vagabonds, de la racaille dont l'exécution doit servir d'exemple dans le pays.

Durant l'après-midi, j'ai écrit des <u>lettres</u>, notamment à Liese et à Weule. Puis, je me suis rendu au mess des fonctionnaires subordonnés, un endroit bien agréable. <u>Kandt</u> n'a par principe aucun officier ou fonctionnaire supérieur autour de lui car il est évident qu'il a <u>horreur des contraintes sociales</u> et des égards qu'il lui faudrait avoir pour ces messieurs. A propos de son état de santé, il nous a raconté aujourd'hui qu'il a fait au printemps dernier une chute sur le dos et qu'il a depuis lors des picotements paralysants fort désagréables dans la jambe. Il n'a pas l'intention de rester encore longtemps en Afrique.

Il dit de Rechenberg *(NB: gouverneur de l'Afrique orientale allemande de 1906 à*

den, um im Tal Wasser zu holen. Im Vulkangebiet ist die Entfernung vom Wasserplatz nicht selten 4–5 Stunden. Der <u>Wasserbedarf dieser Menschen ist viel geringer</u> als der unserige; nur zum Kochen und Trinken. Waschen und Baden tun sie nur gelegentlich. Die Rinder und Ziegen aber werden täglich auf dem Weidegang zum Wasser getrieben und wieder zurück. Auf den Bergeshöhen sieht man oft ganz <u>einzelne Bäume</u>. Das sind Seelenbäume, die zum Andenken an Verstorbene und als <u>Sitz der Seele</u> des Verstorbenen gepflanzt sind, während die einzelnen kleinen Baumgruppen oder <u>Haine</u> die <u>einstigen Wohnplätze</u> von Häuptlingen darstellen. Jede Mtussifamilie gehört einem <u>Clan</u> an. Jeder Clan hat ein Totem, ein Tier, das er nicht töten oder berühren darf. Die Bedeutung des Totemtieres als des Sitzes der Seelen des verstorbenen Clangenossen hat sich völlig verwischt.

Abends nach solidem Nachtmahl mit »<u>Deidesheimer Kieselberg</u>« *(Anm.: Wein)* bei Kandt schlafe ich einmal 7 Stunden durch und bin am Morgen <u>wohler</u>. …

Sonnabend, 22. Juli

Den ganzen Vormittag mit <u>Umpacken</u> zugebracht. Steine und Pflanzen an Weule *(Anm.: Museumsdirektor in Leipzig)* zum Aufbewahren expediert, andere Kisten mit Vorräten, die wir vorläufig nicht brauchen, gehen zum Msinga nach Niansa. Die Träger ins Pori *(Anm.: Ödland)* geschickt, um <u>Brennholz</u> zu holen. Zur Belohnung betrinken sie sich mit Pombe und machen ein so bezechten Radau, dass ich einige einsperren lassen muss. <u>An der Kette</u> gehen jetzt hier 18 Sträflinge, eine nette Gesellschaft. Vor einigen Tagen hat aber Kandt 6 Raubmörder aufhängen lassen, allerlei Gesindel von Inderboys und sonstigen Vagabunden, an denen ein Exempel für das Land statuiert werden musste.

Nachmittag <u>Briefe</u> an Liese, Weule u. a. Dann Besuch in der gemütlichen Unterbeamtenmesse. <u>Kandt</u> hat grundsätzlich keinen Offizier oder Oberbeamten bei sich, da ihm offenbar <u>gesellschaftliche Rücksichten</u> auf solche Herren höchst <u>zuwider</u> sind. Bezüglich seines Gesundheitszustandes sagte er heute, daß er im Frühjahr bei einer Tour aufs Kreuz gefallen sei und seitdem eine prickelnde Lähmung in den Unterschenkel fühle, die ihm unbequem sei. Lange werde er nicht mehr in Afrika bleiben.

Rechenberg *(Anm.: der Gouverneur von Deutsch-Ostafrika 1906–1912)* erklärt er

1912) que c'est une forte tête, mais un homme intelligent qui travaille énormément et qui prend les décisions qu'il faut sur toutes les questions importantes. Il n'est pas vrai qu'il privilégie la mission catholique. Il est venu au Rwanda pour se faire une idée du potentiel économique de ce pays. Il a l'intention d'essayer bientôt de prélever un impôt. Les Watussi qui ont entendu parler de ce projet ont aussitôt déclaré que cela ferait baisser la valeur de leur bétail car ils seraient obligés, afin de pouvoir payer l'impôt, de vendre leur bétail aux marchands (indiens) alors qu'ils peuvent jusqu'à présent fixer eux-mêmes les prix. Rechenberg veut faire construire une voie de chemin de fer de Tabora à Saint-Michel, qui passera ensuite par Ussumbura et Ussuwi et qui ira jusqu'au coude que forme la Kagera au sud, c'est-à-dire qui traversera des régions fortement peuplées et largement cultivées. La Kagera est ensuite navigable jusqu'en amont de Kigali. Mais Rechenberg tient tout d'abord à construire le chemin de fer central jusqu'à Udjidji. Il n'est pas question de parler d'autres projets avant. Il a fait semblant de ne pas vouloir continuer de bâtir le chemin de fer central et la ligne de Meru uniquement pour obtenir le plus de concessions possibles de la part des compagnies intéressées (Holzmann, Lenz, etc.), ce qui a d'ailleurs fonctionné. Kandt est également favorable à ce projet de ligne secondaire entre Tabora et le coude de la Kagera si la poursuite de la ligne du nord vers le golfe de Speke ne permet pas de réaliser son vieux projet de ligne entre la baie de Kimoani, Ussuwi et le coude de la Kagera. Kandt ne voit pas quel avantage peut apporter la poursuite de la ligne ferroviaire centrale vers Udjidji tant que des contrats fermes n'auront pas été signés avec les Belges prévoyant une ligne de chemin de fer belge contrôlée par des intéressés allemands et qui se poursuive en direction de l'ouest. Pour le moment, la soi-disant réforme entreprise par les Belges dans l'Etat du Congo n'est à ses yeux que pure comédie. Il ne saurait être question de liberté du commerce de l'autre côté du Tanganyika étant donné qu'on s'est empressé d'élargir énormément les régions dans lesquelles des concessions ont été accordées aux grandes entreprises commerciales, lesquelles sont exclues du libre-échange, comme c'est le cas par exemple pour la société « des grands lacs ».

Dimanche 23 juillet

Ma gorge va un peu mieux, et mon état général s'est nettement amélioré. J'espère pouvoir poursuivre mon voyage dès après-demain. Je veux tout d'abord me rendre à Ruasa et, à partir de là, longer le côté sud des volcans jusqu'à Kissenji, où nous ferons halte à nouveau.

Je discute avec Kandt du chapitre portant sur le Rwanda dans mon « Kolonialreich » *(NB: il s'agit ici de l'ouvrage intitulé « L'Empire colonial allemand », vol. 1, « L'Afrique orientale », publié par Hans Meyer en 1909)* et il me donne de nom-

als einen Dickkopf, aber für einen <u>gescheiten Menschen</u>, der enorm arbeite und in allen wichtigen Dingen das Richtige treffe. Dass er die katholische Mission begünstige, sei nicht wahr. Nach Ruanda sei er gekommen, um sich von den wirtschaftlichen Möglichkeiten dieses Landes ein Bild zu machen. Demnächst soll der <u>Versuch einer Steuererhebung</u> gemacht werden. Die Watussi, die davon gehört, hätten sofort erklärt, dass dann der Wert ihres Viehes sinke, denn sie <u>müssten</u> es dann, um das Steuergeld zu bekommen, an die Händler (Inder) verkaufen, während sie jetzt selbst den Preis bestimmten. Rechenberg will eine <u>Bahn von Tabora</u> nach St. Michael, dann durch Ussumbura und Ussuwi zum südlichen <u>Kageraknie</u>, also durch lauter dicht bevölkertes, gut bebautes Land. Der Kagera ist dann bis über Kigali hinauf schiffbar. Aber Rechenberg will <u>erst</u> die Zentralbahn nach Udjidji bauen. Von anderen Projekten darf so lange gar keine Rede sein. Er stellt sich nur so, als ob er die Zentralbahn und die Merubahn nicht weiter bauen wolle, um von den Bauinteressenten (Holzmann, Lenz, etc.) möglichst grosses Entgegenkommen zu erzielen; was ihm auch gelungen sei. Kandt ist auch für dieses Projekt einer Zweigbahn Tabora-Kageraknie, falls die Fortsetzung der Nordbahn zum Spekegolf nicht die Verwirklichung seines alten Projektes Kimoanibucht-Ussuwi-Kageraknie näher lege. Von der <u>Fortsetzung der Zentralbahn</u> nach Udjidji verspricht sich Kandt nichts, solange nicht firme Verträge mit den <u>Belgiern</u> über eine belgische, von deutschen Interessenten kontrollierte Anschlußbahn nach Westen vorliegen. Einstweilen sei das sog. <u>Reformwerk der Belgier im Kongostaat</u> reine <u>Spiegelfechterei</u>. Von Handelsfreiheit jenseits des Tanganika keine Spur, da man schleunigst die <u>Konzessionsgebiete</u> der großen Handelsgesellschaften, die von der Handelsfreiheit ausgeschlossen seien, <u>riesig vergrössert</u> habe, zum Beispiel das der Gesellschaft »des grands lacs«.

Sonntag, 23. Juli

Mein Hals ist <u>etwas besser</u>, und das Gesamtbefinden sehr gehoben. Ich hoffe, übermorgen weiterreisen zu können. Zunächst nach <u>Ruasa</u> und von dort am Südrand der Vulkane entlang nach Kissenji, wo wieder Station gemacht wird.

Ich bespreche mit Kandt die <u>Ruandakapitel</u> in meinem »<u>Kolonialreich</u>« *(Anm.: gemeint »Das Deutsche Kolonialreich«, Bd. 1 »Ostafrika«, Veröffentlichung von Hans Meyer, 1909)* und erhalte viele neue Informationen von ihm. ... Aus dem

breuses informations précieuses (…) Kandt espère produire des briquettes avec les papyrus des terrains bas, comme les Anglais l'ont fait pour la navigation sur le Nil. Il a fait drainer à plusieurs endroits les marais de papyrus pour y planter avec succès du coton.

Lundi 24 juillet

(…) Je crois que le climat sec de la région ne me vaut rien et je compte, même si je ne suis pas vraiment en forme, partir demain pour Kissenji où le climat est déjà plus humide. Le plus gros problème à Kigali, c'est le manque d'eau. Il faut aller la chercher dans la vallée à un ruisseau situé à trois quarts d'heure de marche et la rapporter dans des cruches (…)

Kandt travaille sans relâche à son ouvrage sur le Rwanda. Sa table est couverte de nombreux feuillets tapés à la machine. Cependant, il ne veut rien publier tant qu'il est encore au Rwanda et qu'il n'a pas le temps de retravailler une dernière fois son texte tranquillement (…)

Kandt estime que la tentative d'imposition prévue pour bientôt au Rwanda devrait se faire sans que la population ne s'y oppose. Rechenberg voulait percevoir seulement ¼ de roupie par hutte, mais Kandt a décidé de prélever une roupie par hutte, résultat auquel il espère parvenir en confiant la collecte aux watuale envoyés par le Msinga. Il est prévu que le Msinga obtienne 20 pour cent et les watuale 5 pour cent de la somme perçue. On entend commencer par les provinces orientales qui sont le plus soumises à l'influence de la Résidence. L'impôt sera prélevé en espèces. Les impôts pirates prélevés à plusieurs reprises par les anciens askaris qui prétendaient agir par ordre du Gouvernement ont démontré que le peuple est prêt à payer des impôts.

L'après-midi, long rapport à l'Office colonial d'Empire (Reichskolonialamt). Le soir, développement de plaques photographiques qui sont bien réussies. Après un travail aussi fatigant, je suis tellement énervé que je ne parviens à m'endormir qu'à 1 h 30 du matin.

Mardi 25 juillet

(…) Emballage fastidieux et contrariétés. Ma gorge va un peu mieux. Départ pour Ruasa à 8 h 15. En descendant, sur la gauche, on aperçoit les schamben de Kandt avec des bambous, des arbres fruitiers, etc., et à droite la briqueterie. Nous passons ensuite la « Porta Ruanda », la vallée transversale courte mais profonde qui mène ici tranquillement en direction de l'ouest du Rwanda et qui est arrosée par le

Papyrus der Niederungen hofft Kandt Briketts machen zu können, wie die Engländer auf der Nilschiffahrt. An mehreren Stellen hat er die Papyrussümpfe drainiert und mit Erfolg Baumwolle angepflanzt.

Montag, 24. Juli

… Ich glaube, dass mir das hiesige trockene Klima nachteilig ist, und werde morgen trotz alledem nach dem feuchteren Kissenji aufbrechen. – Der größte Nachteil Kigalis ist der Wassermangel. Wasser muß in Krügen ¾ Stunden weit aus Bach im Tal heraufgeholt werden. …

Kandt ist fortwährend an der Arbeit seines Werkes über Ruanda. Auf seinem Tisch liegen viele mit der Schreibmaschine geschriebene Bogen dieses Inhalts. Er will aber nichts publizieren, so lange er noch in Ruanda ist und er keine Zeit zur letzten ruhigen Überarbeitung hat. …

Kandt glaubt, dass sich der bevorstehende Versuch der Steuererhebung in Ruanda ohne Gegenwehr der Bevölkerung machen lasse. Rechenberg wollte nur ¼ Rp. pro Hütte haben, Kandt aber will eine 1 Rp. erheben, und zwar indem er sie durch die von Msinga beauftragten Watualen erheben lässt. Msinga soll mit 20 %, die Watualen mit 5 % beteiligt werden. Zuerst sollen die am meisten dem Einfluß der Residentur unterworfenen Ostprovinzen darankommen. Die Steuer soll eine Geldsteuer sein. Dass sich das Volk die Besteuerung gefallen lässt, haben die wiederholten gaunerhaften Steuererhebungen ehemaliger Asikariboys gezeigt, die angeblich im Auftrag des Gouvernements handelten.

Nachmittags langer Bericht ans Reichskolonialamt. Abends Entwicklung von Platten, die gut geworden sind. Infolge der anstrengenden Arbeit bin ich so aufgeregt, dass ich erst ½ 2 Uhr einschlafe.

Dienstag, 25. Juli

… Große Packerei und Schererei. Hals etwas besser. Ab 8.15 Uhr auf Ruasaweg. Unten links Schamben des Dr. Kandt mit Bambus, Obstbäumen etc. rechts Ziegelei. Dann in die »Porta-Ruanda«, das tiefe kurze Quertal, das hier bequem nach West-Ruanda führt, durchflossen vom Abfluß des Mohasi, dem Njawogogo. Ist ein brauner schnellfliessender Bach mit Schilf und Papyrussaum; Breite 5–8 m.

Njawogogo, qui part du lac Mohasi. Il s'agit d'un ruisseau rapide de 5 à 8 mètres de large aux eaux brunes dans lequel poussent herbes et papyrus. A 8h35, traversée du ruisseau (…) La rive remonte à pic de l'autre côté (…) Notre mont s'appelle Jamueru. Le sentier monte stupidement en ligne droite et en <u>pente raide</u> (…) En regardant en arrière, on aperçoit la jolie petite ville de <u>Kigali</u> sur sa colline aplatie, cette ville qui occupe une position pour ainsi dire <u>stratégique</u> devant la Porta Ruanda. On trouve ici des immortelles jaunes et d'excellentes mûres. A l'est, <u>de l'autre côté de la vallée</u>, les versants des montagnes sont <u>remarquablement cultivés</u>; on dirait un paysage de cultures allemand. De nombreux filets d'eau descendent les versants montagneux; <u>l'eau</u> apparaît déjà à mi-hauteur sur des couches imperméables, au grand soulagement des habitants de ces régions élevées. Nous arrivons au sommet à 9h45 (…) Les colonies commencent ici aussi; la plupart du temps, il s'agit de Mtama. Pour protéger les champs contre le bétail, ceux-ci sont entourés d'une haie d'euphorbes. Après ma maladie, ma mule brune foncée (Njumbo) me rend les plus fiers services en particulier ici sur ces versants raides. Mes deux compagnons se relaient sur la deuxième monture.

La <u>chaîne orientale du Rwanda occidental</u> sur la crête de laquelle nous progressons a des <u>formes colossales</u>. Les étroites vallées font jusqu'à 300m de profondeur et les versants sont plus montagneux que le reste du plateau plus à l'est. <u>Ce paysage de cultures est le plus remarquable que nous ayons eu l'occasion de voir jusqu'à présent</u>. Plus à l'ouest, les montagnes sont à nouveau <u>moins élevées</u>, et les formes plus horizontales.

Les <u>huttes et les cours</u> sont faites avec bien moins de soin qu'à Kisiba. Il n'y a pas ici de hautes rangées d'euphorbes, mais de nombreuses clôtures sont faites de tiges de sorgo. Les autochtones se servent de galettes de bouse de vache séchée comme combustible. Il y a relativement peu de chèvres car les Watussi n'en mangent <u>jamais</u>, pas plus que du mouton d'ailleurs. Les moutons ne servent qu'aux sacrifices et au commerce. On les <u>échange avec des Batua contre des pointes de lance</u>. Sur les bords du chemin, on forme avec les mains de grandes cruches en argile grise que l'on brûle tout de suite après le séchage dans un creux dans lequel on a entassé des herbes. Après la combustion, les cruches sont trempées dans l'eau; photos.

<u>Les Watussi ne s'alimentent que de viande de bœuf</u>, de lait de vache et de fruits des champs cultivés par les Wahutu, ainsi que de miel et de pombe (bière faite de miel, de banane et de mil). Les <u>champs</u> sont tous de forme carrée. Sur les terrains en pente raide, ils sont souvent disposés <u>en terrasses</u>. Quant aux bananeraies, elles ont des formes irrégulières en raison des différentes inclinaisons du sol (…)

Les Watussi porteurs de ravitaillement (chakula) ont exigé à ma grande surprise de <u>l'argent</u> au lieu de tissus et de perles. Ceci est probablement dû à l'influence des <u>commerçants indiens de Kigali</u>, qui n'est pas loin, où les gens peuvent acheter ce qu'il veulent quand ils ont de l'argent. Il y a déjà <u>26 sociétés indiennes installées à Kigali</u>, toutes des filiales du Bukoba. A celles-ci viennent s'ajouter un <u>Grec</u> très

8.35 Uhr Bachübergang... Drüben steil bergauf.... Unser Berg heißt Jamueru. Der Pfad führt in blödsinnig gerader Linie auf dem Steilhang hinauf... Im Rückblick sieht man das schmucke Kigali auf seinem flachen Hügel liegen in geradezu strategischer Lage vor der Porta Ruanda. Hier oben gelbe Amortellen und reife Brombeeren. Östlich jenseits des Tales, sind die Bergrücken grossartig bebaut, wie eine deutsche Kulturlandschaft. In den vielen Wasserinseln der Berghänge tritt das Wasser schon in halber Höhe über undurchlässigen Schichten zu Tag, eine grosse Erleichterung für die Höhenbewohner. Wir sind 9.45 Uhr auf der Höhe, ... Nun beginnen auch hier die Siedlungen, meist Mtama. Zum Schutz gegen Vieh sind die Felder mit Euphorbiahecken umhegt. Mein dunkelbraunes Maultier (Njumbo) ist mir gerade hier im steilen Gehänge, nachdem ich krank war, vom grossen Nutzen. Das andere wird abwechselnd von den beiden anderen Herren geritten.

Die Ostkette Westruandas, auf deren Rücken wir uns hinbewegen, ist von kolossalen Formen; Täler bis 300 m tief und eng, die Bergrücken mehr bergig geschwungen als die Plateaureste weiter östlich. Es ist mit seiner Kultur das grossartigste Landschaftsbild, das wir bisher sahen. Weiter westlich sind die Berge wieder niedriger, die Formenlinien mehr horizontal.

Die Hütten und Höfe sind viel weniger sorgfältig gemacht als im Kisiba. Hier keine hohe Euphorbienhecken, sondern viel Sorghumstengel-Zäune. Der Rindermist als Fladen getrocknet wird verfeuert. Ziegen gibt es relativ wenig, weil die Watussi nie Ziegenfleisch essen, auch keine Schafe. Letztere werden nur als Opfertiere und als Tauschobjekte gezüchtet, wofür von den Batua Speerspitzen erhandelt werden. Neben dem Weg werden aus grauem Lehm große Krüge geformt aus freier Hand und sogleich nach Trocknung gebrannt, in dem in einer Senke trockenes Gras darüber geschichtet und angebrannt wird. Nach dem Brennen mit Wasser abgeschreckt; Photos.

Die Watussi essen nur Rindfleisch, Kuhmilch und die von den Wahutu kultivierten Feldfrüchte, auch Honig und Pombe (aus Honig, Bananen und Hirse). Die Felder haben alle rechteckige Gestalt. Auf steilem Terrain sind sie oft terrassiert. Die Bananenhaine haben unregelmäßige Gestalt wegen der verschiedenen Bodeneignung....

Die Chakula bringenden Watussi haben zu meiner Überraschung Geldzahlung verlangt, anstatt Stoffe oder Perlen. Das ist sicher der Einfluß der nahen indischen Händler in Kigali, wo sich die Leute nach Belieben kaufen können, wenn sie Geld haben. Es sitzen bereits 26 indische Firmen in Kigali, lauter Filialen von Bukoba. Ausserdem ein gefälliger Grieche, bei dem die Europäer einen Dämmertrunk tun,

aimable chez lequel les Européens aiment à boire un verre le soir, le marchand Klein et la société qui porte le nom ronflant de « Société commerciale internationale ». Seuls les Indiens et le Grec font des affaires, les autres ont de trop gros frais. Ils habitent tous dans des baraques couvertes d'un toit en tôle ondulée comme l'a ordonné Kandt et ils pratiquent tous, en dehors de leurs importations de produits manufacturés, l'exportation de peaux. Cela risque de rester encore longtemps le principal article au Rwanda.

Mercredi 26 juillet

Je reprends de la quinine. J'ai l'intention de poursuivre mon traitement prophylactique au Rwanda après que Kandt m'a assuré qu'il était possible d'attraper le paludisme pratiquement dans l'ensemble du pays dans les vallées marécageuses (…) Marche matinale facile dans un panorama magnifique sur les crêtes. Nous atteignons 2000 m. (…) Le fait que notre chemin, qui fait en général 25 cm de large, longe la crête de la haute cordillère orientale représente un avantage énorme. Nous avons ainsi presque toujours une bonne vue sur les paysages montagneux moins élevés à l'ouest et sur la chaîne de montagne un peu plus élevée à l'est. Il ne nous est que rarement possible d'apercevoir au-delà le Rwanda oriental plus bas. Le chemin des crêtes est également plus court. Si nous n'étions pas passés par là, il nous aurait fallu traverser une infinité de montagnes et de vallées comme l'a fait par le passé le comte von Götzen (…) Dans ces régions escarpées, les champs sont étonnamment organisés en terrasses, sans murs, et séparés rien que par des marches. Les terrasses des versants raides des vallées situées le long de la cordillère orientale sont absolument surprenantes : sur des kilomètres entiers, du sommet au fond de la vallée, c'est-à-dire sur une hauteur de 800 m environ (de 2200 à 1440 m), on ne voit que des champs en terrasses où on cultive la plupart du temps du mtama, des haricots, des petits pois et des patates, et beaucoup moins de bananes. (…) Un peu plus en aval, on retrouve la vallée du ruisseau appelé Buro qui sert au drainage, divisée en 1000 carrés séparés par des fossés et plantés de patates. C'est tout à fait remarquable! Entre les terrasses se promènent fièrement des grues couronnées et des hérons cendrés. 12 h 00 : arrivée au campement sur la colline de Karambo, d'innombrables schamben (…) Il fait chaud et on est passablement protégé du soleil sous trois grands ficus. Les autochtones apportent pas mal de ravitaillement (chakula), dont un bœuf, et se retirent satisfaits avec des étoffes (ngubale). Les Wahutu portent ici encore souvent des pagnes en étoffe d'écorce et des peaux de chèvre pour cacher leur nudité. Il s'agit d'une société encore assez sauvage avec laquelle les Watussi élancés ne communiquent qu'à coups de bâton. Ce qui surprend un peu, c'est la peau rouge de nombreux Wahutu, qui n'est pas sans rappeler la couleur des Indiens d'Amérique du Sud vivant sur les

der Kaufmann Klein und die hochtrabend genannte »Internationale Handelsgesellschaft«. Nur die Inder und der Grieche machen Geschäfte, die anderen haben zu viel Spesen. Alle wohnen in wellblechgedeckten Häuschen nach Kandts Vorschrift und alle haben neben ihrem Import von Manufakturen auch Export von Häuten. Das wird wohl noch lange der Hauptartikel Ruandas bleiben.

Mittwoch, 26. Juli

Schon wieder Chinintag! Ich werde die Prophylaxe auch in Ruanda fortsetzen, da nach Kandts Versicherung die Malaria fast im ganzen Land in den Sümpftälern acquiriert werden kann.... Herrlicher Morgenmarsch auf Bergrücken, leicht hinan. Nun fast 2000 m.... Es ist ein kolossaler Vorteil, dass unser Weg, der meist ¼ m breit ist, auf dem Rücken der hohen Ostkordillere entlang geht. So haben wir fast immer gute Übersichten über das weite niedrigere Bergland westlich und über die noch etwas höhere östliche Randkette rechts. Über letztere können wir nur selten auf das niedrigere Ostruanda hinaussehen. Der Höhenweg ist auch kürzer, weil wir sonst unzählige Bergsporne und Täler zu queren hätten, wie einst Graf Götzen.... In diesen steilhängigen Gebieten ist die Terrassierung der Felder erstaunlich ausgebildet, ohne Mauern nur durch Bodenstufen.... Die Terrassierung der steilen Talhänge an der Ost-Kordillere ist verblüffend; meilenweit und vom Scheitel bis zur Talsohle ca. 800 m hoch (2200 bis 1440 m) lauter Terrassenfelder, meist Mtama, Bohnen, Erbsen und Bataten, viel weniger Bananen.... Weiter ab dann Bachgrund des Buro, fein drainiert in 1000 hohe Beete gefeldert mit Wassergraben dazwischen und mit Bataten bepflanzt, großartig! Dazwischen stolzieren viele Kronenkraniche und graue Reiher. 12.00 Uhr Ankunft Lager Hügel von Karambo, zahlreiche Schamben,... Warm aber leidlich schattig unter 3 grossen Ficusbäumen. Die Leute bringen reichlich Chakula und einen Ochsen und ziehen befriedigt mit Ngubale (Stoff) ab. Die Wahutu tragen hier noch viel Rindenstoffschurze und Ziegenfelle um die Blössen. Es ist eine ziemlich scheue Gesellschaft, mit denen die langen Watussi nur per Stockhiebe verkehren. Auffallend ist die den südamerikanischen Hochlandindianern nicht unähnliche rötliche Hautfarbe vieler Wahutu neben ihren schwarzen Kollegen. Vielleicht eingerieben mit roterdigem Fett. Wahrscheinlich ist Mischung mit Watussiblut. Watussi brauchen oft Wahutumädchen oder heiraten wohl auch einmal eine Wahutufrau, aber nie hat ein Mhutu ein Watussiweib. Von den Watussiweibern bekommt man nie etwas zu sehen. Was wir auf Feldern und Höfen sehen, sind lauter Wahutuweiber.

hauts plateaux et se distingue nettement de la peau noire de leurs congénères. Il est possible qu'ils s'enduisent de graisse d'argile rouge et probable qu'ils aient du sang watussi. Les Watussi se servent souvent des filles wahutu et il arrive qu'ils en épousent une, mais jamais un Wahutu n'a une femme watussi. On ne les voit d'ailleurs jamais, ces <u>femmes watussi</u>. Toutes les femmes que nous apercevons dans les champs et les cours sont des femmes wahutu.

Jeudi 27 juillet

(…) La rosée du matin nous fait tous frissonner. Départ de Karambo à 6 h 30. Le drainage des vallées marécageuses pour la culture de patates est également pratiqué dans les autres vallées. Je m'étonne de ne voir pratiquement jamais personne travailler dans les champs. En général, il est peu fréquent de toute façon que des gens viennent animer le paysage. 7 h 00, traversée du ruisseau Murimi (à gauche), l'eau est froide (…) des cultures en terrasses, uniquement du viasi et des haricots, des petits pois; jamais de mil ni de bananes. On voit maintenant assez souvent des hagénias de taille moyenne avec des ruches accrochées aux branches en forme de parasol. La <u>population</u> est beaucoup <u>moins disciplinée ici que plus au sud</u>. Dans la nuit, plusieurs choses sont <u>volées</u> aux porteurs. A 7 h 30, nous quittons la vallée du Murimi et nous commençons l'ascension de la <u>crête située à gauche et orientée vers l'ouest</u>. A droite, la cordillère plus élevée que nous avons quittée hier disparaît complètement dans la brume. A 8 h 10, nous redescendons le versant occidental en direction de <u>la merveilleuse vallée de la Ruschascha</u>; un petit ruisseau, de belles cultures; des formes escarpées, mais belles à voir. (…) Dans la soirée, quelques Wahutu arrivent avec des <u>poissons blancs</u> longs comme la main et à large gueule pour nous les vendre. Ils les pêchent avec des filets de forme plate. Cuits, ils ont bon goût, même s'ils sentent un peu la vase. Lors du dîner, <u>Houy</u> nous annonce qu'il a de la <u>fièvre</u> et qu'il doit aller se coucher. Il n'a pourtant que 38,5 °C. Si c'est le paludisme, il ne pourra que s'en prendre à lui-même car, au lieu d'absorber régulièrement sa quinine, il s'est contenté de se traiter seulement de temps à autre.

Vendredi 28 juillet

(…) Départ de Kibare à 6 h 30. <u>Tout bouge</u>. Nous longeons la vallée nuageuse de la Wasse; impressionnant. <u>Une multitude de trous creusés par des porcs-épics</u>. Le soleil qui brille sur la chaîne située à l'ouest, me rappelant les Alpes, nous atteint enfin. Durant la première demi-heure, nous marchons sur une haute <u>barrabarra</u> (route des caravanes) qu'on a obligé les indigènes à construire pour les <u>punir</u> d'avoir tué un askari. (…)

Donnerstag, 27. Juli

… Alles fröstelt im kalten Morgendunst. Ab Karambo 6.30 Uhr. Die Drainage der Sumpftäler zum Batatenbau ist auch in anderen Tälern. Merkwürdig, dass man fast nie Menschen in den Feldern arbeiten sieht. Auch sonst ist die Landschaft sehr wenig von Menschen belebt. 7.00 Uhr über kalten Murimi-Bach (nach links), … Terrassenkultur nur Viasi und Bohnen, Erbsen; nie Hirse und Bananen. Ziemlich häufig jetzt mittelgroße Hageniabäume, in deren schirmförmigen Kronen die Hönigkörbe aufgehängt werden. Die Bevölkerung ist viel weniger diszipliniert als weiter südlich. In der Nacht wurde den Trägern verschiedenes gestohlen. 7.30 Uhr gehts aus dem Murimi-Tal auf den linken, westlichen Höhenrücken hinauf. Rechts die höhere Kordillere, die wir gestern verlassen, ganz im Nebel. 8.10 Uhr auf westliche Bergseite in das wunderschöne Tal des Ruschascha, kleines Bächlein, schöne Kulturen; steile aber schöne Bergformen. … Gegen Abend kommen einige Wahutu und bringen handlange breitmäulige Weissfische zum Verkauf. Sie fangen sie im Wasser mit Schöpfnetzen flacher Form. Gebacken schmecken sie gut, etwas nach Sumpf. Beim Abendessen erklärt Houy, er habe Fieber und müsse sich legen. Er hat aber nur 38,5°. Sollte es Malaria werden, so hat er sich den Vorwurf zu machen, dass er keine regelmässige Chinin-Prophylaxe betrieben, sondern nur gelegentlich etwas Chinin genommen hat. – …

Freitag, 28. Juli

… Ab Kibare 6.30 Uhr, alles klappert. Im nebeligen Tal des Wasse entlang, stimmungsvoll. Zahllose Löcher von Stachelschweinen. Veritables Alpenglühen auf der West-Kordillere. Dann Sonne endlich auch zu uns ins Tal. Die erste ½ Stunde gehen wir auf einer hohen Barrabarra, die von den Eingeborenen zur Strafe dafür angelegt wurde, dass sie einen Asikari ermordet haben. …

La <u>barrabarra</u> de 5 m de large est tout à fait inutile, comme les autres, étant donné que seul un sentier étroit et sinueux a été piétiné. La pente est terriblement <u>raide</u>, inutile donc de songer à enfourcher nos montures. (…) Une flore assez européenne, bourse-à-pasteur, plantain, langue-de-chien, etc. On a une belle vue sur la succession de courtes montagnes qui forment la partie occidentale du paysage. <u>Notre crête</u> est la plus élevée vers l'est. Dans la brume lointaine, on aperçoit de plus hautes montagnes à l'ouest. Par contre, <u>impossible de distinguer les volcans</u> au nord. Vent frais du S.-E. Il y a encore pas mal de champs de petits pois à cette altitude de 2200 m. Un peu plus bas vers le nord, épais plateau de schiste argileux dur sur lequel coule une précieuse source dans laquelle grouillent des crabes! Le schiste argileux gris foncé est magnifiquement strié et d'une structure presque cristalline. Sur une avancée à environ 2000 m, se trouve une vieille forteresse-prison (boma) bien propre ayant abrité les askaris pendant la construction de la barrabarra.

Dimanche 29 juillet

6 h 00, Akimondo (…) On aperçoit fort bien la silhouette du Muhawura. A gauche, deux autres volcans, le Mgahinga et le Sabinjo, puis un trou, et ensuite deux volcans moins élevés, le Vissoke et le Mikeno, et enfin l'imposant Karisimbi avec sa cime recouverte de neige. (…)

A partir de 6 h 30, les deux volcans les plus hauts, le Muhawura et le Karisimbi, se couvrent de petites couronnes de nuages clairs. C'est l'un des plus <u>magnifiques panoramas montagneux</u> du monde, également en ce qui concerne le paysage alentour. De la belle sauge, des bleuets, du plantain, des épilobes et de l'oseille, etc. (…)

7 h 40, avancée dans la vallée couverte de roseaux de la <u>Mukinga, qui vient de la droite</u>, où on entend chanter une petite cascade. (…) Il fait froid ici en bas et plus frais que dans la montagne. Dans toutes ces hautes vallées marécageuses, on ne trouve <u>plus de papyrus</u>, mais seulement des <u>roseaux</u> à cause du froid. Il pousse sur les versants de la région moins d'herbe que de sous-arbrisseaux et de fougères grand aigle, etc. qui sont pour la plupart en fleurs à cette époque. Sous les roseaux, la vallée large de 20 à 25 m est remplie d'eau peu profonde. Plus loin dans la vallée, le sol est souvent drainé et planté de haricots. La région n'est guère peuplée. Dans les marais, on rencontre beaucoup d'ibis à la tête et à la queue noires.

Une patrouille d'askaris envoyée par la Commission frontalière (en route pour Kigali) a volé du lait à un indigène qui vient me trouver, dans tous ses états, pour se plaindre. Il va falloir que je signale l'incident. Ce sont en effet de tels actes de violence qui déclenchent des émeutes.

9 h 50, arrivée en haut de la colline <u>dominant Ruasa</u> (…) qui est située au-

Die 5 m breite <u>Barrabarra</u> ist ganz zwecklos wie alle, da doch bloss ein schmaler Schlängelpfad auf ihr getrampelt wird. Schrecklich <u>steil</u>, so dass an Reiten nicht zu denken.... Viel europäische Flora, Hirtentäschel Wegeriche, Hundszunge etc. Weiter Überblick über das in lauter kurze Rücken und Einzelberge aufgelöste westliche Bergland. <u>Unser Rücken</u> ist nach Osten hin der Höchste. Im fernen Dunst höhere Berge im Westen. Von den <u>Vulkanen</u> im N ist gar <u>nichts</u> zu sehen. Wind frisch aus SO. Erbsenfelder in dieser 2200m Höhe noch ziemlich viele. Bald darunter auf N-Seite dicke harte Tonschieferbank und darüber köstliche Quelle; darin Taschenkrebse! Der dunkelgraue Tonschiefer ist herrlich gebändert und hat teils ganz kristallinische Struktur. Auf vorspringendem hohen Bergsporn ca. 2000 m eine saubere alte Asikari-Strafboma zur Anlegung der Barrabarra....

Sonnabend, 29. Juli

6.00 Uhr, Akimondo, ... Der Muhawura ist trefflich in Silhouette zu sehen. Links daneben zwei andere Vulkane Mgahinga und Sabinjo, dann eine Lücke, worauf wieder zwei niedrigere, Vissoke und Mikeno, und endlich der prächtige Karissimbi mit Schneespitze....

Von ½7 Uhr an bedecken sich die beiden höchsten Muhawura und Karissimbi mit kleinen hellen Wolkenhauben. <u>Eins der grossartigsten Bergpanoramen</u> der Welt, auch inbetreff der Bergwelt im Vordergrund. Schöne Salbei, Kornblumen, Wegerich, Weidenröschen, Sauerampfer etc. ...

7.40 Uhr im schilfigen Talgrund des <u>Mukinga</u>, der <u>rechts her</u> kommt, wo man kleinen Wasserfall rauschen hört.... Hier unten taufrisch und kühler als oben auf dem Berg. Alle diese sumpfigen Hochtäler haben <u>keinen Papyrus</u> mehr, für den es zu kalt ist, sondern <u>nur Schilf</u>. Auf den Berghängen in der ganzen Region wächst weniger Gras als Stauden, Adlerfarn etc., die jetzt grösstenteils blühen. Unter dem Schilf ist das Tal 20–25 m breit, mit Wasser gefüllt, aber seicht. Weiter im Tal ist Boden oft drainiert und mit Bohnen bepflanzt. Im ganzen aber Gebiet nicht stark bewohnt. Im Sumpf viele Ibisse mit schwarzem Kopf und schwarzen Schwänzen.

Asikaripatrouille kommt von Grenzkommission (nach Kigali). Sie nehmen einem Eingeborenen die Milch weg, der in größter Aufregung zu mir kommt und sich beklagt. Ich werde es melden. Durch solche Gewalttaten entstehen Unruhen. ...

9.50 Uhr auf Hügelhöhe <u>über Ruasa</u>, ... das unter uns auf Einzelhügel, wundervoll

dessous de nous sur une autre colline; vue magnifique derrière la ville sur le Muhawura et les autres volcans. Une allée ombragée bordée d'eucalyptus mène à la mission de Ruasa. Trois pères viennent nous accueillir; le vin d'Alger est bon (…) Vieux bâtiment en briques avec une longue barasa (lieu de rencontre) et, derrière, une grande cour avec les économats. Au dehors, une nouvelle église, un édifice en briques, à moitié terminé. Le père supérieur est un beau jeune homme à la barbe brune, un Français; les deux autres sont Hollandais et parlent allemand. Il y a en outre trois frères convers. Nous dégustons un repas de midi succulent arrosé de vin d'Alger et accompagné de la musique qui sort du gramophone. On ressent une autre joie de vivre ici que dans les missions protestantes, infiniment tristes, sans oublier le travail cultural.

Dimanche 30 juillet

(…) Départ à 7 h 15 pour la cascade. Couches de schiste argileux S.E.-N.O., presque verticales. Dans la vallée, plantations d'eucalyptus. Arrivée à 7 h 25 à la cascade du Mukungwa (…) 8 h 30, pointe occidentale du lac Ruhondo qui ressemble à un large fleuve situé entre des collines (…) D'innombrables canards, martins-pêcheurs, ibis, cormorans, poules d'eau. Les mêmes nénuphars violets magnifiques que sur la Kagera. (…) Au nord, le <u>Muhawura</u> et le Mgahinga dominent le paysage; le cône du volcan s'ouvre majestueusement si bien que sa base semble aller jusqu'aux pieds du lac. De <u>nombreuses îles cultivées vallonnées sur le lac</u>. Avec cette riche culture, les belles montagnes à la végétation riche qui s'arrêtent directement au pied du lac et l'impressionnante présence des volcans en coulisse, le lac Ruhondo offre le paysage le plus beau, le plus grandiose qu'il m'ait jamais été donné de voir.

11 h 45, retour à la station. Après un bon repas, nous faisons nos <u>adieux aux six pères et nous longeons la rivière vers l'aval</u> pendant 1 h 45 sur la barrabarra (…) 3 h 50, arrivée au camp askari de Ruhengeri (…) situé au milieu de magnifiques schambes.

Le lieutenant Wintgens l'a créé afin d'habituer la population très rebelle de Bakiga à la domination allemande. Il a fait construire la barrabarra par les indigènes, de même que le chemin qui mène aux lacs Ruhondo et Bulero. Il y a encore une douzaine d'askaris dans la boma entourée de bambous pointus. La population insoumise de cette région frontalière aux peuples mixés a toujours mené des petites guerres intestines. Hier, par exemple, 2 ou 3 personnes ont été battues à mort. C'est le groupe qui, il y a un an et demi, avait tué le missionnaire de Ruasa et également assailli Kirschstein. Le gouvernement a ordonné qu'on ne se mêle pas de ses querelles.

dahinter Muhawura und Genossen. Schattige Eukalyptusallee zur Station Ruasa. Begrüssung durch drei Väter; Algierwein gut. ... Alter Backsteinbau mit langer Barasa und dahinter großer Hof mit Wirtschaftsgebäuden. Ausserhalb neue Kirche, Ziegelbau, halbfertig. Pére supérieur ist hübscher dunkelbärtiger junger Franzose, die beiden andren sind Holländer, die Deutsch sprechen. Außerdem drei Laienbrüder. Vortreffliches Mittagessen mit Algierwein und grammophonischer Tanzmusik. Das ist doch eine andre Lebensfreunde als auf den tristen protestantischen Stationen, und dabei die tätige Kulturarbeit.

Sonntag, 30. Juli

... Ab 7.15 Uhr zum Wasserfall. Tonschiefer streichen SO-NW, fast senkrecht stehend. Im Talgrund Eukalyptuspflanzung. 7.25 Uhr am Wasserfall des Mukungwa. ...8.30 Uhr am Westende des Ruhondo-Sees wie breiter Fluss zwischen Hügeln. ... Zahllose Enten, Eisvögel, Ibisse, Kormorane, Wasserhühner. Die selben schönen violetten Seerosen wie am Kagera. ... Im N ragt der Muhawura und Mgahinga himmelhoch herüber, wo der Bergkranz sich öffnet, so dass der lang auslaufende Sockel des Muhawura direkt in den See geht. Viele hügelige kultivierte Inseln im See. Mit dieser ringsum reichen Kultur, den schönen vielgestaltigen unmittelbar in den See abfallenden Bergen und dem gewaltigen Vulkanhintergrund ist der Ruhondo-See der schönste, großartigste, den ich je gesehen.

... ¾ 12.00 Uhr zurück und nach gutem Mahl mit den sechs Vätern Abschied und 1.45 Uhr flussabwärts auf Barrabarra. ... 3.50 Uhr Ankunft im Asikarilager Ruhengeri, ... inmitten prächtiger Schamben.

Oberleutnant Wintgens hat es angelegt, um die recht aufsässige Bevölkerung der Bakiga an die deutsche Oberhoheit zu gewöhnen. Er hat die Barrabarra durch die Eingeborenen anlegen lassen, auch den Weg zum Luhondosee und Bulerosee gebaut. Jetzt liegt noch ein Dutzend Asikari in der starken, mit spitzen Bambus bewährten Boma. Die unruhige Bevölkerung dieser völkergemischten Grenzgegend hat aber immer kleine Kriege untereinander, so daß zum Beispiel gestern und vorgestern 2–3 totgeschlagen wurden. Es ist die Gesellschaft die vor 1½ Jahren den Ruasa-Missionar ermordeten und auch Kirschstein seinerzeit überfiel. Das Gouvernememt hat angeordnet, dass man sich in die kleinen Plänkeleien nicht einmischen soll.

Nous venons ajouter à l'esprit belliqueux de la boma lorsque je fais administrer au boy Iabiri qui a volé avant-hier du lait à un Mhutu 20 coups de fouet (kiboko). Ses cris et lamentations serviront d'avertissement aux autres.

Dans la soirée, les volcans apparaissent de l'autre côté de la plaine de lave immense et en pente légère. Le plus proche est le Sabinjo dentelé que Kirschstein a qualifié de mont sans cratère érodé (…) Vers l'ouest court une chaîne de volcans relativement basse et irrégulière appelée Maschigga jusqu'au groupe principal derrière lequel se couche actuellement le soleil, pareil à une boule de feu : à droite, le <u>Vissoke</u> arrondi ; à gauche derrière, le Mikeno, une tour de rochers qui rappelle le Matterhorn ; et à gauche devant ce dernier, le Karisimbi qui disparaît à moitié dans les nuages avec le cratère de Branca situé au sud-est. C'est la barrière sauvage du Mikeno qui m'en impose le plus.

Lundi 31 juillet

6 h 00 (…) Les 6 volcans sont tous visibles, mais enveloppés dans la brume matinale bleutée. Départ à 6 h 30. Un peu plus loin, nous passons un ruisseau à sec. Les <u>plantes cultivées atteignent une taille immense</u> sur ce sol volcanique fertile ; il s'agit en général de haricots grimpants aux fleurs blanches et de bananes. Il y a aussi beaucoup plus d'arbres étant donné qu'il n'y a pas d'incendie. Un <u>immense jardin</u> en d'autres termes (…).

Remarque : A partir de Ruhengeri, Hans Meyer commence l'ascension du Karisimbi, volcan de 4507 m d'altitude. Une fois arrivé au sommet, il redescend vers Kissenji en passant par Tamira. Ses notes prises entre le 31 juillet et le 5 août ont trouvé plus tard un écho littéraire dans son œuvre « Hochtouren im tropischen Afrika » (Alpinisme en Afrique tropicale), publiée par la maison d'édition F. A. Brockhaus, Leipzig, 1923, dans le chapitre « Bergfahrten im ostafrikanischen Zwischenseengebiet : Der Karissimbi 1911 » (Voyages sur les hautes montagnes dans la région interlacustre : Le Karisimbi en 1911).

Au lieu de citations tirées des notes de son journal, voici quelques extraits de cet ouvrage paru plus tard. Ils reflètent ses souvenirs rétrospectifs et son effort pour permettre au lecteur allemand une approche plus précise du paysage montagneux rwandais. Il commence ainsi :

> «… Dans toute l'Afrique orientale il n'est pas de région qui soit aussi remarquable par sa géologie, sa morphologie, sa flore et sa faune … peu seulement offrent un paysage aussi sublime que les impressionants volcans Virunga, alignés ou groupés, qui atteignent jusqu'à 4500 m d'altitude. Des hommes tels que Stanley, Stuhlmann, le comte von Goetzen, le capitaine Herrmann, Adolf Friedrich duc

Abbildung XV

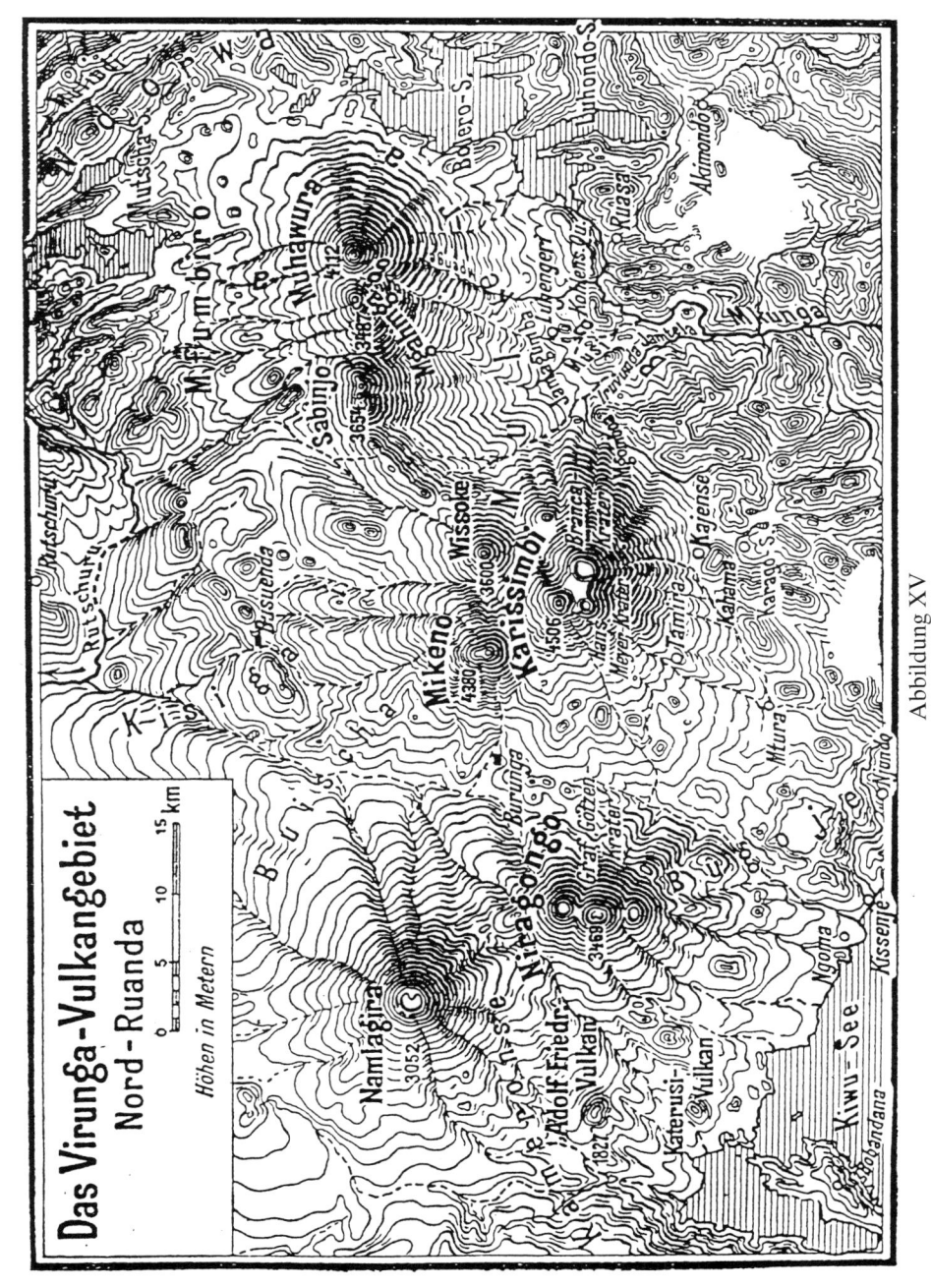

Landkarte von Hans Meyer zu seiner Ausarbeitung von 1923 »Der Karissimbi 1911«.
Carte de Hans Meyer (1923) pour son œuvre « Le Karissimbi en 1911 ».

Wir vermehren den kriegerischen Geist der Boma dadurch, daß ich dem Boy Iabiri, der vorgestern einem Mhutu Milch gestohlen hatte, 20 Kibokohiebe aufzählen lasse. Die anderen Herren Boys werden sich sein Jammergeschrei zur Warnung dienen lassen.

Gegen Abend werden jenseits der weiten leichten ansteigenden Lavaebene die großen Vulkane sichtbar. Uns am nächsten der vielzackige Sabinjo, den Kirschstein als kraterlosen Berg mit Erosion... bezeichnet. Nach Westen läuft eine relativ niedrige, vielbewegte Vulkankette Maschigga zur großen Mittelgruppe hinüber, hinter der gerade die Sonne goldrot untergeht: Rechts der stumpfkegelige Wissoke, dann links dahinter der matterhornartige Felsturm Mikeno und links vor diesem der breite halb in Wolken steckende Karissimbi mit dem südöstlich angelagerten Brancakrater. Der trotzige Felsturm des Mikeno imponiert am meisten. ...

Montag, 31. Juli

6.00 Uhr... Die 6 Berge sind sämtlich sichtbar, aber im blauen Morgendunst. Ab 6.30 Uhr. Bald über trocknen Bachriss. Riesiges Wachstum der Kulturpflanzen auf dem Lavaboden, meist Rankenbohnen weissblühend und Bananen. Auch viel mehr Bäume, weil kein Grasbrand. Alles ein riesiger Garten. ...

Anmerkung: Von Ruhengeri aus bestieg Hans Meyer den 4507 m hohen Karissimbi. Vom Gipfel aus marschierte er abwärts über Tamira nach Kissenji. Seine Tagebuchaufzeichnungen 31. Juli bis 5. August 1911 haben später in seinem Werk »Hochtouren im tropischen Afrika«, erschienen im Verlag F. A. Brockhaus, Leipzig 1923, in dem Kapitel (S. 91–123) »Bergfahrten im ostafrikanischen Zwischeseengebiet: Der Karissimbi 1911« ihren schriftstellerischen Niederschlag gefunden.

Anstelle von Zitaten aus den Tagebuchaufzeichnungen nachfolgend einzelne Auszüge aus dieser späteren Veröffentlichung. Sie reflektieren seine rückblickenden Erinnerungen und sein Bemühen, dem deutschen Leser die ruandische Berglandschaft näher zu bringen. Er beginnt:

»In ganz Ostafrika ist keine Gebiet erdgeschichtlich, morphologisch, floristisch und faunistisch so merkwürdig, nur wenige sind landschaftlich so großartig... wie die Reihen und Gruppen der gewaltigen, bis 4500 Meter hohen Virungavulkane... Männer wie Stanley, Stuhlmann, Graf Goetzen, Hauptmann Herrmann, Herzog Adolf Friedrich zu Mecklenburg mit seinen Begleitern und andere ha-

de Mecklenbourg avec ses compagnons et d'autres encore en ont continué l'exploration et y prendre part a été l'un des buts principaux de mon expédition de 1911… Dans leur présentation géographique et topographique, les Volcans Virunga apparaissant comme une chaîne, longue de 100 kilomètres, de colossales montagnes aux sommets arrondis qui telle un immense barrage se dresse devant le versant nord des Hauts Plateaux du Rwanda… Nous venions de traverser toute la région des Hauts Plateaux rwandais lorsque vers la mi-juillet 1911, peu avant d'atteindre la station de la mission catholique Ruasa admirablement située sur le flanc dégagé d'une montagne, nous avons eu le privilège de voir pour la premier fois la chaîne des Volcans… Du Muhawura au Karissimbi : six colosses disposés côte à côte sans compter plusieurs dizaines de petits satellites. Quel gigantesque panorama de titans à l'assaut du ciel !… En vérité, les pieux ‹Pères Blancs› n'auraient pas pu choisir un plus belle emplacement pour la station de leur mission Ruasa. Pendant trois jours nous avons joui de l'hospitabilité des Missionnaires et avons recueilli toutes sortes d'informations précieuses sur les terres alentours… »

Hans Meyer comptait trois jours pour l'ascension avec ses deux compagnons allemands et les porteurs – ascension autrefois, il y a presque cent ans de cela, nettement plus difficile qu'aujourd'hui. À 2515 mètres d'altitude il fit halte pour la première nuit à en endroit où ne se trouvait aucun habitat. Voici ce qu'il rapporte :

«… Cependant, l'après-midi nous reçumes la visite du chef de tribu (‹Grand Watuale›), Kahama, venu de son lointain village avec le cortège habituel de Watussi et de Wahutu, qui nous apportait une provision pour plusieurs jours de vivres de la plus grande utilité dans ce Karissimbi vide de toute trace humaine. Kahama fait partie des Watussi les plus avisés et les plus sympathiques qu'il m'ait été donné de rencontrer. Sa stature de géant, typique pour les authentiques Watussi, s'harmonise avec ses gestes mesurés, ses yeux intelligents avec sa manière de s'exprimer raisonnable et calme. Comme il a longtemps séjourné à la cour du roi du Rwanda, Musinga, où se trouvent toujours quelques Suaheli, il parle passablement le kisuahili, ce qui fait que je n'ai pas eu besoin d'intérprète. Il a bien en main les habitants de son district mais il dit lui-même que dans les territoires frontaliers du royaume rwandais, peuplés en partie de Wahutu et de populations venues de la region nord-ouest du lac Kivu (Kameronse), la domination Watussi est loin d'être enracinée, la discipline de la population loin d'être assurée comme c'est le cas plus au sud dans les régions habitées par les seuls Wahutu et Watussi. Répondant à mon souhait, Kahama m'a aussitôt laissé deux de ses compagnons qui devaient nous conduire le lendemain à travers la forêt de bambous très escarpée… »

Puis Hans Meyer décrit la poursuite de l'ascension qui progresse d'abord sur un sol couvert d'éboulis volcanique. À 2730 mètres d'altitude il atteint l'agglomération de huttes de Tamira qui est dans cette région le hameau le plus élevé. Là, il

ben die Erforschung fortgeführt, und an ihr teilzunehmen war eines der Hauptziele meiner Expedition von 1911.... Im Landschafts- und Kartenbild erscheinen die Virungavulkane als eine 100 Kilometer lange Kette von mächtigen Kegelbergen, die dem Nordabfall des Hochlandes von Ruanda wie ein ungeheurer Damm vorgelagert ist.... Wir hatten bereits das ganze Ruanda-Hochland ... durchzogen, als wir Mitte Juli 1911 kurz vor Erreichung der auf freiem Bergrücken herrlich gelegenen katholischen Missionsstation Ruasa mit dem ersten Ausblick auf die Vulkankette begnadet wurden.... Vom Muhawura bis zum Karissimbi: sechs nebeneinandergereihte Kolosse und dazu viele Dutzende kleinerer Trabanten. Welch ein gewaltiges Panorama himmelstürmender Titanen! ... Fürwahr, einen schöneren Platz hätten sich die frommen ›Weißen Väter‹ für ihre Missionsstation Ruasa nicht aussuchen können. Drei Tage genossen wir die Gastfreundschaft der Missionare und zogen allerlei wertvolle Erkundigungen über das Umland ein ...«

Hans Meyer setzte für den Aufstieg mit seinen zwei deutschen Begleitern und Trägern – damals vor fast 100 Jahren noch wesentlich beschwerlicher als heute –, drei Tage an. In 2515 Meter Höhe hielt er zur ersten Übernachtung an einer Stelle an, an der sich keine Ansiedlung befand. Er berichtet dazu:

»... Trotzdem besuchte uns am Nachmittag aus seinem fernen Wohnsitz der Häuptling (›Großmtuale‹) Kahama mit dem üblichen Gefolge von Batussi und Bahutu ›brachte einen Vorrat guter Lebensmittel für mehrere Tage, der uns auf dem menschenleeren Karissimbi höchst nützlich wurde. Kahama gehört zu den klügsten und sympathischsten Batussi, die mir begegnet sind. Seine für den reinen Mtussi typische Riesengestalt harmonisiert mit der Gemessenheit seiner Bewegungen; sein kluges Auge mit seiner verständigen, ruhigen Sprechweise. Da er lange am Hof des Ruandakönigs Msinga gelebt hat, wo sich immer ein paar Suaheli aufhalten, spricht er auch leidlich Kisuaheli, so dass ich keinen Dolmetscher brauchte. Er hat die Bewohner seines Distrikts fest in der Hand, aber er sagt selbst, dass in diesen größtenteils von Bahutu und von Zuzüglern aus den Nordwestgegenden des Kiwusees (Kameronse) besiedelten Grenzgebieten des Ruandareiches die Batussiherrschaft noch lange nicht so eingewurzelt, die Disziplin der Bevölkerung noch lange nicht so befestigt sei, wie weiter südlich in den nur von Bahutu und Batussi bewohnten Gegenden. Auf meinen Wunsch ließ mir Kahama gleich zwei seiner Begleiter da, die uns am nächsten Tag durch den Bambuswald bergauf führen sollten....«

Hans Meyer beschreibt dann den weiteren Aufstieg, der zunächst über Lava-Geröll vonstatten geht. In 2730 Meter Höhe trifft er auf die Hüttengruppe Tamira, es ist die in dieser Gegend höchstgelegene Ansiedlung. Dort richtet er ein festes

établit un campement provisoire mais solide. La poursuite de l'ascension se fait encore avec une douzaine de porteurs, deux boys, les deux guides et les deux compagnons allemands. Hans Meyer admire les variétés des plantes de hagenia *(NB: ils appartiennent à la famille des rosacées)* qu'il connaît du Kilimandjaro. Ici, au Karissimbi, il s'étonne de les voir sous l'aspect d'arbres majestueux atteignant jusqu'à 25 mètres de hauteur et de 8 mètres de circonférence, les troncs étant recouverts d'une incroyable épaisseur de mousses, de lichens et de plantés épiphytés. À 3440 mètres d'altitude il découvre des hypericacées aux feuilles lanceolées de la taille d'un arbre avec des troncs d'une circonférence de 5 à 6 mètres *(NB: nous ne connaissons que le millepertuis qui pousse en brussons)*. À 3570 mètres d'altitude il installe un autre refuge qu'il nomme le campement des Buffles. À partir de là, pour l'ascension des quelques 1000 mètres restants, il ne prit le lendemains matin, outre ses deux compagnons allemands, que les deux guides et les deux boys qui s'étaient porté volontaires.

«… La première côte escarpée jusqu'au plateau 200 mètres plus haut s'est averée très pénible dés le début. Ici il n'y a plus de sentier et à coups de machettes les deux guides Watussi ont dû ouvrier un chemin ou plutôt un tunnel à travers l'incroyable fourré de séneçons, d'hypéricées, d'alchimilles et de lobélies. Plus à quatre pattes que sur deux jambes nous avons grimpé et rampé derriére eux de sorte qu'au bout d'un quart d'heure, nous n'avions plus un seul vêtement de sec sur le corps, d'une part à cause de l'enchevêtrement des plantes détrempées, d'autr part à cause de la sueur qui ruisselait.…»

À 3770 mètres d'altitude le groupe découvre une sente piétinée par des buffles de montagne et des éléphants sur laquelle ils peuvent continuer à avancer.

À 3875 mètres d'altitude «… Les traces de piétinements se dispersent sur le plateau dans toutes les directions. En même temps que s'arrété la sente, les guides Watussi se disent au bout de leur savoir. Ils restent en arrière, s'allument un bon feu devant une hutte en feuillage, rapidement érigée pour attendre notre retour.…»

À l'entour Hans Meyer découvre des seneçons de 10 mètres de hauteur *(NB: nous ne connaissons en Allemagne que le séneçons arbusseau ou herbe)* et admire chaque fois à nouveau la luxuriance de la végétation à cette altitude. L'ascension toujours plus à pic se révèle extrêmement pénible. Ce n'est qu'à 4440 mètres d'altitude qu'ils atteignent la limité de l'épais tapis de végétation et à 4507 mètres, enfin, le point culminant. Tous sont épuisés mais Hans Meyer bien moins que ses deux compagnons allemands qui ont eu à souffrir de maux de tête et d'estomac. Hans Meyer commente:

«… Je confesse mon hérésie de croire que le flot des sentiments exaltés qu'avec pathos les alpinistes écriront avoir éprouvés sur les sommets vaincus – ce qui est très beau à lire – ont été projetés en après coup sur ces cimes et ce, après que le touriste de haute montagne a derière lui les efforts de l'ascension et de la de-

Zwischenlager ein. Der weitere Aufstieg erfolgt noch mit einem Dutzend Trägern, zwei boys, den beiden Führern und seinen beiden deutschen Begleitern. Hans Meyer bewundert die Hageniaformationen (Anm.: sie gehören zur Familie der Rosazeen), die er vom Kilimandscharo her kennt. Hier am Karissimbi erstaunt ihn ihr großartiger Baumwuchs, bis 25 Meter hoch und 8 Meter Umfang, wobei die Stämme unglaublich üppig mit Moosen, Bartflechten und Epiphyten eingehüllt sind. In 3440 Meter Höhe entdeckt er baumgroße Hypericum lanceolatum mit Stämmen von 5–6 Meter Umfang *(Anm.: uns nur als strauchartiges Johanniskraut geläufig)*. In 3570 Meter Höhe richtet er eine weitere Zwischenstation ein, die er Büffellager nennt. Für die von dort aus verbliebenen über 1000 Meter Höhenanstieg nahm er am nächsten Morgen außer seinen beiden deutschen Begleitern nur die beiden Führer und zwei boys, die sich freiwillig gemeldet hatten, mit.

»... Ein schweres Stück Arbeit war gleich der erste steile Anstieg zum 200 Meter höheren Plauteau. Hier gibt es keinen Pfad mehr, und mit ihren Haumessern mussten die beiden Batussiführer einen Pfad oder richtiger einen Tunnel durch das unglaubliche Dickicht von Baumsenecien, Hypericumbüschen, Alchemillen und Lobelien schlagen. Mehr auf allen vieren als auf zwei Füßen kletterten und krochen wir ihnen nach und hatten nach einer Viertelstunde keinen trockenen Faden mehr am Leib, teils von dem klatschnassen Pflanzengewirr, teils vom strömenden Schweiß...«

In 3770 Meter Höhe entdeckt die Gruppe einen Wildpfad, getreten von Bergbüffeln und Elefanten, auf dem sie weiterwandern können.

In 3875 Meter Höhe »... laufen die Wildfährten über das Plateau nach allen Richtungen auseinander, hier hört der Pfad auf, hier ist die Weisheit der Batussiführer zu Ende; sie bleiben zurück und zünden sich vor einem schnell errichteten Blätterhüttchen ein wärmendes Feuer an, um auf unsere Rückkehr zu warten...«

Im Umfeld entdeckt Hans Meyer Baumsenecien von 10 Meter Höhe *(Anm.: Senecien sind uns in Deutschland als Kreuzkraut bekannt)* und bewunder immer wieder die üppige Vegetation in dieser Höhe. Äußerst mühsam entwickelte sich der immer steiler werdende Aufstieg. Erst in 4440 Meter Höhe erreichen sie die Grenze der geschlossenen Vegetationsdecke, dann endlich den Gipfel in 4530 Meter Höhe. Alle sind erschöpft, aber Hans Meyer doch weit weniger als seine beiden deutschen Begleiter, die sehr an Kopf- und Magenschmerzen litten. Hans Meyer kommentiert:

»... Ja ich bin so ketzerisch, überzeugt zu sein, dass die allermeisten Ergüsse... über Hochgefühle, die von Bergsteigern auf ihren bezwungenen Gipfeln pathetisch vorgetragen werden und so schön zu lesen sind, erst nachträglich dort oben

scente et peut en paix suivre le cours de ses pensées et de ses sensations. … » Puis il raconte : « … Tout en haut je trouvai un petit bonhomme de pierre à moitié désagrégé. Il dissimulait une vieille boîte de conserve d'où j'extirpai quelques morceaux de papier à peine lisible portant des noms : Schubotz, Mildbraed, Kirschstein. C'étaient les montagnards de l'année 1908 mais avant eux, le Père Barthémely de la Mission Njundo avait le premier vaincu ce sommet. Bien entendu j'ajoutai une courte notice concernant notre propre ascension … »

Finalement le soleil se mit à briller pendant quelques minutes. « … Ces … ‹ moments de lumière › furent les seuls, qui nous permirent der jouir d'une plus vaste vue sur les terres en contrebas : Forêt, forêt sur toute la montagne jusqu'à Mikeno de l'autre côté à l'ouest jusqu'à Wissoke à l'est, forêt vers le sud jusqu'à l'interieur du Haut Plateau de Bugoje … Sans forêt seule une large bande vers le sud-ouest où nous descendêmes quelques jours plus tard … » Mais le temps ne resta pas ensoleillé. Vers 1 heure et demie un orage s'annonca. « … Maintenant le mot d'ordre était de redescendre au plus vite car un orage tropical sur des hauts sommets peut être fatal. Les traces que nous avions laissées en montant … etaient encore bien visibles de sorte que nous pûmes rapidement atteindre la région des séneçons. C'est alors qu'éclata l'orage avec éclairs, courts mais fracassants coups de tonnerre, plui diluvienne et rafales de vent de sorte que nous cherchâmes refuge en rampant sous les épais feuillages des séneçons. La température tomba à 3 degrés. À la pluie se mêlerent bientôt des rafales de grêle et de neige … » Puis le soleil se remit à briller avec interruption. Ils redescendirent péniblement à travers un terrain devenu marecageux. « … Pendant ce temps les masses de brouillard s'étaient éloignées du Karissimbi ce qui nous permit de reconnaître le féerique paysage de neige des régions supérieures. Depuis le point culminant jusqu'à une hauteur de 4200 mètres environ la montagne était recouverte d'un étincelant manteau de neige. … Contre le ciel bleu foncé des hautes montagnes se détachait le gigantesque mamelon blanc d'une beauté jamais vue jusqu'alors … Après notre halte nous redescendîmes à travers le fourré de seneçons ruisselants d'eau la pente raide jusqu'au campement des Buffles, où nous arrivâmes à 6 heures et demie, joyeusement accueillis par nos hommes restés là, fatigués à juste titre, mais remplis de la satisfaction d'avoir mené à bien l'ascension du plus élevé des Volcans Virunga … »

En chemin le groupe avait également retrouvé les guides Watussi restés sur place « … qui avaient passé leur attente en dormant dans leur hutte improvisée … »

Voici ce que Hans Meyer dit au sujet des boys africains qui ont accompagné l'expedition jusqu'au sommet : « … Les deux solides gaillards se sont parfaitement comportés pendant toute la durée de l'expédition. Ils ont porté mes sacs à dos qui,

hinprojiziert worden sind, nachdem der Hochtourist die Anstrengungen des Auf- und Abstiegs hinter sich hat und in Ruhe seinen Gedanken und Empfindungen nachhängen kann…« Dann berichtet er: »Auf dem höchsten Punkt fand ich einen kleinen halbverfallenen Steinmann. Er barg eine alte Konservenbüchse, der ich ein paar kaum zu entziffernde Zettel mit den Namen Schubotz, Mildbraed und Kirschstein entnahm. Sie waren die Besteiger aus dem Jahre 1908, nachdem schon vorher der Pater Barthélemy von der Missionsstation Njundo als erster den Gipfel bezwungen hatte. Natürlich fügte ich eine kurze Notiz über unsere eigene Besteigung hinzu…«

Schließlich schien die Sonne minutenlang. »…Solche ›lichte Momente‹ waren es allein, in denen wir weitere Ausblicke auf das Unterland genossen: Wald, Wald über den ganzen Berg hin und zum Mikeno hinüber auf der Westseite, zum Wissoke auf der Ostseite; Wald nach Süden in das Hochland von Bugoje hinein… Waldlos nur ein breiter Streifen im Südwesten, wohin wir ein paar Tage später abstiegen…« Aber das Wetter blieb nicht sonnig, denn gegen ½2 Uhr zog ein Gewitter herauf. »…Jetzt hieß es rasch den Rückmarsch antreten, denn ein tropisches Gewitter auf hochragender Bergspitze kann fatal werden. Unsere Aufstiegspuren… waren noch gut zu erkennen, sodaß wir schnell in die Senecioregion kamen. Da aber brach das Unwetter los mit Blitz und kurzen krachenden Donnerschlägen, mit strömendem Regen und Sturmwind, so dass wir zum Schutz unter die dichten Blätterbüschel der Senecien krochen. Die Temperatur sank auf 3°. Dem Regen mischten sich bald Hagelböen und Schneegestöber bei…« Dann schien auch wieder mal die Sonne. Durch sumpfig gewordenes Gelände ging es mühsam abwärts. »…Währenddessen zogen die Nebelgeschwader vom Karissimbi weg und ließen uns eine reine prachtvolle Schneelandschaft der oberen Region erkennen. Von der Spitze bis etwa 4200 Meter hinab war der Berg in einen blendenden Schneemantel gehüllt… Gegen den dunkelblauen Hochgebirgshimmel hob sich der weiße Riesenkegel in nie gesehener Schönheit ab… Nach unserer Rast ging es durch das wassertriefende Seneciodickicht den steilen Hang hinunter zum Büffellager, wo wir 6½ Uhr, freudig begrüßt von unsere zurückgebliebenen Leuten, wieder eintrafen, rechtschaffen müde, aber voll Befriedigung über die gelungene Gipfelbesteigung des höchsten Virungavulkans…«

Auf dem Wege dahin hatte die Gruppe auch die zurückgelassenen Batussiführer getroffen, »…die in ihren improvisierten Hüttchen die Wartezeit verschlafen hatten…«

Zu den afrikanischen boys, die die Expedition zum Gipfel begleitet hatten, bemerkt Hans Meyer: »…Die beiden strammen Kerle haben sich auf der ganzen Hochtour tadellos gehalten. Sie trugen meine Rucksäcke, die mit Instrumenten,

bourrés d'appareils, de provisions, de pierres et de plantés, n'étaient pas un mince fardeau; ils ont toujours marché en tête se montrant de bonne humeur et intrépides même pendant le violent orage … »

Le récit litteraire de l'ascensio s'achève avec le retour dans le campement de Tamira (4 août 1911) : « … Vers le midi nous sommes arrivés avec chants et musique dans notre campement de Tamira où s'est répété l'accueil démonstratif du campement des Buffles. Les heures de l'après-midi ont été passées pour la plus grande partie à dormir. Mais ensuite la direction de l'expédition a réclamé à nouveau un travail intensif. Il fallait refaire les bagages, préparer et classer les pierres, les plantés et les animaux collectionées, développer les photographies prises et enfin trier les notes rédigées en cours de route et les transcrire dans le journal intime … ».

(Annotation: Pour s'informer sur la flore et la faune de la région du Karissimbi, voir ci-dessous chapitre V2b, bibliograpie, Fischer/Hinkel: Natur Ruandas / La Nature du Rwanda, Mainz 1992).

Suivons de nouveau les extraits originaux du journal intime de Hans Meyer:

Dimanche 6 août

Enfin, à 10h00, nous passons le col sur la barrabarra et découvrons la forêt d'euphorbes à nos pieds et, plus loin, Kissenji avec de la paille et des toits en tôle ainsi que le lac Kivu dont la surface disparaît derrière un rideau de brume. Au nord, la lagune. De l'autre côté, le poste belge, Ngoma, et encore plus loin le volcan, Ngowa. 10h30, arrivée par l'allée bordée d'eucalyptus et le village indien. Nous allons jusqu'à la boma. Beaucoup d'arbres. Nous sommes accueillis par le capitaine Kraut. Campement extraordinairement bien situé à l'ombre des ficus et près d'une plage de sable. B. 626,5

Lundi 7 août

Le capitaine Kraut, un homme charmant originaire de Hanovre, nous rend la vie aussi agréable que possible. Nous prenons nos repas en sa seule compagnie au mess accueillant étant donné que les deux autres officiers sont actuellement en voyage. Très beaux jardins, beaucoup d'allées bordées d'eucalyptus ou de palmiers à huile. Promenade aménagée bordée d'herbe verte le long du lac. Très belle plage de sable graniteux, mais pas une seule moule ou autre animal aquatique. Par contre, des canards, des mouettes, des cormorans, des hérons et des poissons ressemblant à la perche. Le lac est très tranquille, seulement une toute petite brise. Le soir, vers 9h00, le vent se met à souffler de l'intérieur des terres, puis le calme revient.

Proviant, Steinen und Pflanzen vollgepackt, wirklich keine leichte Last waren, und waren immer mit vornean, guten Muts und selbst im Gewittersturm unverzagt …«

Die literarische Bergbesteigung endet mit der Rückkehr ins Tamira-Lager (4. August 1911): »… Gegen Mittag zogen wir mit Sing und Sang in unser Tamirallager wieder ein, wo sich die stürmische Begrüßung vom Büffellager wiederholte … Die Nachmittagsstunden wurden größtenteils verschlafen. Aber dann verlangte die Expeditionsführung von neuem volle Arbeit. Es musste wieder gepackt, die gesammelten Gesteine, Pflanzen und Tiere müssen präpariert und eingeordnet, die aufgenommenen Photographien entwickelt und am Schluß die unterwegs gemachten Notizen gesichtet und ins Tagebuch eingetragen werden. …«

(Anmerkung: Zur Information über die Planzen- und Tierwelt in der Karissimbi-Region siehe unten Kapitel V2b, Bibliographie: Fischer/Hinkel: Die Natur Ruandas / La Nature du Rwanda, Mainz 1992).
Nachfolgend wieder aus den Tagebuchaufzeichnungen von Hans Meyer:

Sonntag, 6. August

… Endlich 10.00 Uhr von Passhöhe der Barrabarraaussicht auf Euphorbienwald unten, mit Stroh und Blechdächern, dahinter am Strand Kissenji unter dunstige unabsehbare Wasserspiegel des Kiwu. Nördlich davon Landzunge; jenseits der belgische Posten Ngoma und noch weiter der Vulkankegel Ngowa. 10.30 Uhr an durch Eukalyptusallee und Inderdorf zur Boma, viele Bäume. Empfangen von Hauptmann Kraut. Unter schattigem Ficus herrlicher Zeltplatz nahe dem Sandstrand. B. 626,5 …

Montag, 7. August

Hauptmann Kraut, liebenswürdiger Hannoveraner, macht uns das Leben so angenehm wie möglich. Wir essen mit ihm allein in der gemütlichen Messe, da die beiden anderen Offiziere auf Reisen sind. Sehr hübsche Gartenanlagen, viele Eukalyptus- und Ölpalmenallee. Am See entlang Promenade mit grünen Grasrabatten. Schönster Granitsandstrand, aber nicht eine einzelne Muschel oder sonstiges Wassertier. Dagegen Enten, Möwen, Kormorane, Reiher und barschartige Fische. See jetzt ganz ruhig, kaum Brise. Nur abends 9.00 Uhr kurzer Landwind, dann Stille.

Mardi 8 août

L'eau du lac a aussi peu de goût que de l'eau bouillie. Les habitants de Kissenji ne la boivent pas; ils lui préfèrent celle du ruisseau Sebeja. Près de la rive du lac, grande quantité d'algues d'un jaune rougeâtre qui flottent dans l'eau tels des nuages. (…) L'après-midi, nous nous rendons en pirogue avec 8 rameurs sur la côte raide couverte de lave (d'environ 3–4 m de haut) à la station Ngoma au Congo belge. Nous faisons le tour d'une presqu'île avancée. Sur la rive rocheuse, de beaux ficus se reflètent dans l'eau ainsi que de gigantesques euphorbes et des pins. De l'autre côté, une petite baie non protégée avec un mauvais appontement construit dans la lave rocheuse. Le <u>mess des officiers</u> est une misérable baraque faite de boue et de blocs de lave et recouverte de paille. Tout est d'une saleté repoussante et plein de poussière, comme laissé à l'abandon. Sur la rive vient nous accueillir un certain Mouloron, un sous-lieutenant originaire d'Ostende qui baragouine vaguement l'allemand, et, dans le mess, le commandant Derche du district de Kivu qui ne parle que le français. Je lui remets la recommandation du Ministère colonial belge, mais il est dans l'incapacité de me donner des informations utiles pour poursuivre mon voyage vers le Niragongo et le Namlagira. Tout ce qu'on sait ici, c'est qu'un chemin (?) aménagé par le gouvernement mène de Bobandana à Burunga à l'ouest du Mikeno en passant entre les deux volcans et continue jusqu'à la mission de Rulenga et jusqu'au Rutshuru, qu'il n'y a d'eau nulle part dans la région du Namlagira, et qu'il faut donc en emporter. Tandis qu'on nous donne ces explications, nous buvons du whisky avec de l'eau, puis nous prenons le chemin du retour sur le chemin allemand impeccable qui mène jusqu'à la tour frontalière pyramidale. En dehors du mess des officiers qui ressemble à une baraque, il y a encore une petite maison similaire – celle du commandant – dans le paysage monotone de lave qui porte l'inscription « Villa Kivou ». Derrière, un commerçant allemand appelé Rauscher qui vient de Kissenji construit une « duka » un peu plus attrayante, la seule dans tout Ngoma. Il n'y a pas non plus ni Indiens ni Grecs à Ngoma. On va chercher ce dont on a besoin à <u>Kissenji</u>, où il y a deux commerçants allemands, un Grec, deux arabes et une vingtaine d'Indiens. Tant que l'Etat du Congo était fermé au commerce, la <u>contrebande</u> fleurissait. Aujourd'hui, le commerce régulier n'apporte plus qu'un peu de caoutchouc et encore moins d'ivoire, et plusieurs Indiens ont déjà fait faillite. Les autres vivent principalement de bricoles et des besoins des effectifs de la <u>compagnie des Forces du protectorat</u>.

On ne remarque pas <u>le moins du monde</u> la présence des <u>commissions frontalières</u> dans la région des volcans. Elles travaillent quelque part dans le pori, chacune de leur côté, et il est rare qu'on entende parler d'elles. Leurs <u>relevés</u> ne seront examinés conjointement que <u>plus tard en Europe</u>. Pour le moment, la population du nord de la région des volcans et du Kwidschwi (île d'Ijwi) est encore très triste de devenir congolaise.

Dienstag, 8. August

Seewasser schmeckt fade wie abgekochtes Wasser. Die Kissenji-Leute trinken es nicht, sondern das des Sebeja-Baches. Neben dem Ufer See voll von rotgelben Algen, die wie Wolken im Wasser schweben. ... Am Nachmittag fahren wir im grossen mit 8 Paddelrudern bemannten Einbaum an der Lava Steilküste (ca. 3-4m hoch) nach der belgischen Congostation Ngoma. Um vorspringende Halbinsel herum. Am Felsufer schöne überhängende Ficus und kolossale Euphorbien-Bäume wie Pinien. Jenseits kleine aber offene ungeschützte Bucht mit schlechter felsiger Lavalandung. Eine elende aus Dreck und Lavabrocken gebaute strohbedeckte Bude ist die Offiziersmesse. Alles starrt von Schmutz und Staub, alles ist in größter Verwahrlosung. Am Ufer empfängt uns ein deutsch-radebrechender Leutnant Mouloron aus Ostende und in der Messe der Commandant des Kiwu-Bezirkes Derche, der nur französisch spricht. Ich gebe ihm die Empfehlung des belgischen Kolonialministeriums, kann aber gar keine brauchbare Auskunft über die Möglichkeit der Reise zum Niragongo und Namlagira bekommen. Man weiss nur, dass ein vom Gouvernement angelegter Weg (?) von Bobandana zwischen den beiden Vulkanen durch, nach Burunga am West-Mikeno und weiter zur Mission Rulenga und zum Rutschurru geht, und dass es im Vulkangebiet des Namlagira nirgends Wasser gibt, also Wasser mitgenommen werden muss. Zu diesen Erläuterungen wird Whisky mit Wasser getrunken und dann auf dem bis an den pyramidalen Grenzturm reichenden tadellosen deutschen Radelweg der Heimweg angetreten. Ausser der budenhaften Offiziersmesse steht noch ein kleines ähnliches Häuschen des Kommandanten in der trostlosen Lavawüste mit Aufschrift »Villa Kivou« und dahinter baut der deutsche Kaufmann Rauscher aus Kissenji eine etwas ansehnlichere Duka, die einzige in ganz Ngoma. Auch keine Inder und Griechen gibt es in Ngoma. Was man dort braucht, holt man aus Kissenji. In Kissenji gibts zwei deutsche Kaufleute, einen Griechen, zwei Araber und einige zwanzig Inder. Solange der Congostaat merkantil abgesperrt war, blühte der Schmuggel. Jetzt bringt der normale Handel nur noch wenig Kautschuck und noch weniger Elfenbein, und mehrere Inder haben bereits bankrott gemacht. Die übrigen leben hauptsächlich vom Kleinkram und von dem Bedarf der vollstarken Schutztruppenkompanie.

Von der Anwesenheit der Grenzkommissionen im Vulkangebiet merkt man nichts. Sie arbeiten irgendwo im Pori, jede für sich und lassen selten etwas von sich hören. Ihre Vermessungen werden später erst in Europa gemeinsam verarbeitet. Vorläufig ist die Bevölkerung des nördlichen Vulkangebiets und von Kwidschwi noch sehr traurig darüber, dass sie kongolesisch werden.

Mercredi 9 août

8 h 00, nous nous mettons en route pour le Niragongo. La caravane portant l'eau nous rejoindra.

12 h 00 (…) Nous installons <u>notre camp</u> au pied de la colline Mschoga. (…) Pas de schamben dans les parages. Etant donné que nous sommes en territoire congolais, l'influence du mtuale de Kigali et des serkals de Kissenji s'arrête ici si bien que les gens qui ont peur des soldats congolais ne nous apportent pas de nourriture. Nous n'avons plus de ravitaillement que pour deux jours. 30 Waschensi ont apporté de l'eau de Kissenji. (…)
Au clair de lune, vers 9 h 00 du soir, arrive enfin un <u>mtuale avec 40 porteurs de ravitaillement</u> (chakula). C'est alors la fête chez les porteurs et leurs rires joyeux emplissent le camp jusque tard dans la nuit (…)

Jeudi 10 août

(…)

Vendredi 11 août

9 h 25 : arrivée en haut du cratère du Niragongo. Couronne de lave dentelée qui déborde la plupart du temps et traces de coulées de lave sombres et pleines de scories sur les parois verticales. Le bord du cratère a des <u>fentes</u> périphériques profondes comme des corniches de neige et s'effondre régulièrement dans les profondeurs, provoquant ainsi un élargissement du cratère. Dans le brouillard, nous sortons du bloc en pierre la boîte en fer blanc qui renferme le <u>livre</u> dans lequel est inscrit le nom des étrangers ayant fait l'ascension du volcan. 22 noms y figurent, dont celui de Mme Ellen Paasche. Pendant que nous le feuilletons, le <u>cratère</u> se dégage tout à coup. Quelle vue magnifique! Bien décrite d'ailleurs dans le livre du duc Adolf Friedrich. Un cratère circulaire, de 200 m de profondeur, des <u>parois</u> verticales sur lesquelles on voit en général bien les couches horizontales de lave. (…)

Descente difficile sur le versant irrégulier et très raide qui est recouvert de lave. 40 °C. Nous mettons pratiquement autant de temps à descendre qu'à monter. Chacun d'entre nous glisse, tombe et récolte quelques égratignures. Arrivée au camp de Kaniga à 10 h 35 (…) léger brouillard, vent frais de l'ouest. Nous poursuivons tout de suite notre chemin à travers la forêt humide pour redescendre dans la plaine.

Mittwoch, 9. August

… Ab 8.00 Uhr zum Niragongo. Wasserkarawane soll nachkommen.

12.00 Uhr … Am Fuss des Mschoga-Hügels <u>Lagerplatz</u>. … In Nachbarschaft keine Schamben. Da wir auf kongolesischem Gebiet sind, hört hier der Einfluss des Kigali-Mtualen und der Serkals von Kissenji auf, so dass uns die Leute, die von den Kongosoldaten verängstigt sind, keine Lebensmittel bringen. Wir haben nur noch für 2 Tage Futter. 30 Waschensi haben aus Kissenji Wasser hergetragen. …

Bei Mondschein um 9.00 Uhr trifft schliesslich doch noch ein <u>Mtuale mit 40 Chakulaträgern</u> ein. Nun ist eitel Freude unter den Trägern und das fröhliche Lachen dauert bis in die tiefe Nacht. …

Donnerstag, 10. August

…

Freitag, 11. August

9.25 Uhr oben am Kraterrand des Niragongo. Zackiger grösstenteils überhängender Lavarand, dunkle rauhe schlackige Lava über den senkrechten Wänden. Der Rand hat offentiefe periphere <u>Risse</u> wie Schneewächten, und bricht da in Kürze in die Tiefe, also erweitert sich der Krater. Im Nebel holen wir den Blechkasten mit dem <u>Fremdenbuch</u> aus dem Steinmann. Es sind schon 22 Namen eingetragen, darunter auch Frau Ellen Paasche. Während wir blättern, wird plötzlich der <u>Krater</u> frei: Ein grandioses Bild, gut geschildert im Buch des Herzogs Adolf Friedrich. Kreisrunder Kraterkessel, 200 m tief, senkrechte <u>Kesselwände</u>, an denen man die meist horizontale Bankung der Laven gut sieht. …

Mühseliger Abstieg auf dem zackigen enorm steilen Lavahang, ca. 40°. Es dauert abwärts fast ebenso lang wie hinauf. Jeder von uns rutscht und stürzt und trägt einige Schrammen davon. Ab 9.45 Uhr; sehr stolpriger hässlicher steiler Abstieg. An Kanigalager 10.35 Uhr, … leichter Nebel, kühler Westwind. Gleich weiter durch den nassen Vorwald hinab ins Unterland.

Samedi 12 août

A 8 h 00 du soir, il n'y a plus de ravitaillement que pour un jour, seulement celui apporté par le chef le plus proche qui est sous la coupe des Belges. Ceux qui sont plus loin se fichent bien de la domination belge et se sauvent avec leur tribu et leur bétail dans les forêts de montagne ou dans le pori en cas de représailles. C'est pourquoi si nous n'obtenons pas suffisamment de nourriture d'ici demain matin 8 h 00, nous <u>abandonnerons l'ascension du Namlagira</u> qui se situe à deux jours de marche d'ici et exige, du fait qu'il est inhabité, que nous emportions de la nourriture pour quatre jours, et <u>nous rentrerons à Kissenji</u> pour consacrer notre précieux temps au lac Kivu. A propos, ce n'est pas vrai qu'il n'y a pas du tout d'eau sur tout l'itinéraire du Namlagira. A une heure au nord du campement situé à 6 heures de marche d'ici au sud-est du Namlagira, il y a le long du chemin qui mène du lac Kivu (Bobandana) à Rutshuru constamment de l'eau dans les trous des rochers.

Dimanche 13 août

6 h 30 (…) Comme nous n'avons pas suffisamment de ravitaillement, nous retournons à <u>Kissenji</u>. (…)

10 h 20 : photo à la borne frontière (…)

Le campement. Notre guide qui s'intéresse à ma collection de pierres m'apporte plusieurs blocs de <u>minerai de fer</u> qui est traité dans les enclos alentour et qui sert à confectionner des pioches. Il s'agit d'un minerai de bonne qualité qui vient de Njakataka sur la rive nord-ouest belge du lac Tanganyika (le lac Kivu!) où il est vendu par des indigènes dans la région du Karisimbi. Le Kivu est souvent appelé ici Tanganyika.

Un orage éclate à 3 h 00, qui rafraîchit agréablement l'air (…)

Après la pluie, visite de l'enclos voisin : dehors, une forêt de bananiers et des champs de viasi, puis trois haies de dracéna et ; au centre, quatre huttes d'habitation de type rwandais et six huttes pour stocker les réserves. Un vieux <u>forgeron</u> habite ici avec ses deux fils mariés et leur famille. La forge est installée dans une hutte ronde toute simple. Le soufflet en bois est de forme habituelle, avec deux peaux de mouton tendues et deux poinçons, et se termine par un tuyau de terre cuite qui surplombe une petite fosse où on brûle du charbon de bois. C'est dans cette fosse qu'on travaille le fer à l'état pur extrait tout près. Lorsqu'il est chauffé à blanc, s'écoulent tout d'abord pas mal de scories. Ensuite, le morceau de fer est saisi avec un crochet (il n'y a pas de pince) puis frappé de la manière habituelle sur une enclume en pierre avec un petit marteau spécial court en fer. Cela dure plusieurs heures avant qu'une pioche ne soit terminée. Elle est vendue une ½ roupie.

Dans la soirée, le vent froid venant du Karisimbi se calme et une pluie orageuse

Sonnabend, 12. August

… Abends 8.00 Uhr ist nur für ein Tag Chakula da. Nur von dem einen nächst benachbarten Häuptling, der von den Belgiern unter Fuchtel gehalten wird. Die entfernteren pfeifen auf die belgische Herrschaft und entweichen mit ihren Leuten und Vieh in den Bergwald oder ins untere Pori, wenn Repressalien drohen. Wir werden deshalb, wenn morgen früh bis 8.00 Uhr nicht reichlich Chakula kommt, den <u>Namlagira</u>, der von hier in zwei Tagen erreichbar ist und, da er ganz unbewohnt, die Mitnahme einer vier-tägigen Verpflegung erfordert, <u>aufgeben</u> und <u>nach Kissenji zurückkehren</u>, um die kostbare Zeit dem Kiwusee zu widmen. Übrigens ist es nicht richtig, dass es auf der ganzen Namlangiratour kein Wasser gibt. Eine Stunde nördlich von dem 6 Stunden von hier entfernten Lagerplatz südöstlich des Namlangira gibt es an den vom Kiwusee (Bobandana) nach Rutschurru führenden Weg stets Wasser in Felsenlöchern.

Sonntag, 13. August

6.30 Uhr … Da nicht genug Chakula zu haben ist, kehren wir <u>nach Kissenji</u> zurück.…
   10.20 Uhr am Grenzstein, Photo; …
   Lagerplatz. Unser Führer, der für mein Steinsammeln Interesse hat, bringt mir mehrere Brocken <u>Eisenerz</u>, dass in den hiesigen Gehöften verhüttet und zu Hakken ausgeschmiedet wird. Es ist sehr gutes Erz und stammt aus Njakataka am nordwestlichen belgischen Tanganika (d. h. Kiwusee!) von wo es von Eingeborenen in die Karissimbigegend verhandelt wird. Der Kiwu wird hierzulande sehr oft Tanganika genannt.
   Um 3.00 Uhr fängt ein Gewitterregen an, der stark abkühlt; …
   Nach dem Regen Besuch im Nachbargehöft: Aussen Bananenhain und Viasifelder, dann drei Dracaenenhecke, innerhalb deren vier Ruanda-Wohnhütten und sechs Vorratshütten. Es wohnt hier ein alter <u>Schmied</u> mit zwei verheirateten Söhnen und deren Familien. Die Schmiederei findet in einer einfachen Rundhütte statt. Hölzerner Blasebalg in üblicher Scherenform mit zwei Schaffellen bespannt und zwei Stempeln; ausmündend in eine Tonröhre. Diese läuft in kleine Grube aus, wo Holzkohle angebrannt wird. In diese kommt Stück Roheisen, dass vom Fundi der Verhüttungskunst in der Nähe erhandelt wird. Wenn es weiss glüht, läuft erst reichlich Schlacke ab. Dann wird das Eisenstück mit einem Eisenhaken – Zange gibts nicht – herausgenommen und mit den üblichen kurzen eisernen Kolbenhammer auf steinernem Ambos gehämmert. Bis eine Hacke fertig ist, dauert es mehrere Stunden; Preis der Hacke ½ Rp.
   Gegen Abend heftiger kalter Wind vom Karissimbi herab und nochmaliger

éclate encore une fois. Le soir, le calme revient. Le ciel au-dessus du Kivu est traversé d'éclairs de chaleur. Comme nous arriverons trop tard demain à Kissenji pour aller chercher du ravitaillement pour nos gens sur le marché, nous allons trouver le chef du coin et lui demandons de nous donner de la <u>nourriture</u>. Une heure plus tard, un long défilé de gens portant des petits pois, des haricots, du viasi se forme et le mtuale reçoit un cadeau (Amerikani) qu'il désirait. L'eau est également apportée des régions montagneuses. C'est donc <u>ici</u>, et non à Burunga, où il n'y a pas grand-chose ou pas assez, que les expéditions se rendant à Namlagira en passant par Burunga devraient s'arrêter pour se ravitailler. Il est bien évident qu'il faudrait prévoir suffisamment de porteurs pour le ravitaillement.

Lundi 14 août

(…) 10 h 00 : nous arrivons dans la baie de Kissenji avec sa forêt d'euphorbes et le soleil se met en même temps à briller. C'est vraiment la côte d'Azur de l'Afrique orientale intérieure. A 11 h 00 (…)

Mardi 15 août

Petite promenade matinale délicieuse sur les bords du lac jusqu'aux chutes de la Sebeja en passant par l'embouchure sinueuse du petit fleuve. Très romantique. Le capitaine Kraut veut amener d'ici une conduite d'eau jusqu'à Kissenji. Il lui faudra cependant poser des tuyaux car la <u>montagne de granit</u> est soumise à bien des intempéries et qu'elle est interrompue, entre ici et Kissenji, par une <u>coulée de lave</u> qui a recouvert de fines scories le versant, ce qui fait que l'eau ne tient pas.

    Après notre retour, développement de notre « butin » photographique des deux dernières semaines. En général de bonne qualité (…)

    Les préparatifs de Kraut pour la construction de la nouvelle station avancent bien. Stemmermann abat du beau bois dans la forêt de Bugoye, tandis que d'autres brûlent des briques, et Kraut a demandé un bateau à vapeur ou à moteur plus grand pour ne pas avoir à utiliser les pirogues. Sur la plage, il y a un petit voilier, mais il est inutilisable car la quille est trop plate et il dessale par grand vent. Autrement, il n'y a pas de plus grand bateau sur tout le lac. Dans le traité frontalier que les deux pays ont signé, les Belges de Ngoma ont cependant accordé à l'Angleterre le droit de confier à une société anglaise le soin de choisir une bande de terrain de 25 m de large sur la rive pour y construire un débarcadère où pourra être attaché un petit bateau à vapeur qui naviguera sur le lac. Le choix s'est déjà porté sur la petite baie de Ngoma. Le commerce anglais passera donc par Rutshuru en territoire anglais en Ouganda. Nous devrons donc faire attention de ne pas arriver

Gewitterschauer. Abends ruhig; über den Kiwu wetterleuchtet es sehr stark. Da wir morgen zu spät nach Kissenji kommen, um auf dem Markt für unsere Leute Chakula zu kaufen, ersuchen wir den hiesigen Häuptling um Beibringung von <u>Nahrungsmitteln</u>. In einer Stunde ist ein langer Zug von Leuten mit Erbsen, Bohnen, Viasi da und der Mtuale bekommt das gewünschte Amerikani. Auch Wasser wird von höheren Bergregionen gebracht. <u>Hier</u> also sollten sich die zum Namlagina via Burunga gehenden Expeditionen verproviantieren, nicht in Burunga, wo es nichts oder nicht genug gibt. Die nötigen Träger für Chakula muss man freilich mitbringen. …

Montag, 14. August

… 10.00 Uhr kommt die Bucht von Kissenji mit ihrem Euphorbienwald in Sicht und zugleich beginnt die Sonne zu scheinen. Es ist wirklich die Riviera Inner-Ostafrikas. An 11.00 Uhr, …

Dienstag, 15. August

Früh köstlicher Spaziergang am See bis über die vielgewundene Sebejamündung hinaus zu den Wasserfällen des Sebejaflüsschen, hoch romantisch. Hauptmann Kraut will von dort eine Wasserleitung nach Kissenji führen. Er muss aber Röhren legen, weil der <u>Granitberg</u> dort sehr stark verwittert ist und nach Kissenji hin <u>von einem vulkanischen Ausbruch durchbrochen ist</u>, der den Berghang mit feinen Schlackenschichten überdeckt hat, in denen das Wasser nicht hält.

Nach Heimkehr Entwicklung der photographischen Ausbeute der letzten 14 Tage; meist gut, …

Die Vorbereitungen Krauts für den Neubau der Station sind rege. Stemmermann schlägt schönes Bauholz im Bugoier Wald, Ziegelsteine werden gebrannt, und Kraut hat ein grösseres Dampf- oder Motorboot beantragt, um unabhängig von den Einbäumen zu sein. Eine kleine Segeldhau liegt am Strand, ist aber unbrauchbar, weil sie einen zu flachen Kiel hat und bei starkem Wind kentert. Sonst gibts auf dem ganzen See kein grösseres Boot. Die Belgier in Ngoma aber haben in ihrem Grenzvertrag mit England dem letzteren zugestanden, dass eine englische Gesellschaft einen 25 m breiten Küstenstreifen aussuchen darf, um einen Pier zu bauen und ein Dampferchen zu bringen, dass den See befahren soll. Die Wahl ist bereits auf die kleine Bucht bei Ngoma gefallen. Englands Handel wird dann via Rutschurru auf englischem Gebiet nach Uganda ablenken. Wir werden also aufpassen müssen, um nicht wieder zu spät zu kommen. Unsre Station besitzt eine

de nouveau trop tard. Notre station possède une <u>flottille</u> de 18 grands bateaux (pirogues), dans lesquels peuvent prendre place respectivement huit hommes, et plusieurs petits bateaux. Ils sont tous sans arrêt partis pour aller chercher du matériel (…).

L'après-midi, Houy vomit. Il a 39,5 °C. C'est peut-être le paludisme. Nous lui faisons prendre une bonne dose de quinine. Heureusement que nous ne sommes pas dans le pori aux pieds du Namlagira, car je nous vois mal transporter un malade là-bas.

Mercredi 16 août

Toujours pas de courrier ! La station attend également avec impatience son arrivée de Kigali. Le transport du courrier de Kigali à ici est confié à une entreprise privée étant donné que Kissenji n'a pas encore de bureau de poste officiel. Mais Kandt envoie en général tout de suite à la station les lettres qui arrivent à Kigali alors que notamment les commerçants d'ici les reçoivent par des messagers privés. L'homme le plus affairé est le <u>gros sergent-chef Glatzel</u> qui ne s'occupe pas seulement des exercices des soldats et de l'ensemble du service interne, mais aussi de toutes les écritures officielles de la compagnie. La seule personne qu'il fréquente est le <u>commerçant appelé Rauscher</u> et le Grec ; le soir, on les voit se promener en discutant en swahili.

Entre-temps, nous buvons un coup en compagnie du capitaine Kraut sur la plage sablonneuse du lac. Notre verre de bière à la main (de la <u>Pils en bouteille</u>), nous savourons la brise tiède et la belle luminosité. (…) Le jour passe à discuter, à se baigner dans le lac et à écrire des lettres. L'orage et l'humidité de l'air passent. La brève saison des pluies du milieu de l'été, dont la cause m'est inconnue, semble vouloir s'achever.

Le mtuale donne les instructions suivantes quant à la construction des bateaux des indigènes. Les bateaux seront construits sur les îles recouvertes de forêts de <u>Wau et d'Idschwi</u>. Les arbres seront abattus sur place à l'aide d'un couteau (schoka) et façonnés grossièrement. Ensuite, quelque 30 à 40 personnes se rassembleront sous la direction d'un expert et tailleront l'intérieur du bateau. En l'espace de 10 jours environ, 40 hommes peuvent construire un gros bateau pour 8 rameurs. On ne brûle rien sur le tronc. Les <u>pagaies</u> qui ont la forme d'une feuille avec une raie au milieu sont un peu recourbées comme des cuillères. Lorsque les rameurs pagaient normalement à un rythme rapide, on compte à peu près un coup de rame par seconde. A l'arrière du bateau, un homme gouverne avec une petite rame.

Flottille von 18 großen, mit je 8 Mann besetzten Booten (Einbäumen) und mehrere kleine. Alle sind fortwährend unterwegs, um Besorgungen zu machen.…

Am Nachmittag hat Houy Erbrechen von 39,5. Vielleicht Malaria. Starke Dosis Chinin. Gut, dass wir nicht im Pori am Namlagira sitzen. Das wäre ein übler Krankentransport.

Mittwoch, 16. August

Noch immer keine Post da! Auch die Station erwartet sie sehnlich aus Kigali. Die Postbeförderung von Kigali hierher ist Privatsache, da Kissenji noch keine amtliche Poststelle hat. Aber Kandt schickt der Station regelmässig die dort eingehenden Briefe sofort zu, während die hiesigen Händler etc. sie durch eigene Eilboten bekommen. Der am meisten beschäftigte Mann ist der dicke Feldwebel Glatzel, der nicht nur Soldaten exerzieren und den ganzen inneren Dienst besorgen, sondern auch die ganze amtliche Schreiberei der Kompanie zu führen hat. Sein einziger Umgang ist der Kaufmann Rauscher und der Grieche; sie unterhalten sich gegen Abend spazierengehend in Kisuaheli.

Wir machen inzwischen mit Hauptmann Kraut einen Dämmerschoppen mit einem Glas Pilsner Flaschenbier am sandigen Seestrand bei köstlicher lauer Brise und schöner Beleuchtung.… Mit Unterhaltung, Seebaden, Briefschreiben geht der Tag hin. Die Gewitter und Regenstimmung der Luft lässt nach. Die kurze mittsommerliche Regenzeit, deren Ursache mir rätselhaft ist, scheint zu Ende zu gehen.

Über den Bootsbau der Eingeborenen macht der Mtuale folgende Mitteilungen. Die Boote werden auf den Waldinseln Wau und Idschwi gebaut. Daselbst werden die Bäume mit Hiebmesser (Schoka) allmählich gefällt und roh zugehauen. Dann vereinigen sich etwa 30–40 Leute unter Anleitung von Sachverständigen und hakken und schneiden das Innere des Bootes aus. In ca. 10 Tagen machen 40 Mann ein grosses Boot für 8 Ruderer. Gebrannt wird nichts an dem Stamm. Die blattförmigen mit einer Mittelrippe versehenen Ruderblätter sind etwas löffelförmig gebogen. Bei schnellem üblichen Rudern erfolgt jede Sekunde ein Ruderschlag. Hinten steuert ein Mann mit kleinem Ruder.

Jeudi 17 août

Levé de bonne heure, j'écris des lettres, je fais une ballade sur la plage pour prendre des photos et rassembler du calcaire. (…) Le calcaire d'ici devrait pouvoir brûler et s'utiliser aussi bien que sur l'île d'Idschwi. Je conseille fortement au chef de la station d'en faire l'essai pour la construction de la nouvelle boma. Jusqu'à présent, on utilisait des croûtes de chaux d'Idschwi. A midi, le lieutenant <u>Stemmermann</u> arrive. Il rentre de <u>chasser le gorille</u> près du Sabinjo. (…) Ces animaux sont également peu connus des indigènes. Personne – pas même les Batua – ne mange de la viande de gorille pour des raisons totémiques. Les gorilles se préparent un abri pour la nuit en amassant des feuilles sur des bambous recourbés (par la nature ou par leurs bons soins) pour se faire une sorte de nid. Ils ne changent pas de nid toutes les nuits, mais l'utilisent tant qu'il y a suffisamment de nourriture pour eux dans le voisinage (en particulier la grande plante en ombelle qui ressemble à de la ciguë). Puis, ils déménagent et se reconstruisent un nid ailleurs. Stemmermann en a vu plusieurs.

Il a également tiré trois buffles de l'espèce ouest-africaine courte sur pattes dans la forêt de Bugoye. Les Batua qui l'accompagnaient mangent des quantités incroyables de cette viande. Quant aux Watussi, ils ne mangent par principe pas de viande de buffle, et les Wahutu uniquement quand les Watussi n'en savent rien.

Dans la soirée, Mouleron et Derche, les deux officiers du Congo, arrivent de Ngoma en bateau battant pavillon belge pour nous rendre visite. S'ensuit une soirée arrosée au cours de laquelle on évite tout sujet politique. Les Belges se contentent de déplorer le fait que les Allemands ne veuillent pas envoyer de représentant officiel pour l'échange définitif des territoires arpentés. Les Belges auraient bien aimé vis-à-vis des indigènes organiser un acte solennel au cours duquel les Allemands leur auraient remis le territoire contesté jusqu'à présent, mais ceux-ci ont refusé car ils ont honte de la faiblesse de leur gouvernement.

Vendredi 18 août

Nous sommes réveillés à 4 h 00 du matin par du bruit près des tentes. L'askari de garde a arrêté le kirongosi (guide) que nous a envoyé Kandt de Kigali car il traînait autour des tentes, sans doute dans l'intention de voler. L'incident est pour moi fort désagréable vis-à-vis de Kandt. Sinon, nous n'avons pas vraiment besoin de l'homme en question. Je vais le renvoyer directement à Kigali avec un message officiel destiné à Kandt. Peu de temps après cet événement bruyant, on entend des bruits de klaxon et des gens qui courent. Des crépitements. Une hutte askari vient

Donnerstag, 17. August

Früh Briefschreiben und Strandbummel zum Photographieren und Kalksammeln. ... So gut wie auf Idschwi wird sich auch hier der Kalk brennen und verwenden lassen. Ich rate dem Stationsleiter sehr zu dem Versuch für die Neubauten der Boma. Bisher wurden dazu Kalkrusten von Idschwi verwandt. Mittags kommt Oberleutnant Stemmermann zurück und erzählt von seiner Gorillajagd am Sabinjo ... Die Tiere sind auch den Eingeborenen nur wenig bekannt. Niemand, auch nicht der Batua, essen Gorillafleisch, aus totemistischen Gründen. Die Tiere machen sich Schlafstellen für die Nacht, indem sie auf absichtlich oder von Natur zusammengebognen Bambuswedeln Blätter aufhäufen und so eine Art Nest bilden. Dieses Nest wechseln sie nicht jede Nacht, sondern benutzen es, solange in der Nachbarschaft genug geeignete Nahrung (hauptsächlich die grosse schierlingartige Doldenpflanze) vorhanden ist. Dann ziehen sie weiter und bauen neue Nester. Stemmermann sah mehrere solche Schlafstellen.

Büffel der westafrikanischen kurzförmigen Art hat Stemmermann im Bugoier Wald drei geschossen. Die mitgegangenen Batua essen das Fleisch in unglaublichen Mengen. Die Watussi essen grundsätzlich kein Büffelfleisch, und die Wahutu nur, wenn keine Watussi davon etwas erfahren.

Gegen Abend kommen im grossen Boot mit belgischer Flagge die beiden Congooffiziere Mouleron und Derche aus Ngoma zu Besuch. Es gibt eine vergnügte Kneiperei, wobei alle politischen Gespräche vermieden werden. Nur drücken die Belgier ihr Bedauern aus, dass zu der definitiven Austauschung der vermessnen Grenzgebiete die Deutschen keinen offiziellen Vertreter schicken wollen. Die Belgier hätten gern den Eingeborenen gegenüber einen grossen Feieraktus inszeniert, wobei ihnen von den Deutschen das bisher von diesen innegehaltene strittige Gebiet übergeben würde, aber die Deutschen haben abgelehnt, weil sie sich über die Nachgiebigkeit ihrer Regierung schämen. ...

Freitag, 18. August 11

Früh gegen 4.00 Uhr Lärm bei unseren Zelten. Der wachthabende Asikari hat den Kandtschen Kirongosi aus Kigali festgenommen, weil er an den Zelten herumschlich, wahrscheinlich um zu stehlen. Der Zwischenfall ist mir wegen Kandt sehr unangenehm. Den Mann selbst brauchen wir ja nicht weiter. Ich werde ihn direkt nach Kigali mit einer amtlichen Meldung an Kandt schicken. Bald nach dem Radau ist lautes Getute und Gelaufe. Feuerlärm. Eine Asikarihütte ist abgebrannt und mit ihr leider ein Zaumzeug unserer Maultiere. Ersatz kann ich von der Boma

de brûler et malheureusement en même temps une bride pour nos mulets. J'en obtiens une autre à la boma. Et j'achète à un Indien un âne pour 100 roupies afin de procurer à M. Tiller une nouvelle monture.

Durant la matinée, je marchande avec le Grec l'achat d'une grande défense d'éléphant qui est particulièrement belle. Nous nous mettons d'accord sur le prix: 300 roupies pour 25 livres, c'est-à-dire à peu près 6 roupies la livre, alors qu'on la paie 8 à 9 roupies sur la côte. La défense vient de la région du Congo et a bien entendu été importée en contrebande. M. Rauscher me montre un avis officiel de Ngoma rédigé par le commandant Derche qui stipule que la province où nous nous trouvons est ouverte comme toute autre au commerce, mais que le commerce du caoutchouc est interdit aux commerçants européens. Quelle ironie quand on sait que tous les fonctionnaires et officiers se livrent là-bas au trafic du caoutchouc non seulement officiellement, mais aussi à titre privé. Hinc illae lacrimae… *(N.B.: d'où ces larmes…).*

Samedi 19 août

Quelqu'un nous apporte un télégramme de Bukoba pour la station; le porteur a mis 11 jours pour venir de Bukoba à ici en passant par Kigali, une prestation étonnante si l'on considère qu'une caravane met le double de temps.

La brise venant de la mer, qui souffle au plus fort entre 1 h 00 et 2 h 00, se calme vers 4 h 00. Le vent ne vient du sud-ouest que dans la baie; en haute mer, c'est un pur vent austral qui souffle dans le sens de la longueur du lac. Quatre membres de l'équipe du guide de Kigali sont atteints de la fièvre récurrente. Le boy Omari aussi. Le capitaine Kraut est peu enthousiasmé par le fait que les malades ont désormais contaminé aussi son boy et le hangar dans lequel ils habitent. Inutile de prendre de la quinine car les microbes inoculés par les tiques porteurs de la fièvre récurrente y sont résistants. Le docteur Houy est atteint du paludisme, mais quelques fortes doses de quinine l'ont aidé à se remettre. Je passe ma journée à écrire des lettres: à Gudovius, à Kandt, à Liese, à ma mère, à Partsch, à l'Office colonial. Le soir, bain dans le lac, pas la moindre brise. Quel plaisir! (…)

Dimanche 20 août

(…) Le dimanche a uniquement cela de particulier que la compagnie est dispensée d'exercices. Sinon, comme tous les matins, le muezzin musulman lance son appel à la prière. La mosquée en argile est minuscule avec un semblant de minaret. Les musulmans sont assez nombreux même parmi les nègres. L'influence exercée sur les indigènes par les Indiens, les arabes et les askaris islamiques est grande. Mais,

bekommen. Vom Indier kaufe ich einen Esel für 100 Rupies, um Herrn Tiller wieder beritten zu machen.

Vormittags Schauri mit dem Griechen über Ankauf eines grossen und besonders schönen Elefantenzahnes. Einigung auf 300 Rupies für 25 Pfund, also rund 6 Rps. pro Pfund, während an der Küste 8–9 Rps. pro Pfund gezahlt werden. Der Zahn ist aus dem Congogebiet und natürlich geschmuggelt. Herr Rauscher zeigt mir eine amtliche Mitteilung aus Ngoma vom Commandanten Derche, dass die dortige Provinz wie jede andere dem Handel geöffnet sei, aber der <u>Kautschukhandel</u> den europäischen Kaufleuten <u>verboten</u> sei. Dabei handelt drüben jeder Beamte und Offizer nicht bloss amtlich, sondern auch privat mit Kautschuk. Hinc illae lacrimae… *(Anm.: daher diese Tränen…)*

Sonnabend, 19. August

Aus Bukoba kommt ein Telegrammträger für die Station an; der Träger hat 11 Tage von Bukoba hierher über Kigali gebraucht, eine erstaunliche Marschleistung, während eine Karawane über die doppelte Zeit braucht.

Gegen 4.00 Uhr geht die <u>Seebrise</u>, die am stärksten zwischen 1.00 und 2.00 Uhr ist, wieder nieder. Der Wind ist nur hier in der Bucht südwest, draussen auf offener See aber <u>reiner Südwind</u> in der Längsrichtung des Sees. Von den Leuten des Kigaliführers sind 4 an Rückfallfieber erkrankt. Auch der Boy Omari hat Rückfallfieber. Herr Hauptmann Kraut ist wenig erbaut davon, dass die Kranken nun wohl auch sein Boy und Bootshaus, in dem sie wohnen, infiziert haben. Mit Chinin ist da nichts zu machen, da die Mikroben der Rückfallfieberzecken nicht auf Chinin reagieren. Bei Dr. Houy ist es Malaria, die einigen starken Chinindosen bereits gewichen ist. Tag wird mit Briefschreiben ausgefüllt: An Gudovius, Kandt, Liese, Mutter, Partsch, Kolonialamt. Abends Schwimmbad im See bei Windstille, herrlich.…

Sonntag, 20. August

… Sonntagfeier besteht nur darin, dass Kompanie nicht exerziert. Sonst alles wie alltäglich. Früh 4.00 Uhr ruft jeden Morgen der mohamedanische Muezedin zum Gebet. Kleines Lehmmoscheechen mit Andeutung eines Minarets. Es gibt ziemlich viel Mohamedaner auch unter den Negern. Der Einfluß der Inder, Araber und mohamedanischen Asikaris auf die Eingeborenen ist gross. Aber eine kulturelle

contrairement aux missionnaires, je ne pense pas qu'ils représentent un danger au plan culturel, et les autres vieux connaisseurs du pays partagent mon avis. L'islam demeure pour le nègre bien plus facilement compréhensible que le christianisme. (…)

Je passe la journée entière à rédiger <u>mon rapport à l'Office colonial</u>.

A midi, le sous-lieutenant Mouleron arrive de Ngoma pour le déjeuner. Le soir, nous allons «dîner» chez le commandant Derche à Ngoma. Le repas est mauvais, mais pas le porto, le chianti, le mousseux et les cigares Henry Clay. Du courrier est arrivé d'Entebbe. Il a mis 16 jours pour faire le trajet Entebbe-Fort Portal-Rutshuru-Ngoma. Retour en bateau par une belle nuit.

Lundi 21 août

(…) Il est amusant de voir la cohorte de jeunes balayeurs qui nettoient tous les matins toutes les places, y compris celle près de ma tente. Le balayage des rues est l'affaire des habitants. Dirigée par un gamin de 7 ans qui brandit son bâton en criant à intervalles réguliers «Haya, chap-chap!», l'équipe fait son travail tout en riant et en parlant beaucoup. Chacun des enfants porte en bandoulière un sac tressé en feuilles de bananier rempli de haricots cuits ou de patates; l'après-midi, ils rentrent avec leur minuscule salaire journalier fidèlement dans leur village.

Rauscher m'annonce qu'il a acheté deux nouveaux grands bateaux pour 80 roupies en tout, un fort bon prix si l'on songe au travail que cela représente.

(…) Rauscher me montre une <u>lettre officielle du commandant Derche</u> datée du 20 août dans laquelle il est écrit que la région forestière située entre le Congo et le fossé centrafricain et le district de Beni situé au nord du lac Albert Edward sont interdits au <u>trafic</u> européen d'ivoire et de caoutchouc. En outre, il est interdit partout d'acheter de l'alcool, de la poudre, des cartouches, des fusils, etc. Tout le reste est permis, c'est-à-dire tout ce qui ne permet <u>pas</u> de faire des affaires. La région forestière entre le Congo et le lac Kivu est en effet région domaniale et l'exploitation du caoutchouc et de l'ivoire est réservée à la société des chemins de fer appelée la «Compagnie des grands lacs africains». Voilà le contenu de la lettre de Derche.

Vers midi, un autre askari en route pour Bugoye arrive en compagnie de deux <u>Batua</u>, dont l'un mesure 1,52 m et l'autre 1,53 m. L'un des deux a l'ombre d'une barbe, l'autre un visage plutôt ridé. (…) Je les photographie plusieurs fois à côté du grand askari et du capitaine Kraut ainsi que pendant qu'ils tirent à l'arc (l'arc appartient à M. Kraut) et je leur achète un collier avec un daua (talisman) contre les rhumatismes. Le bonhomme ridé s'appelle Njarubeka, l'autre Samaje; ils appartiennent à la tribu des Uakaninja qui compte environ 150 personnes et vit dispersée dans la forêt de Bugoye. Cette tribu, dont le chef s'appelle Duhabura, vit

Abbildung XV
Hans Meyer 1911 in Kissenji zusammen mit zwei Batwas aus Bugoie, die ihm
Botendienste geleistet haben.
Hans Meyer en 1911 à Kissenji en compagnie de deux Batwa de Bugoye
qui lui ont servi de messagers.

Gefahr, wie die Missionare, sehe ich nicht darin, ebensowenig andre alte Landeskenner. Der Islam ist für den Neger immer viel leichter verständlich als das Christentum....

Ganzen Tag mit <u>Bericht ans Kolonialamt</u> zugebracht.
   Mittags ist Leutnant Mouleron von Ngoma zum Essen. Abends fahren wir zum »Diner« zu Commandant Derche nach Ngoma. Es gibt schlechtes Essen, dazu aber Portwein, Chianti und Sekt und Henry Clay-Cigarren. Es ist dort Post angekommen aus Entebbe, in 16 Tagen Route Entebbe – Fort Portal – Rutschurru – Ngoma. Schöne nächtliche Bootfahrt zurück.

Montag, 21. August

... Sehr amüsant ist die Kohorte der kleinen Besenjungen, die jeden Morgen alle Plätze, auch bei meinem Zelt, kehren; das Kehren der Strassen ist Sache der Hausanwohner. Unter der Leitung eines 7jährigen Knirpses, der sein Stöckchen schwingt und immer »Haya, Chap-Chap« schreit, geht das Kehrgeschäft mit viel Lachen und Schwatzen vor sich. Jeder hat eine Bananenbasttasche voll gekochter Bohnen oder Bataten umhängen und am Nachmittag kehren sie fidel mit ihrem winzigen Tagelohn in ihre Dörfer zurück.
   Rauscher teilt mit, dass er zwei neue grosse Boote für zusammen 80 Rps. gekauft habe, ein geringer Preis in Anbetracht der grossen Arbeitsleistung.
   ... Rauscher zeigt mir einen <u>amtlichen Brief des Commandanten Derche</u> vom 20. August, wonach für den europäischen <u>Handel</u> in Elfenbein und Kautschuk gesperrt ist das Waldgebiet zwischen Congo und zentralafrikanischem Graben und der Benidistrict nördlich des Albert-Edward-Sees. Verboten ist ferner überall der Verkauf von Alkohol, Pulver, Patronen, Gewehren und anderm. Alles andere ist erlaubt, d. h. alles, womit <u>keine</u> Geschäfte zu machen sind. Das Waldgebiet zwischen Congo und Kiwu ist Domanialgebiet und die Ausbeute von Kautschuk und Elfenbein ist der Bahn-Gesellschaft »Cie des Grands lacs africains« vorbehalten worden. So steht in Derches Brief.

Gegen Mittag kommt ein nach Bugoie gesandter Asikari mit zwei <u>Batuamännern</u>, einer von 1,52 m einer von 1,53 m. Einer mit Spur von Bart, der andere mit runzeligem Gesicht... Ich photographiere sie mehrmals neben dem grossen Asikari und Hauptmann Kraut sowie beim Bogenschiessen (Bogen gehört Herrn Kraut) und kaufe von ihnen ein Halskettchen mit Daua gegen Rheumatismus. Der eine runzelige Kerl heisst Njarubeka, der andere Samaje; sie stammen aus der Hüttengruppe Uakaninja im Bugoier Wald, Häuptling Duhabura. Der Stamm ist im Wald zerstreut und zählt etwa 150 Seelen, lebt von Jagd und Diebstahl, tauscht gegen Wild

de la chasse et du vol, et échange également contre du gibier et des peaux de bête des plantes avec les Wahutu et les Watussi. Nombreux sont ceux qui gagnent leur vie en gardant les troupeaux de bovins des Watussi. Ils sont ennemis à mort avec les Wahutu voisins.

Toujours pas de courrier, mais les <u>Belges</u> ont reçu d'<u>Entebbe des lettres d'Europe</u> si bien que nous comptons en recevoir à notre tour dans 2 ou 3 jours. Comme le boy Omari va déjà beaucoup mieux, j'ai l'intention de redémarrer après-demain afin d'être le 24 au soir à Lubengera où Tiller et Houy comptent arriver le 25. En me baignant l'après-midi, je découvre la première chique (variété de puce) dans ma cuisse droite et je l'enlève avec une épingle.

Le soir, légère secousse sismique sur la plage. Un peu plus tard, comme je me sens mal, je prends une forte dose de quinine. Durant la nuit, l'air est très lourd et je transpire beaucoup. Le lendemain matin, ça va déjà bien mieux.

Mardi 22 août

On remarque, à son avantage, que <u>Kissenji n'est pas la préfecture</u> mais « seulement » le poste militaire. Elle est du ressort de l'administration de Kigali et n'a aucune fonction administrative; d'ailleurs, il n'y a personne pour s'en charger. La ville tout entière est donc imprégnée d'un air de discipline militaire qui profite également à son apparence extérieure. Tout ce qui a été fait ici l'a été par les militaires et à très bon marché car ils disposaient d'une main-d'œuvre nombreuse composée d'askaris et de travailleurs forcés.

Un messager de Kigali annonce que plusieurs porteurs wahaia ont été battus à mort par des Wanyaruanda au passage de la Migera. Peut-être est-ce là la cause du retard de notre courrier. Ce qui est étonnant, c'est le fait que cet incident corresponde aux émeutes en Urundi. Kandt va être obligé de prendre en fin de compte des mesures plus sévères s'il veut être maître de la situation.

Même les officiers d'ici sont d'avis, pour en avoir fait la longue expérience, que le <u>Mtussi est lâche</u> et menteur. Ils ne font pas partie le moins du monde d'une « race de seigneurs » comme le dit le grand duc Adolf Friedrich qui s'est laissé duper par leurs grands airs; bien sûr, c'est vrai par rapport à leurs esclaves, les Wahutu (…)

Mercredi 23 août

5 h 00, réveil général et levée du camp. A 7 h 00, la <u>caravane est enfin prête à se mettre en marche</u> et mes trois bateaux sont chargés. Le lac est assez calme. 7 h 20, <u>départ</u> après des adieux chaleureux du capitaine Kraut et du lieutenant Stemmermann. (…)

und Felle auch Vegetabilien von den Wahutu und Watussi ein. Viele verdienen sich den Unterhalt durch Hüten von Watussirindern. Sie leben in tödlicher Stammesfehde mit den benachbarten Wahutu.

Es ist immer noch keine Post da, aber die <u>Belgier</u> haben von <u>Entebbe Europapost</u> bekommen, so dass wir wohl in 2–3 Tagen ebenfalls Briefe erhalten werden. Da es Boy Omari viel besser geht, will ich übermorgen abreisen, um am 24. abends in Lubengera zu sein, wo am 25. Tiller und Houy eintreffen wollen. Am Nachmittag beim Baden entdecke ich den ersten Sandfloh an meinem Oberschenkel und entferne ihn mit der Nadel.

Abends leichter Erdstoss am Strand. Dann starke Chinindose, da Übelbefinden. Nachts sehr schwül und tüchtige Schwitzkur. Früh viel besser.

Dienstag, 22. August

Man merkt es vorteilhaft, dass <u>Kissenji kein Bezirksamt</u> hat, sondern »nur« Militärstation ist. Es resortiert von der Verwaltung in Kigali und hat gar keine Verwaltungsarbeiten; es ist auch niemand dafür da. Dadurch ist ein strammer militärischer Zug im Ganzen, der auch der äussern Erscheinung des Ortes sehr zu gute kommt. Alles was gemacht ist, hat das Militär gemacht und Alles sehr billig, weil viel Arbeitskräfte der Asikaris und Zwangsarbeiter da waren.

Aus Kigali meldet Bote, dass an der Migerafähre mehrere Wahaiaträger von Wanyaruanda totgeschlagen worden seien. Vielleicht ist das der Grund der Verzögerung unserer Post. Sonderbar ist es, dass dieser Vorfall gleichzeitig mit den Urundi-Unruhen ist. Kandt wird sich endlich zu etwas schärferem Zufassen entschliessen müssen.

Auch die hiesigen Offiziere sind der aus langer Erfahrung gewonnenen Ansicht, dass der <u>Mtussi feige</u> und verlogen ist. Eine »Herrenrasse«, wie sie Herzog Adolf Friedrich, getäuscht durch ihre äusserlich grossspuriges Auftreten, nennt, ist sie nicht im mindesten; freilich den sklavischen Wahutu gegenüber stimmt es …

Mittwoch, 23. August

5.00 Uhr allgemeines Wecken und Lastenpacken. 7.00 Uhr ist endlich die <u>Karawane in Bewegung gesetzt</u> und meine drei Boote gepackt. Der See ist ziemlich ruhig. 7.20 Uhr <u>Abfahrt</u> nach herzlichem Abschied von Hauptmann Kraut und Oberleutnant Stemmermann.…

Ce sont les rameurs-pilotes qui sont assis à l'arrière du bateau qui font le travail le plus fatigant. Pour gouverner le bateau, il leur faut en effet plonger énergiquement leur rame dans l'eau plusieurs fois à gauche, puis plusieurs fois à droite. Les 8 à 10 rameurs installés deux par deux changent de côté toutes les demi-heures afin de ne pas trop fatiguer d'un seul côté. Ramer sans interruption pendant des heures entières constitue cependant un dur labeur. Pas de chant accompagnant le battement des rames dans l'eau, mais simplement un bref cri pour encourager les rameurs et marquer le rythme. (…)

Pour se reposer de temps à autre, les rameurs ne donnent un coup de rame puissant qu'une fois sur deux jusqu'à ce qu'on les presse à nouveau. A 9 h 15, le soleil se montre et le lac commence à onduler légèrement sous l'effet de la brise du jour qui se lève. En face de l'île Ndumba, les versants des rives se font plus boisés. Quel dommage que toute cette terre magnifique et qui rappelle l'Europe appartienne aux Watussi! Il ne sera possible de réaliser des progrès que lorsque les Wahutu seront libérés de l'esclavage des Watussi et qu'ils pourront ainsi récolter pour eux-mêmes; les cultures témoignent en effet de leur travail assidu. Il est certain qu'un gouvernement allemand devra alors tenir les rênes serrées, car ils ont une nature d'esclave qui ne travaillent bien et ne se sentent bien que lorsqu'ils sont pris en main. Rien ne changera tant que le gouvernement n'aura pas le pouvoir et la volonté d'établir une direction forte – notamment en augmentant les effectifs des Forces du protectorat. (…)

10 h 30 Cap avec des petites îles autour. A partir d'ici, les versants des montagnes deviennent bien plus verts; ils ont été brûlés depuis plus longtemps que plus au nord; c'est très joli. Les rameurs sifflent en mesure comme des machines à vapeur et frappent à chaque coup de rame avec le manche de leur rame contre le bord du bateau, qui commence à se fissurer. De l'eau pénètre en permanence dans le bateau par des fentes qui n'ont pas été correctement réparées et il faut écoper. Pour le moment, je me sens encore très bien dans ma pirogue profonde de 1 m et longue de 10 m, sur laquelle est installée un abri en bambou qui me protège du soleil et sous lequel est attaché mon siège. (…) *(Hans Meyer se rend ensuite sur l'île Mugarura.)*

Jeudi 24 août

(…)

Die meiste Arbeit beim Rudern haben die hinten sitzenden Bootsführer, die mit ihrem Ruder ein paar Mal links, ein paar Mal rechts im hohen Schwung eintauchen, um das Boot zu steuern. Die zu 2 und 2 sitzenden 8–10 Ruderer im wechseln von ½ Stunde zu ½ Stunde ihre Sitze, um nicht einseitig zu ermüden. Das stundenlange ununterbrochene Paddeln ist aber eine tüchtige Arbeit. Rudergesänge gibt es nicht, nur anfeuerndes kurzen Taktgeschrei.…

Zum zeitweiligen Ausruhen machen die Ruderer nur den einen Ruderschlag kräftig, den nächsten ganz schwach und so fort, bis sie neu angetrieben werden. 9.15 Uhr kommt die Sonne heraus und der See beginnt sich infolge beginnender Tagesbrise leicht zu kräuseln. Gegenüber der Ndumba-Insel werden die Küstenhänge waldiger. Es ist ein Jammer, dass dieses ganze herrliche europäisch anmutende Land den Watussi gehört. Ein Fortschritt wird erst möglich sein, wenn die Wahutu aus der Sklaverei der Watussi befreit werden, so dass sie für sich selbst etwas erwerben können; ihren grossen Fleiss sieht man im Feldbau. Freilich wird dann eine deutsche Regierung stramme Zügel führen müssen, denn sie sind Sklavennaturen, die nur in fester Hand gut tun und sich wohl fühlen. Solange die Regierung nicht die Macht und den Willen zu starker Führung hat – Schutztruppe vermehren! – wirds nicht anders.…

10.30 Uhr wieder Kap mit kleinen Vorinselchen. Von hier an die Berghänge viel grüner, schon länger abgebrannt als weiter nördlich; sehr hübsch. Die Kerle zischen taktmässig wie Dampfmaschinen und schlagen bei jedem Ruderschlag mit dem Ruderstiel gegen den Bordrand, dass schon dadurch Risse entstehen müssen. Aus vielen schlecht verstopften Rissen dringt permanent Wasser ins Boot und muss ausgeschöpft werden. Noch fühle ich mich in meinem 1 m tiefen, 10 m langen Einbaum, auf dem mit Bambus eine Sonnenzelt über meinen Liegestuhl befestigt ist, sehr wohl.… *(Hans Meyer besuchte dann die Insel Mugarura.)*

Donnerstag, 24. August

…

Vendredi 25 août

Réveil à 5 h 00. Départ à 6 h 00, il est merveilleux de glisser dans la fraîcheur matinale sur le lac tranquille le long de l'île couverte de forêts. Quelle propriété idéale pour un Allemand riche et las de l'Europe ! Derrière la haute crête des monts rwandais, levée de soleil magnifique au-dessus de sombres nuages orageux; brouillard dans les vallées. Une bonne brise du sud se lève au bout d'un moment et les éclaboussures passent par dessus le rebord peu élevé du bateau. Un membre de l'équipage écope en permanence. Nous pilotons entre la terre ferme et les îles Karingaringa, Nianamo, Tembavagoye, etc.; plein de monticules herbeux, en partie en granit. Le Msinga exilait dans le temps à Tembavagoye les criminels et les y laissait mourir de faim.

Il fait frais (16 °C) du fait de la brise si bien que je m'enveloppe en frissonnant dans mon manteau. Sur les versants recouverts d'herbe brune transparaît partout l'herbe verte toute jeune qui remonte à la dernière pluie, un très joli paysage; partout, les feux du matin fument dans les champs de bananiers. Sur l'avancée du cap Msingano, je mets pied à terre avec bien du mal pour prélever des pierres; il s'agit de micaschiste. Ensuite, nous traversons à partir de 7 h 30 sur le lac tranquille la baie de Mhonde qui a presque un caractère alpin avec ses bras étroits, ses versants abrupts recouverts d'herbe et ses hautes montagnes (jusqu'à plus de 2000 m).

C'est un vrai plaisir de voir l'élégance et la souplesse avec laquelle le rameur-pilote du deuxième bateau – un jeune de 20 ans au teint clair qui porte parfaitement ses bracelets de cuivre aux avant-bras, ses colliers roses et sa coiffure mtussi (2 tresses de travers sur la tête) – manie sa rame.

(…) Enfin, nous arrivons à un joli débarcadère à côté de hauts arbres à 11 h 25. Schiste argileux de couleur claire; en plein soleil de midi, nous montons la pente raide qui mène à la mission de Lubengera. Sur la crête de la première colline, nous avons une vue magnifique sur le lac. Au loin, on aperçoit 4 bateaux, sans doute ceux de Tiller et Houy. De l'autre côté, beau panorama sur l'intérieur du pays montagneux et, sur une grosse colline, les toits en tuiles rouges de la mission. Partout, des cours et des plantations de bananes. (…) Arrivée à 1 h 00 à Lubengera. Les diacres Herbst et Antmann viennent nous accueillir. Le premier est un gentil ébéniste cultivé qui fait des meubles impeccables avec le beau bois de la forêt de Rugege (podocarpus, hagenia, juniperus).

Deux nouvelles maisons, dont l'une semblable à une petite église espagnole pour le pasteur Roehl et sa femme *(NB: Karl Roehl, 1870–1951, de la mission de Bethel)*. Tout le travail de menuiserie a été exécuté parfaitement par M. Herbst et ses apprentis.

Roehl rentre le soir d'Idschwi. C'est une gentille personne, gaie et pleine de vie, un homme avec une barbe blonde bien fournie et des lunettes dorées. Sa fameuse

Freitag, 25. August

5.00 Uhr Wecken; ... Abfahrt 6.00 Uhr, wundervoll in der Morgenkühle auf ruhigem See an der waldigen Insel entlang. Das wäre ein Privatbesitz für einen reichen europamüden Deutschen! Hinter den <u>hohen Rücken der Ruandaberge</u> effektvoller Sonnenaufgang über dunklen Gewitterwolken; Nebel in den Tälern. Bald kommt eine gute <u>Brise</u> uns aus <u>Süd</u> entgegen und die Spritzer gehen über das niedrige Bord. Ein Mann schöpft permanent Wasser. Wir steuern zwischen Festland und den Inseln Karingaringa, Nianamo, Tembavagoye etc. hindurch; lauter grasigen runden Kuppen, wohl auch <u>Granit</u>. Auf Tembavagoye liess Msinga früher Verbrecher aussetzen, die dort verhungerten.

Es ist mit 16° zu kühl in der Brise, dass ich mich fröstelnd in meinen Mantel hülle. Auf den braunen Grasbergen schimmert es überall vom <u>jungen Grün der letzten Regen</u>, was sich sehr anmutig macht; überall rauchen die Morgenfeuer aus den Bananenhainen. An vorspringendem Kap Msingano lande ich mit Mühe, um Steine zu schlagen; es ist Glimmerschiefer. Dann wird von ½ 8.00 Uhr an bei ruhiger See die Mhondebucht gekreuzt, die mit engen Armen, steilen Grashängen und hohen Bergen (bis über 2000 m) fast alpinen Charakter hat.

Es ist ein Vergnügen, dem <u>Rudersteuermann</u> des zweiten Bootes zuzusehen, mit welcher Eleganz und Körpergeschmeidigkeit er das Ruder führt, ein heller brauner 20jähriger hübscher Bursche, dem seine kupfernden Armbandringe, rosarote Halsketten und Mtussifrisur (2 Raupen schief über den Kopf) famos stehen.
 ... Endlich hübscher Landungsplatz neben hohen Bäumen, an 11.25 Uhr. Anstehend heller Tonschiefer, steil auf in Mittagshitze zur Mission Lubengera. Auf erstem Hügelrücken Prachtaussicht auf den See. In der Ferne 4 Boote, gewiss Tiller und Houy. Nach andrer Seite weiter Ausblick ins bergige Binnenland, wo auf breitem Hügel <u>rote Ziegeldächer der Mission</u>. Allerwärts Gehöfte und Bananenschamben. ... 1.00 Uhr Lubengera, Begrüssung durch die Diakone Herbst und Antmann. Ersterer ein netter gebildeter Kunsttischler, der aus dem guten Holz des Rugegewaldes (Podocarpus, Hagenia, Juniperus) tadellose Möbel macht.

Zwei neue Wohnhäuser, davon eins, dass wie spanische kleine Kirche aussieht, für Pastor Roehl und Frau *(Anm.: Dr. Karl Roehl, 1870–1951, von der Betheler Mission)*. Alle Zimmerarbeit tadellos von Herrn Herbst und Zöglingen.

Roehl kommt am Abend von Idschwi zurück. Liebenswürdiger heiterer lebhafter Diakon. Mann mit blondem Struppbart und goldner Brille. Seine berühmte drei

conduite d'eau de trois kilomètres ne fonctionne pas car les hauts barrages ne sont plus étanches. Au repas, on nous sert des fraises merveilleuses et de la compote de passiflores, mais rien à boire, même pas de l'eau. C'est la règle à la mission. Roehl a ramené d'Idschwi le missionnaire Hartmann qui souffre de la fièvre. La mission d'Idschwi est située près d'un grand marais, c'est pourquoi le paludisme y est très répandu. Roehl aimerait bien céder la mission à une autre communauté évangélique car les difficultés seront grandes après la remise d'Idschwi aux Belges. Ceux-ci veulent en effet établir un poste de douane fixe avec une compagnie de soldats à la pointe N.-E. de l'île en face de l'île allemande de Wau toute proche. Un droit de douane sera désormais prélevé sur le bois de chauffage et le calcaire.

Roehl a, lui aussi, également largement fait l'expérience de la torverie et de la lâcheté des Watussi. Le Msinga ne prend pas cela mal quand on lui dit qu'il ment. Le mensonge le plus commun chez les Watussi est qu'ils ne mangent pas, mais qu'ils se contentent de boire de la pombe (bière) et de fumer du tabac. Ils prétendent être à ce point détachés de tout ce qui est matériel qu'ils n'ont pas besoin de se nourrir.

Les soi-disant «bœufs sacrés» du Msinga ne sont rien d'autre que des troupeaux de luxe de bœufs à cornes particulièrement grandes que l'on sélectionne en fonction de ce critère. Il existe un troupeau blanc, un brun et un mitigé.

Le manque d'unité et la rivalité entre les grands watuale (chefs) sont si grands que Roehl estime toute révolte commune impossible. Lui aussi considère une déclaration d'indépendance de plusieurs grands du côté des Forces du protectorat allemand comme la meilleure politique à suivre. C'est ce qui s'est produit en Urundi.

Roehl éprouve un grand respect pour l'islam transmis par les commerçants indiens. C'est pourquoi il ne veut pas de duka (magasin) indienne dans le district de la mission et c'est aussi principalement la raison pour laquelle il a déjà créé sa propre duka, de même qu'il veut voir se créer une société commerciale qui aura pour but de faire de la propagande chrétienne par l'intermédiaire de commerçants ambulants indigènes chrétiens. A son avis, les Watussi n'adopteront jamais la croyance musulmane car ils n'accepteront jamais de se faire circoncire. Roehl considère que la seule façon de relever le niveau culturel des Wahutu est de les libérer du joug des Watussi.

Le Msinga a l'intention de se construire une nouvelle résidence. La proximité de Kigali ne lui convient plus, pas plus que les fréquentes visites d'Européens. En vertu de l'ancienne loi, il n'a cependant pas le droit d'aller de l'autre côté du Njawarongo. Il veut donc avoir deux résidences pour pouvoir se faire porter pâle quand des Européens arrivent.

La mission a obtenu du gouvernement un bail de cinq ans sur une partie de la forêt de Rugege pour s'y procurer du bois de construction. Mais le gouvernement ne voulait pas prendre d'engagement plus long. La mission a également fait cou-

kilometerlange Wasserleitung läuft nicht, da die hohen Dämme leck geworden sind. Beim Essen gibts wundervolle Erdbeeren und Passiflorenkompot, aber gar nichts zu trinken, nicht einmal Wasser. Das ist Grundsatz der Station. Roehl hat den am Fieber erkrankten Missionar Hartmann von Idschwi mitgebracht. Die Station auf Idschwi liegt dicht an grossem Sumpf, so dass Malaria verbreitet ist. Roehl möchte gern die Station an eine andere evangelische Gesellschaft abgeben, da nach der Übergabe Idschwis an die Belgier die Schwierigkeiten gross werden. Die Belgier wollen eine befestigte Zollstation mit einer Kompanie Soldaten auf NO Ecke der Insel setzen, gegenüber der nahen deutschen Insel Wau. Bauholz und Kalk werden künftig mit Zoll belegt werden....

Von der Verlogenheit und Feigheit der Watussi hat auch Roehl viele Proben. Msinga nimmt es gar nicht übel, wenn man ihm sagt: Du lügst. Die beliebteste Lüge ist die Versicherung aller Watussi, dass sie gar nichts essen, sondern nur Pombe trinken und Tabak rauchen. Denn der Mtussi ist so erhaben über allem Materiellen, dass er nichts zu essen braucht.

Die sogenannten »Heiligen Rinder« des Msinga sind nichts anderes als einige Luxusherden besonders grosshörniger Rinder, die weiter auf grosse Hörner hin gezüchtet werden. Es gibt eine weisse Herde, eine braune, eine scheckige.

Die Uneinigkeit und Rivalität der grossen Watualen ist so gross, dass Roehl niemals an einen gemeinsamen Aufstand glaubt. Auch er hält eine Unabhängigkeitserklärung mehrerer Grosser seitens der deutschen Schutztruppe für die beste Politik. So ist es jetzt auch in Urundi geschehen.

Von dem Islam, den die indischen Händler verbreiten, hat Roehl grossen Respekt. Er will deshalb keine indische Duka im Missionsbezirk und hauptsächlich darum hat er bereits eine eigne Duka eingerichtet, und will er die Handelsgesellschaft gegründet sehen, die durch umherziehende eingeborene christliche Händler christliche Propaganda machen soll. Die Watussi aber würden nie Mohamedaner werden, weil sie sich nicht beschneiden lassen werden. Befreiung der Wahutu vom Joch der Watussi hält er für die einzige Möglichkeit ihrer kulturellen Hebung.

Msinga hat die Absicht, sich eine neue Residenz zu bauen. Die Nähe von Kigali passt ihm nicht mehr und der viele Europäerbesuch auch nicht. Er darf aber nach altem Gesetz nicht über den Njawarongo hinaus. Er will zwei Residenzen haben, um sich bei Europäerbesuchen verleugnen lassen zu können.

Die Mission hat vom Gouvernement ein Stück des Rugegewaldes auf fünf Jahre in Pacht bekommen, um Bauholz zu schlagen. Auf länger wollte es das Gouvernement nicht tun. Auch Stämme für Einbäume hat die Mission im Rugegewald ge-

per des troncs pour fabriquer des pirogues qu'elle a fait construire par des gens d'Idschwi. Il y a six ans, la forêt couvrait encore toute la ligne de partage des eaux, alors qu'elle a reculé de plusieurs heures aujourd'hui.

J'achète à quelques habitants d'Idschwi qui sont justement à Lubengera des colliers avec les daua (talismans) et d'autres bricoles. Ils prennent de l'argent en paiement qu'ils s'empressent d'échanger contre des perles et des bagues en fil de cuivre dans la duka de la mission. Mes rameurs de Kissenji reçoivent également de l'argent, 15 hellers par jour, plus de l'argent pour la nourriture (poscho). Partout où il y a des duka dans les environs, le trafic de l'argent est déjà solidement ancré au Rwanda. (…)

Samedi 26 août

Nuit fraîche et agréable. Enfin, je dors vraiment bien. De la pluie sur le matin. Nous restons jusqu'à midi. (…)

Dimanche 27 août

(…) A partir de 6 h 10, temps brouillé, mais pas de vent.

8 h 10, arrivée à la ligne de partage des eaux (…) vue magnifique au loin en direction de l'est sur les collines du Nyavarongo. (…) Nous nous rendons sur la colline opposée appelée <u>Muruganda</u>, où quelques fundi sont occupés à faire <u>fondre du fer</u>. Ils vont chercher le <u>fer brut</u> à deux heures de là sur le mont Mutare dans la mine où les fosses sont d'une profondeur d'environ trois hommes. Il s'agit d'un minerai lourd et rougeâtre qui est cassé en blocs de 5 à 6 cm. Ensuite, on construit à une profondeur d'environ 1,5 m dans une grande fosse ronde un <u>haut fourneau en argile</u> rond. Celui-ci fait à peu près 1,30 m de diamètre et on y empile des couches de charbon de bois et de fer. En dessous se trouvent 10 tuyaux en terre cuite dans lesquels débouchent les soufflets traditionnels doubles. Au centre, un tas d'herbes brûle lentement. En l'espace d'une demi-heure, les dix soufflets chauffent à blanc le charbon grâce à l'herbe entassée. Des ouvertures des tuyaux sortent des flammes pointues. Le fer fond et se dépose au fond du haut fourneau. En haut, le charbon s'affaisse en forme de cratère et on en remet. Non loin de là, il se trouve une <u>forge</u> (voir Bugenoye sur le Karisimbi) où a lieu la transformation en pioches et en lances. (…)

12 h 30 arrivée sur la crête du Mukitega d'où l'on aperçoit des huttes et des schamben. Un bien joli endroit pour camper. (…) Un vieux mtuale magnifique qui mesure plus de 2 m vient nous accueillir. La caravane de ravitaillement composée de 120 porteurs fait tout d'abord une ronde d'honneur autour du camp. Le soir,

schlagen und durch Idschwileute zu Booten verarbeiten lassen. Der Wald bedeckte noch vor sechs Jahren die ganze Wasserscheide, jetzt ist er am Wegübergang stundenweit zurückgewichen.

Einigen Idschwileuten, die gerade auf Lubengera anwesend sind, kaufe ich Halsketten mit Daua und anderen Dingen ab. Sie nehmen Geld, das sie in der Missionsduka gleich in Perlen und Kupferdrahtringe umsetzen. Auch meine Bootsleute aus Kissenji nehmen Geld; sie bekommen 15 Heller pro Tag und Poscho. Überall wo Dukas in der Nähe sind, ist in Ruanda der Geldverkehr bereits fest eingeführt....

Sonnabend, 26. August

Angenehme kühle Nacht und endlich einmal wirklich guter Schlaf. Früh Regen. Wir bleiben bis Mittag. ...

Sonntag, 27. August

... Ab 6.10 Uhr, trüb, aber windstill.
8.10 Uhr Wasserscheide, ... Weiter Ausblick nach Ost in die ferne Njavarongohügellandschaft. ... Ab zum gegenüberliegenden Hügel Muruganda, wo einige Fundi beim Eisenschmelzen beschäftigt sind. Das Roheisen holen sie 2 Stunden weit am Mutareberg im Tagebau, Gruben ca. 3 Mann tief. Es ist ein rötliches schweres Erz, dass in 5–6 cm grosse Blocken zerschlagen wird. Dann wird in ca. 1 ½ m tiefer runder Grube ein runder Hochofen aus Lehm gebaut. 1 1/3 m Durchmesser, worin schichtenweise Holzkohle und Eisen. Unten münden 10 Tonrohre ein, in welcher die übliche Doppelblasebälge einmünden. In der Mitte ein schwelendes Grasbündel. In ½ Stunde bringen die 10 Blasebälge die Kohle durch das Grasbündel zur Weissglut. Aus den Röhrenöffnungen schlagen die Stichflammen heraus. Das Eisen schmilzt aus und setzt sich auf den Boden des Hochofens. Oben sackt die Kohle kraterförmig nach und wird nachgefüllt. In der Nähe ist eine Schmiede (siehe Bugenoie am Karissimbi), wo die weitere Verarbeitung zu Feldhacken und Speeren stattfindet....

12.30 Uhr an auf Rücken Mukitega, wo Hütten und Schamben. Sehr hübsches Lager, ... Prachtvoller alter über 2 m hoher Mtuale. Chakulakarawane 120 Mann marschiert erst in Parade ums Lager herum. Abends kühl und herrliche Sternnacht. Über Wasserscheide stundenlang Wetterleuchten.

somptueuse et fraîche nuit étoilée avec des éclairs de chaleur pendant des heures au-dessus de la ligne de partage des eaux.

Lundi 28 août

(…) Départ à 6h15 (…) le chemin est mauvais, piétiné par le bétail, sans arrêt des montées et des descentes étant donné que nous croisons de nombreuses vallées orientées S.-N. Les fermes sont entourées partout de clôtures propres faites de tiges de sorgho. Elles semblent être refaites après chaque récolte et être utilisées plus tard comme bois de chauffage. Les champs en terrasses sont peu nombreux dans cette région, mais il y a beaucoup de carrés de viasi dans les sols drainés de la vallée. (…) 8h30, nous atteignons la mission de Kirinda située sur une colline avancée qui est dirigée par M. Röseler et sa femme et dont j'ai déjà fait la connaissance à Mugaruga. (…) Merveilleux emplacement qui domine la <u>Nyavarongo</u> dont les méandres sont visibles en bas. Une petite école, un long bâtiment pour l'économat, une jolie petite maison neuve avec une véranda du côté de la Nyavarongo. Petit jardin avec des roses, des œillets, du réséda, des héliotropes. Les élèves noirs font la parade, le premier boy nous donne du chou-fleur, de belles fraises et des œufs. Tout est très propre, plantation d'une petite forêt de blackweable, du café entre les bananiers, etc. Tous les bâtiments sont peints en blanc avec des toits en tuile rouge. C'est la <u>plus jolie mission</u> que j'ai jamais vue en Afrique orientale.

À 8h45, nous redescendons vers la <u>Nyavarongo</u>. Nous arrivons à l'embarcadère à 9h25. (…) La rivière fait 20m de large, avec des bancs de sable. Un mètre de profondeur, l'eau n'arrive même pas jusqu'au ventre des porteurs. Largeur moyenne entre 10 et 15m. L'eau est trouble et brune, elle coule vite, environ 2m en 7 secondes. (…) La population semble chercher à se tenir loin du Msinga pour ne pas se faire trop exploiter. (…)

Mardi 29 août

Départ à 6h15. Dans les larges vallées marécageuses, il y a de nouveau beaucoup de grues couronnées, d'oies du Nil et d'ibis. Tout ce petit monde se met à piailler dès l'aube. (…)

Un messager arrive avec une lettre de Kandt, dans laquelle il ne touche pas un mot ni du retard de la poste ni des émeutes en Urundi. Typique !

10h50, nous traversons la vallée de papyrus plate et large de 300m dans laquelle coule le ruisseau Mulama (…) Des collines tout à fait plates et des versants plats. De l'autre côté du marais, nous accueillent trois beaux garçons en habit de cérémonie qui nous sont envoyés par le Msinga. Ils mesurent tous 1,90m.

Au bout d'un quart d'heure, trois Wahutu viennent à leur rencontre avec des «

Montag, 28. August

… Ab 6.15 Uhr … Weg schlecht, vom Vieh getreten und immer auf und ab, da viele süd-nördliche Täler gekreuzt werden. Die Gehöfte sind überall mit sauberen Staketen aus Sorghumstengeln umgeben. Sie scheinen nach jeder Ernte neu gemacht und später als Brennholz verbrannt zu werden. Terrassenfelder in diesem Gebiet sehr wenig, aber auf den drainierten Talböden sehr viel Viasibeete. … 8.30 Uhr auf vorspringendem Hügelrücken Missionsstation Kirinda, deren Vorsteher Röseler und Frau ich in Mugaruga gesehen habe. … Wundervolle Lage hoch über den Njavarongo, dessen Schlingen unten sich winden. Kleines Schulhaus, langes Wirtschaftshaus, neues hübsches Wohnhaus mit Veranda nach der Njavarongoaussicht. Kleiner Garten mit Rosen, Nelken, Reseda, Heliotrop. Die schwarzen Zöglinge treten in Parade an, der Oberboy gibt uns Blumenkohl, schöne Erdbeeren, Eier mit. Alles sehr sauber gehalten, Anpflanzung eines Blackweable-Wäldchens, Kaffee zwischen Bananen etc. Alle Gebäude frisch weiss mit roten Ziegeldächern. <u>Schönste Mission</u>, die in Ostafrika gesehen.

Ab 8.45 Uhr hinunter zum <u>Njavarongo</u>. An Fähre 9.25 Uhr. … Breite 20 m, Sandbänke. Tief 1 m, nicht bis an Bauch der Träger. Durchschnittsbreite 10–15 m. Braunes trübes Wasser, schnellfliessend 2 m in 7 Sekunden. … Die Bevölkerung hält sich offenbar möglichst aus der Nähe des Msinga fern, um nicht zu sehr geschröpft zu werden. …

Dienstag, 29. August

… Ab 6.15 Uhr. In den breiten Sumpftälern wieder viel Kronenkraniche, Nilgänse, Ibisse. Alle diese Gesellschaft beginnt mit Tagesgrauen ein grosses Geschrei. …
  Von Kandt kommt ein Bote mit einem Brief Kandts, in dem kein Wort von der Post und von den Unruhen in Urundi steht. Ganz Kandt!

10.50 Uhr durch das 300 m breite flache Papyrustal des Mulamabaches, … Ganz flache Hügel und Hügelhänge. Jenseits des Sumpfes Begrüssung durch 3 bildschön gewachsene Jünglinge im Festgewand, die Msinga geschickt hat. Jeder 1,90 m lang!

vêtements civils » et les jeunes gens se changent sur le bord du chemin tandis que nous passons à leur hauteur. Sur la colline suivante nous attend un grand mtuale avec sa suite. Il nous saluent brièvement. Personne ne parle le swahili. De nouveau plus de <u>grands arbres</u> dispersés sur les collines plates et davantage d'enclos. Chaque grand mtuale dispose ici d'un groupe d'enclos sur une colline. Encore plus loin, sur une colline plate, on aperçoit un enclos immense surmonté d'arbres sans branches qui ressemblent à une haie de palmiers. C'est <u>Msinga</u>. En amont du village, quelques huttes swahili appartenant à des commerçants et une maison avec des toits en tuiles rouges qui appartient aux Pères blancs. Un tas de petites fermes dispersées, mais aucun champ. Uniquement des maisons de watuale, etc.

Notre cortège se multiplie et atteint la centaine, il compte de beaux spécimens de plus de 2 m et de beaux visages aux traits racés. Notre caravane leur emboîte le pas résolument. On nous conduit sur la route principale qui mène tout droit à la cour du Msinga sur la colline suivante là où un « camp tout prêt » avec cinq grandes huttes et une barasa couverte de tapis de paille a été installé pour la visite passée du gouverneur. (…) Tandis que nous dressons les tentes, un battement sourd de tambour nous parvient de la résidence et une foule de plusieurs centaines d'hommes équipés de lances se dirige vers le camp, précédée de six tambours gigantesques portés par des Batua. Au fur et à mesure que la foule approche, on distingue un personnage immense, fantastiquement paré, et accompagné d'au moins cinquante jeunes garçons en habit de fête traditionnellement connu car photographié maintes fois. C'est le Msinga. En vitesse, nous installons quelques chaises devant la barasa. Je lui souhaite la bienvenue en swahili et il me répond dans la même langue qu'il maîtrise parfaitement. La vue du grand Roi du Rwanda est très surprenante. Il mesure plus de 2 m et il porte des vêtements qui lui flottent autour des cuisses et des jambes, mais qui sont très serrés à la taille. Autour des hanches, il porte une petite peau de bœuf séchée à rayures noires et blanches qui couvre à peine son pénis mais qui est prolongée par un nombre infini de longues franges de peau d'outre qui lui tombent pratiquement jusqu'aux chevilles. Autour des chevilles, il porte également un nombre incroyable de petits bracelets en fer fins et travaillés, qui donnent une impression lourde et peu élégante, mais qui sont en fait légers. Son corps de <u>couleur chocolat</u> est légèrement enduit de graisse, mais <u>non tatoué</u>. Aucun Mtussi n'est tatoué. Sur ses larges épaules repose une tête relativement petite avec des dents très en avant et des yeux un peu globuleux qui sont affligés d'un léger strabisme divergent. L'œil gauche cligne en permanence. Apparemment, le Roi voit fort mal, car les siens semblent le conduire sans en avoir l'air et il regarde de très près tout ce que nous lui montrons. Il est tout d'abord assez difficile de détailler son visage. En effet, il porte sur sa tête une coiffe de haute taille piquée de petites perles noires et blanches dont s'échappe une grosse tresse de cheveux crépus et dont le bord est orné d'une rangée de pendouilles en perles qui lui retombent sur le front, le nez et les oreilles. Il parle lentement, assez

Nach ¼ Stunde kommen ihnen drei Wahutu mit »Zivilkleidung« entgegen und die drei Jünglinge kleiden sich am Weg um, während wir vorbeipassieren. Auf dem nächsten Hügel ein grosser Mtuale mit Gefolge, die uns kurz begrüssen. Keiner spricht Suaheli. Nun mehr grosse Bäume auf den flachen Hügeln zerstreut und mehr Gehöfte. Jeder Grossmtuale hat hier seine Gruppe von Gehöften auf einem Hügel. Noch weiter auf langem Flachhügel riesiges Gehöft von astlosen Bäumen überragt wie von einem Palmenhain: Msinga. Davor ein paar Suahelihütten der Händler und ein Haus mit roten Ziegeldächern, dass den weissen Vätern gehört. Kleine Gehöfte in Menge zerstreut, aber keine Felder. Nur Wohnungen der Watualen etc.

Die Schar unserer Begleiter mehrt sich hundertfach, darunter Prachtsgestalten von über 2 m Höhe und schön geschnittenen Gesichtern. Unsere Karawane marschiert geschlossen dahinter her. Wir werden auf breiter Strasse, die vom Hof des Msinga schnurgerade auf den nächsten Hügel geht, dorthin geführt, wo vom Besuch des Gouverneurs her ein »vorbereitetes Lager« mit fünf grossen Hütten und einer mattenbelegten Barasa errichtet ist. ... Während wir die Zelte aufstellen, ertönt von der Residenz her dumpfer Trommelschlag und unter Vortritt von sechs Riesentrommeln, die von Batua getragen und geschlagen werden, wälzt sich ein mehrerer 100 Mann starker speertragender Menschenhaufen aufs Lager los. Beim Näherkommen erkennt man darin eine Riesengestalt, phantastisch aufgeputzt, begleitet von ½ Hundert Jünglingen im bekannten mehrfach photographierten Festgewand. Es ist der Msinga. Schnell stellen wir vor der Barasa ein paar Stühle zusammen. Ich begrüsse ihn in Suaheli und er antwortet im tadellosem Suaheli. Der Anblick des grossen Ruandakönigs ist sehr überraschend. Gestalt von etwas über 2 m Höhe, weiche Formen in Schenkeln und Beinen, sehr stark eingeschnürte Taille, um die Hüften ein sehr kurzes, kaum den Penis überdeckendes fein gegerbtes schwarz-weiss gestreiftes Rindsfell, von dem zahllose lange Fransen aus Otterfell bis nahe zu den Knöcheln fallen. Um die Knöchel ebenfalls zahllose ganz dünne gedrehte Eisenringe, scheinbar schwer und plump aber leicht. Der schokoladenbraune Körper ist leicht eingefettet, nicht tätowiert. Kein Mtussi tätowiert sich. Auf breiten Schultern sitzt ein ziemlich kleiner Kopf mit sehr stark vorspringenden Oberzähnen und mit etwas klotzigen Augen, die leicht auswärts schielen. Das linke Auge zwinkert stark. Offenbar sieht er sehr schlecht, denn er wird von den Seinen unmerklich geführt und hält alle Dinge, die wir ihm zeigen, ganz dicht vor das Gesicht. Vom Gesicht ist zunächst nicht viel zu sehen, denn auf dem Kopf sitzt eine hohe, mit kleinen schwarzen und weissen Perlen bestickte Mütze, über die ein langer Schopf von Colobushaaren hinausragt und von dessen Rand eine Reihe perlenbesetzter Quasten herabhängen, die ihm über Stirn, Nase und Ohren fallen. Er spricht langsam, ziemlich leise und mit ziemlich hohem Ton, aber klug und oft witzig. Auch etwas Deutsch radebrecht er: »Wie heisst Du?« »Ist das

bas et d'une voix relativement haut perchée, mais il paraît intelligent et il est souvent drôle. Il baragouine aussi un peu d'allemand. « Wie heisst Du°? », nous demande-t-il. « Ist das wahr°? » « Danke schön », « Leb wohl, auf Wiedersehen », etc. Son premier compagnon est un jeune Swahili qui a été éduqué à l'école du district de Tanga et que Kandt lui a envoyé. Il lui explique tout ce qu'il ne comprend pas en kinyarwanda. Durant la visite, un autre serviteur tient au-dessus de lui un vieux parapluie pour le protéger du soleil. Tout autour de nous se tiennent de vieux et de jeunes Watussi. Nous reconnaissons plusieurs visages caractéristiques qui nous sont connus des photos prises par le duc Adolf Friedrich. Aucun d'entre eux ne participe d'ailleurs à la conversation.

Une fois notre visiteur reparti en compagnie de sa meute et à grand renfort de battements de tambour, nous nous préparons « à l'européenne » à lui rendre sa visite. Entre-temps arrive, dirigée par un vieux mtuale immense avec un bouc gris, la colonne de provisions : un taureau, 30 chèvres, 100 chargements de bananes, des haricots, des batates, du bois de chauffage, du miel, des œufs, du lait, de la pombe (bière). Les wapagasi jubilent. Après qu'ils se sont eux aussi retirés dignement, nous présentons à notre tour nos cadeaux : différentes toiles de coton, des couvertures en laine de couleur, des perles, des savons parfumés, des daua contre les piqûres d'insectes, un couteau pliant, une pince universelle, une horloge, une grande boîte à musique. Accompagnés des askaris et des serviteurs en costume swahili tout propre ainsi que de trois surveillants pour les porteurs (niamparas), nous nous mettons en route. A la sortie du camp, nous croisons deux Pères blancs accompagnés de leur escorte qui viennent nous rendre visite. Il s'agit de l'évêque Hirth et d'un autre missionnaire qui viennent d'arriver et qui ont l'intention de poursuivre dès le lendemain matin leur chemin en direction de Kigali. Ils habitent dans la maison entourée d'un mur avec un toit en tuiles rouges que nous avons vue au passage en arrivant. Nous échangeons quelques paroles aimables et convenons de leur rendre visite dans la soirée. Ensuite, nous nous rendons chez le Msinga où nous attendent déjà, sur une place située devant la grande ferme, des centaines de Watussi affairés. Le Msinga et sa suite nous reçoivent dans l'entrée étroite du kraal qui est entouré d'une clôture de plus de 2 m de haut. Il a entre-temps retiré son magnifique vêtement d'apparat et a déjà bien plus belle allure dans son grand habit blanc recouvert d'une toge rouge et, dans sa main, une longue lance. Il porte sur le front un ruban de perles d'où partent deux ornements en forme de cornes recouverts de perles et contenant un daua *(NB : une sorte de médicament, de talisman)* qui dominent ses cheveux tressés en deux parties. Le kraal mesure environ 200 pas de diamètre et ne contient qu'une grande hutte sur le côté opposé à l'entrée. L'ensemble est une grande place recouverte de cailloux avec un ficus à long tronc à droite et à gauche de l'entrée. La hutte est placée sur une estrade ronde un peu surélevée. L'espace devant l'entrée est couvert de nattes et protégé par un baldaquin. C'est un endroit parfait pour recevoir. A l'intérieur de la hutte, il

wahr?« »Danke schön«, »Leb wohl, auf Wiedersehen« etc. Sein Hauptbegleiter ist ein junger Suaheli, der in Tanga auf der Bezirksschule vorgebildet ist und ihm von Kandt beigegeben ist. Er erklärt ihm alles, was er nicht versteht, in Kiruanda. Über ihn hält während des Besuches ein andrer einen alten <u>Regenschirm zum Sonnenschutz</u>. Rundherum stehen viele alte und junge Watussi, von denen mir mehrere Charakterköpfe von Photos des Herzogs Adolf Friedrich bekannt sind. Keiner beteiligt sich an der Unterhaltung.

Nachdem er wieder mit grossem Getümmel und Trommelschlag heimgekehrt ist, machen wir uns zum Gegenbesuch »europafein«. Inzwischen kommt unter Führung eines riesigen alten Mtualen mit grauem Ziegenbart die <u>Proviantkolonne</u>: Ein Stier, 30 Ziegen, 100 Lasten von Bananen, Bohnen, Bakaten, Brennholz, Honig, Eier, Milch, Pombe. Die Wapagasi frohlocken. Als auch sie würdevoll abgezogen, packen wir unsere Geschenke auf: Verschiedene Kattunstoffe, bunte Wolldecken, Perlen, parfümierte Seife, Daua gegen Insektenstiche, ein Knickfänger, eine Universalzange, eine Standuhr, eine grosse Spieldose. Begleitet von den Asikaris und den Boys in frischer Suahelitracht sowie den drei Niamparos ziehen wir los. Da kommen uns vor dem Lager zwei <u>weisse Patres</u> mit Begleitung entgegen, die uns besuchen wollen: <u>Bischof Hirth</u> und ein anderer Missionar, die eben angekommen sind und morgen früh nach Kigali weiterreisen wollen. Sie wohnen in dem ummauerten Haus mit rotem Ziegeldach, dass wir beim Hermarsch sahen. Es werden einige höfliche Worte gewechselt und unser Gegenbesuch gegen Abend zugesagt. Nun hinan zum Msinga, wo auf dem freien Platz vor dem <u>grossen Gehöft</u> bereits Hunderte von wimmelnden Watussi unsrer harren. Am engen Eingang des durch einen über 2 m hohen Zaun umhegten Kraales empfängt uns Msinga mit grossem Gefolge. Er hat seine phantastische Festkleidung abgelegt und sieht nun im weissen Untergewand und roter Toga mit langem Speer viel besser aus. Um die Stirn ein Perlenband von dem aus zwei hörnerartige perlenbestickte dauaenthaltende Schmuckstücke über das in zwei Raupen geschorne Haar emporragen *(Anm.: Daua bedeutet etwa: Arznei, Talisman)*. Der Kraal hat ca. 200 Schritt Durchmesser und enthält nur eine grosse Hütte auf der dem Eingang gegenüber liegenden Hinterseite. Das ganze ist ein grosser Kiesplatz mit je einem umzäunten langstämmigen Ficus rechts und links vom Zauneingang. Die Hütte steht auf einer etwas erhöhten runden Estrade, die vor dem offenen, mit Vordach versehenen Hütteneingang mit Matten belegt ist und einen schönen Sitzplatz für Empfänge gibt. Im Inneren hat die Hütte nur einen Raum, der aber durch geflochtne hohe Windschirme nochmals abgeteilt ist. Auf dem Fussboden Matten, ringsum zwischen den Tragpfosten fein geflochtne verschieden gemusterte schildartige Wand-

n'y a qu'une seule pièce, divisée par de hauts paravents tressés. Des nattes sont disposées par terre et, entre les piliers, s'étendent de fines tentures tressées représentant différents motifs et pareilles à des boucliers. Plusieurs piliers en bois qui supportent le toit gênent un peu la liberté de mouvement à l'intérieur, mais l'aménagement est bien confortable. La lumière ne pénètre que par la porte et c'est par là aussi que s'échappe la fumée du feu allumé pour la nuit qui a recouvert le plafond voûté de la hutte d'une couche de suie noire brillante comme du vernis. La hutte sert uniquement de salle de réception et de cérémonie. Le roi couche avec ses femmes et ses enfants dans d'autres grands kraals tout proches du kraal principal.

Après que nos forces aient pris position, nous nous installons en compagnie du Msinga sur l'estrade et prenons place sur quelques chaises européennes travaillées différemment qui ont été apportées à la hâte, tandis que toutes les personnalités de la cour s'accroupissent en rangs serrés en demi-cercle autour de nous. Les boys apportent alors les <u>cadeaux</u> et l'un après l'autre est déballé avec des gestes importants et remis gravement au Msinga. Celui-ci accepte avec un digne mouvement de tête les étoffes et les perles, mais le couteau pliant, la pince universelle et d'autres objets utiles semblent davantage éveiller son intérêt. Les approchant tout près de son œil droit, celui qui voit le mieux, il se fait expliquer leur maniement à plusieurs reprises. Il fait d'ailleurs des remarques tout à fait sensées sur leur fonctionnement. Mais c'est la boîte à musique qui remporte le plus grand succès ! Le Msinga admire tout d'abord le beau vernis et la fermeture puis pousse des petits cris ravis lorsque le disque se met à tourner et que retentissent la marche de Tannhäuser, le Beau Danube bleu, le Bon Camarade, etc. Manifestement, la technique l'intéresse bien davantage que la musique elle-même. La technique est d'ailleurs un domaine dans lequel il semble particulièrement doué. Toutes ses remarques sont reprises en écho par le chœur des personnalités qui l'entourent. Pour finir, il nous serre chaleureusement la main en nous disant « Asanti Sana », « Danke schön », tandis que ses serviteurs emballent tous ses cadeaux dans un grand collo et les transportent à l'intérieur de sa hutte. Pendant que nous discutons, il admire mes nouvelles chaussures basses en cuir, les boutons en corne de mon costume de flanelle, la badine de Tiller et la montre de gousset de Houy et nous fait comprendre qu'il aimerait également se les voir offrir. Comme nous refusons en riant, il nous demande de dire aux prochains Européens qui viendront qu'ils lui amènent un fusil pour tirer les oiseaux avec des cartouches, un grand coffret en fer pour y ranger des lettres et des bijoux, différentes sortes de grosses perles en verre qu'il nous nomme, une lampe électrique, etc. Je promets tout ce qu'il veut.

Sur un geste du roi débute un <u>magnifique spectacle</u>. Entre 50 et 60 jeunes garçons de 16 à 18 ans passent le portail, deux par deux, en courant en mesure. Ils sont tous vêtus du même <u>costume de danse</u>, le plus beau qu'il m'ait jamais été donné de

bekleidungen. Mehrere das Dach tragende Holzpfeiler im Innern behindern die freie Bewegung, aber das ganze ist doch wohnlich. Licht kommt nur durch die Türöffnung und dort zieht auch der Rauch des wärmenden Nachtfeuers ab, der innen das ganze Dachgewölbe mit schwarzen firnis-glänzendem Russ überzogen hat. Die Hütte ist nur Empfangs- und Festlokal. Schlafen tut er bei seinen Frauen und Kindern in den andren grossen, an den Hauptkraal anstossenden Kraalen.

Nachdem unsre Schutztruppe aufmarschiert, nehmen wir mit Msinga auf der Estrade, auf einigen schnell herbeigebrachten europäischen Stühlen verschiedener Facon Platz, und alle Grossen des Hofes hocken und stellen sich im Halbkreis dicht gedrängt um uns herum. Nun werden von den Boys die Geschenke herangebracht und eins nach dem andren mit gehöriger Wichtigkeit ausgepackt und dem Msinga überreicht. Die Stoffe und Perlen nimmt er mit gnädigem Kopfnicken hin, viel grössren Eindruck machen der Knickfänger, die Universalzange und andere nützliche Gebrauchsgegenstände, die er dicht vor sein besser sehendes rechtes Auge führt und sich ihre Handhabung wiederholt erklären lässt. Dabei macht er sehr verständige Bemerkungen über technische Mechanismen. Den Vogel schiesst die grosse Spieldose ab; zunächst bewundert er die feine Politur und den Verschluss, dann aber äussert er entzückte Ausrufe, als sich die Scheibe dreht und der Tannhäusermarsch, die blaue Donau, der gute Kamerad etc. erklingen. Sichtlich ist es viel weniger die Musik selbst, die ihm Spass macht, als die technische Einrichtung. Er hat ganz ausgesprochnen Sinn für technische Dinge. Alle seine Äusserungen werden vom Chor der umstehenden im Echo wiederholt. Zum Schluss spricht er ein von herzlichem Händeschütteln begleitetes »Asanti Sana«, »Danke schön« aus und alles in ein grosses Collo zusammenpacken und in seine Hütte tragen. In der folgenden Unterhaltung bewundert er meinen neuen ledernden Halbschuhe, die Hornknöpfe an meinem Flanellanzug, die Reitpeitsche Tillers, die Uhrkette Houys und möchte auch alles dies noch haben. Als wir lachend ablehnen, bittet er, nachkommenden Europäer zu sagen, dass sie ihm eine Vogelflinte mit Patronen, eine grosse eiserne Kasette für Briefe und Schmuckstücke, bestimmte Sorten grosser Glasperlen, eine elektrische Lampe etc. mitbringen sollten. Natürlich verspreche ich es.

Nun beginnt auf ein von ihm gegebenes Zeichen ein wunderschönes Schauspiel. Durch das Hoftor kommen im taktmässigen Laufschritt 50–60 Jünglinge von 16–18 Jahren, zu zwei und zwei, alle gleichartig im denkbar geschmackvollsten Tanz-

voir : une peau d'antilope blanche avec de longues franges nouée autour des hanches, de petits bracelets en forme de boule aux chevilles, autour du cou et tombant sur la poitrine, une petite corne de bœuf noire avec des cercles de fer brillant, sur la tête, une couronne de plumes de coq blanches ou de poils d'animaux blancs raides et, dans la main droite, une lance, dans la gauche, un arc et des flèches. Ils prennent place en deux colonnes devant la hutte des cérémonies et, dirigés par un vieux Mhutu vêtu du même costume qui, durant les pauses, entonne un chant de louange aigu, ils exécutent toute une série de sauts et de pas de danse qui, dans leur souplesse et leur virilité, dépassent de loin tout ce que j'ai jamais vu en matière de ballet masculin. Il est étonnant en particulier de voir la souplesse avec laquelle ces jeunes penchent le buste et rejettent avec une rapidité incroyable la tête en arrière. Le sol vibre au rythme cadencé de leurs pieds ornés de bracelets. Un jeune garçon particulièrement agile indique le début et la fin de chaque danse. Tout marche à merveille. Le fait que ces danses se passent sans accompagnement musical rend le spectacle encore plus impressionnant. J'ai du mal à comprendre qu'ils ne se blessent pas avec leurs lances. Les bracelets et ornements qui sont projetés par les brusques mouvements de tête ou battements de pied sont ramassés par le «°Maître de ballet» qui se faufile entre les rangs. Pour qualifier ce spectacle, il me paraît le plus approprié de parler d'un ballet masculin aux allures militaires.

Les jeunes danseurs repartent en faisant de grands sauts comme ils sont venus et passent le portail sans que les spectateurs ne fassent un geste pour les applaudir, car cela porterait atteinte à la dignité du Mtussi. Ils ont à peine disparu qu'un groupe aussi important de jeunes garçons bien plus jeunes, de 8 à 12 ans, arrive en sautant, vêtus des mêmes costumes. Ils exécutent avec une grande bravoure des mouvements analogues, mais moins fatigants; ces jeunes garçons élancés et souples sont fameux puisqu'il s'agit de la plus jeune compagnie du corps de cadets royal. Ils sont tous plus ou moins fils d'éminents Watussi qui sont éduqués à la cour et qui servent durant l'absence de leur père d'otage au Msinga. Je remarque plus d'un père qui jette un coup d'œil rempli de fierté à sa progéniture.

La nuit tombe peu à peu. Les cadets se retirent et, un peu plus tard, nous aussi. Le Msinga nous accompagne jusqu'à la place située devant le kraal. Nous reviendrons demain pour faire des photos. Sur le chemin du retour, nous rendons visite à l'évêque Hirth dans ses quartiers qui servent en même temps de <u>bâtiment scolaire</u> à un <u>enseignant noir</u>. Hirth est un homme de 63 ans encore très alerte (c'est un Lorrain qui parle un peu allemand). Même s'il est en Afrique depuis longtemps déjà, il entreprend encore maintenant de grandes expéditions à des fins d'inspection. Il vient de rentrer d'Issawi et il repart demain matin à 5 h 00.

Pour notre dîner, Msinga nous fait parvenir du lait et de la pombe. La nuit est tout d'abord très calme et fraîche, mais peu après une heure, lorsque le Msinga va se coucher, retentissent un roulement de <u>tambour</u> d'une demi-heure et des coups de timbale qui, bien que produisant une musique très intéressante du fait des

kostüm: Um den Unterleib ein weiss gegerbtes mit langen Fransen besetztes Antilopenfell, um die Knöchel kleine kugelförmige Schellen, vom Hals über die Brust hängend ein kleines schwarzes mit blanken Eisenstreifen besetzes Rindshorn, auf dem Kopf eine Krone aus weissen Hahnenfedern oder weissen steifen Tierhaaren und in der rechten Hand ein Speer, in der linken Bogen und Pfeil. So führen sie in zwei Kolonnen vor der Festhütte unter der Tanzleitung eines ältlichen ähnlich kostümierten Mhutu, der in den Pausen ein grellen Lobgesang erhebt, eine lange Reihe von Schritt- und Springtänzen aus, die an Beweglichkeit und kräftiger Anmut alles übertreffen, was ist je von Männertänzen gesehen. Namentlich das geschmeidige Biegen des Oberkörpers und blitzartige Zurückschnellen des Kopfes ist staunenswert. Der Boden dröhnt vom taktmässigen Aufklatschen der schellenbehangenen Füsse. Ein fixes Kerlchen unter ihnen gibt die Kommandos zum Beginn und Aufhören jedes einzelnes Tanzes und alles klappt tadellos. Das Ganze spielt sich ohne Musikbegleitung ab, was den Eindruck noch erhöht. Unbegreiflich, dass sie sich nicht mit den Speeren verletzen. Die von den heftigen Bewegungen fortgeschleuderten Fussschellen oder Kopfschmucke werden vom »Ballettmeister«, der sich zwischen den Reihen durchwindet, aufgelesen. Ein militärisch anmutendes männliches Ballett ist wohl die treffendste Charakterisierung des Spieles.

In langen Sprungschritten, wie sie gekommen, ziehen sie ab durch das Hoftor ohne ein Beifallszeichen der Zuschauer, denn das würde gegen die Würde eines Mtussi verstossen. Kaum sind sie draussen, so kommt eine ebenso grosse Schaar viel jüngerer, 8–12 jähriger Knaben im ähnlichen Kostüm hereingesprungen, die mit grösster Bravour ähnliche, aber weniger anstrengende Bewegung ausführen; famose schlanke gemeidige Kerlchen, die jüngste Kompanie des königlichen Kadettencorps. Es sind lauter Söhne hervorragender Watussi, die hier ihre Erziehung erhalten und bei Abwesenheit ihrer Väter dem Msinga als Geiseln für den abwesenden dienen. Mit Stolz sah ist manches väterliche Auge auf seinen gewandten Jüngsten blicken.

Allmählich war es aber dämmerig geworden. Die Kadetten zogen ab und kurz nachher wir selbst, wieder vom Msinga bis auf den Platz vor dem Kraal begleitet. Morgen wollten wir kommen und photografieren. Wir sprachen noch beim Bischof Hirth in seinem Unterkunftshaus vor, das zugleich als Schulhaus für einen schwarzen Lehrer dient und lernten in ihm einen 63jährigen, noch sehr rüstigen Herrn (Lothringer, etwas Deutsch sprechend) kennen, der trotz einer langen Afrikatätigkeit immer noch grosse Inspektionsreisen macht und gerade von Issawi gekommen war und 5.00 Uhr früh schon weiterreisen wollte.

Zum Abendessen schickt Msinga Milch und Pombe. Nachts erst sehr ruhig und kühl, aber kurz nach 1.00 Uhr, als Msinga zu Bett ging, erhebt sich ein ½stündiges Trommeln und Paukenschlagen, dass zwar sehr abwechslungsreich und musikalisch durch die verschiedne Zusammenwirkung der vier Trommeln und tiefen Pau-

tonalités différentes des quatre tambours et des timbales, dérangent beaucoup notre sommeil. A l'aube, vers 5h00, même cirque, soi-disant parce que le Msinga est levé, mais en réalité uniquement pour respecter une vieille coutume en vigueur à la cour.

Lorsque nous arrivons vers 9h00 pour photographier le Msinga comme nous l'avions convenu, il vient tout juste de se lever et la <u>graisse toute fraîche</u> dont on vient de l'enduire coule encore. Comme tous les Watussi, il sent très fort un mélange de curry et de bois de santal; c'est en partie l'odeur de tout le monde, mais aussi dû au parfum de cette graisse. Je le remercie pour la bonne bière-pombe et lui demande s'il aime lui aussi boire un petit coup. Il me répond: «Je ne bois jamais de la pombe, je ne fume jamais de tabac, je ne mange jamais et pourtant je vis.» Ce qui veut dire en clair: en tant que roi des Watussi, je suis divin et je n'ai <u>aucun besoin humain</u>. Pendant que nous discutons avec lui, les grands watuale arrivent l'un après l'autre dignement à travers le portail, accompagnés d'une petite escorte, se dirigent vers le Msinga et frappent dans leurs mains à plusieurs reprises en direction de son visage en signe de <u>salut</u>, ce dont le Msinga semble ne tenir aucun compte. Lorsque la foule s'approche trop près, les maîtres de cour distribuent des coups avec de longs bâtons mais n'atteignent jamais que les lances placées en avant. Cependant, la foule s'écarte et nous laisse la place de photographier le Msinga, ses Grands, dont plusieurs font effectivement plus de 2 m, et aussi quelques Batua.

La plupart des Grands <u>boivent pas mal de bière</u> si l'on en juge d'après leurs yeux rouges et gonflés et leur début d'obésité. Il y a, notamment parmi les vieux, des types colossaux; certains d'entre eux ressemblent au type de Msinga. Les Batua qui battent le tambour à la cour et portent les chaises à porteurs se distinguent, eux, à peine des Wahutu. Les Batua de Bugoye, par contre, sont plus petits et leurs traits sont différents. Le Msinga fait encore une fois danser les cadets pour que nous puissions les contempler, et de nouveau c'est un spectacle magnifique. Pendant la danse, je remarque derrière les spécimens splendides appuyés sur leurs longues lances, quelques <u>femmes watussi</u> qui semblent s'intéresser davantage aux Wasungu qu'aux danseurs. Ce sont de grandes femmes, à la peau claire; elles disparaissent en un clin d'œil lorsqu'elles s'aperçoivent que nous les avons vues. Ce sont les <u>seules</u> femmes watussi que j'ai pu voir durant tout mon voyage au Rwanda. La mère du Msinga faisait, paraît-il, partie du groupe, une femme imposante et très intelligente qui participe à toutes les réunions du conseil d'Etat et qui a une voix importante au sein du conseil. Deux jeunes garçons de six et sept ans, les plus jeunes fils du roi, sont restés en permanence aux côtés du Msinga. Lorsque je lui pose la question cependant, il nie parce qu'il craint dans sa méfiance que l'on puisse lui jeter un mauvais sort. Il a également peur des <u>talismans (daua) qui portent malheur</u>, et c'est la raison pour laquelle, lorsque le docteur Houy se précipite pour lui appliquer un peu de vaseline sur la main après qu'il lui a demandé un daua contre les blessures,

Abbildung XVI

30. August 1911 in Nyanza: Hans Meyer wird vom ruandischen König verabschiedet.
Vorn links Dr. med. Houy, rechts hinten der Bruder des Königs.
Le 30 août 1911 à Nyanza: Hans Meyer fait ses adieux au Roi du Rwanda.
Au premier plan à gauche, le docteur Houy; en arrière-plan à droite, le frère du Roi.

ken sehr interessant war, aber den Schlaf stark störte. Und beim ersten Tagesgrauen gegen 5.00 Uhr fings von Neuem an, angeblich weil Msinga aufgestanden war, aber tatsächlich nur in Übung einer alten höfischen Sitte.

Als wir gegen 9.00 Uhr zum verabredeten Photografieren zu Msinga kamen, war er offenbar gerade aufgestanden und triefte von frischer Fetteinreibung. Er duftet wie alle Watussi stark nach einer Mischung von Curry und Sandelholz; zum Teil wohl Massengeruch, zum andren Teil parfümierte Fetteinreibung. Ich dankte für das gute Pombe und fragte ihn, ob er selbst einen guten Becher schwinge. Darauf die Antwort: »Ich trinke nie Pombe, rauche nie Tabak, esse auch nichts und lebe doch«. Das heisst: Als Watussikönig bin ich Gottähnlich und habe keinerlei Bedürfnisse. Während wir mit ihm plaudern, kommt einer der grossen Watualen nach dem andern würdevoll und mit kleinem Gefolge durchs Hoftor geschritten, stolziert auf Msinga zu und klatscht seinem Gesicht entgegen mehrmals zur Begrüssung in die Hände, wovon aber Msinga keine Notiz nimmt. Als sich die Schar der Gefolgsleute zu nahe herandrängen, hauen die Oberhofmeister mit langen Stöcken auf sie los, treffen aber stets die vorgehaltnen Speere. Doch weicht die Menge zurück und gibt uns Raum, den Msinga, seine Grossen – worunter mehrere von über 2 m – und daneben auch einige Batua zu typen.

Den meisten der Grossen sieht man den Pombesuff an den roten verquollnen Augen und dem Ansatz von Fettleibigkeit an. Es sind kolossale Kerle namentlich unter den ergrauten Alten; einige lassen sich mit Msinga typen. Die Batua aber, die am Hof das Trommelschlagen und Sänftetragen besorgen, sind von den Wahutu kaum zu unterscheiden. Die Bugoier Batua sind kleiner und haben andere Gesichtsform. Auch die Kadetten läßt Msinga nochmals antanzen, damit wir sie typen können, und wieder ist das Schauspiel prachtvoll. Während des Tanzes bemerke ich hinter den zuschauenden, malerisch auf ihre langen Speere gelehnten Männer einige Watussiweiber, die neugierig weniger nach den Tanzenden als nach den Wasungu *(Anm.: den Weißen)* auslugen. Grosse Gestalten, hellfarbig; aber im Nu sind sie weg, als sie sich bemerkt sehen. Es sind die einzigen Watussiweiber, die ich zu Gesicht bekam auf der ganzen Ruandareise. Msingas Mutter soll auch dabei gewesen sein, eine sehr kluge stattliche Frau, die an allen Staatsratssitzungen teilnimmt und eine gewichtige Stimme im Rate hat. Zwei kleine Jungen von 6 und 7 Jahren, die immer um ihn waren, sind seine jüngsten Söhne. Er leugnete es aber, als ich ihn fragte, denn in seinem Misstrauen fürchtet er, man könne ihnen einen bösen Zauber antun. Auch für seine eigne Person fürchtet er böse Daua, und liess sich deshalb, als Dr. Houy ihm vorschnell auf seine Bitte um Wundendaua etwas Vaseline auf die Hand strich, in grosser Hast die Salbe wieder abwischen. Dass sein Onkel Kaware, sein langjähriger mächtigster Berater, kurz nach dem Besuch des Gouverneurs starb, schreibt er natürlich einem Zauber des Gouverneurs zu. Jetzt

il se hâte de se débarrasser de la pommade. Le fait que son oncle Kaware, son principal conseiller durant des années, soit mort peu de temps après la visite du gouverneur, est pour le Msinga bien entendu dû à un sort que lui a jeté ce dernier. C'est maintenant un autre oncle, Rutengana, qui lui sert de conseiller le plus influent. Celui-ci a malheureusement dû s'absenter; il s'occupe des grandes cérémonies annuelles où sont offertes des victimes dans la forêt sacrée de Luabugiri, cérémonies au cours desquelles de nombreux bœufs sont abattus pour lire dans leurs entrailles l'avenir et trouver la réponse aux problèmes actuels.

L'après-midi, nous préparons des paquets et nous <u>envoyons quelques caisses avec des plantes et des pierres</u> à destination de Kigali pour l'Europe. J'envoie également à la maison une valise en tôle avec des équipements superflus. Pendant que nous emballons, un messager arrive de Kigali avec le courrier que j'attendais depuis longtemps. Des <u>lettres de Liese</u> et d'Else datées de la fin juin, cela fait donc deux mois qu'elles sont en route. Heureusement, de bonnes nouvelles (…)

Peu de temps après, le Msinga arrive avec une grande escorte et nous apporte plusieurs beaux ouvrages tressés et autres objets intéressants du point de vue ethnographique pour répondre à mes cadeaux et à ceux des deux autres messieurs. J'emballe le tout et je l'envoie également à Kigali pour que cela parte pour Leipzig (musée ethnologique). J'y ajoute même les cornes de buffle dédicacées par le sous-lieutenant Stemmermann.

Le soir, nous développons des photos stéréo qui sont bien réussies et, durant la nuit, nous assistons au <u>deuxième concert de tambour exceptionnel</u>, ce qui fait qu'au matin, je me lève encore fatigué. Il faudra que nous pensions à mettre en garde de futurs voyageurs quant à cette coutume de manière à ce qu'ils installent leur campement le plus loin possible de la résidence du Msinga.

Jeudi 31 août

(…) Le Msinga et sa suite nous accompagnent un bon bout de chemin. Il a encore plein de souhaits que je ne peux pas satisfaire: des cartouches, de grosses perles vénitiennes, des chaussures en cuir, etc. Comme daua (talisman) contre les blessures, je lui donne de la poudre dentifrice faite avec de la craie qui se trouve justement sur la table.

Le tintamarre nocturne à la Ngoma m'a vraiment fatigué. C'est pourquoi je ne tiens pas rester plus de deux nuits chez le Msinga.

Des arbres apparaissent de nouveau de plus en plus souvent sur les collines mais, comme ce sont des acacias parasol, le paysage demeure un paysage de steppe. Le <u>granite</u> se poursuit. Recommencent également les traversées de <u>vallées marécageuses</u> durant l'une desquelles la sangle de ma mule se déchire.

9 h 00, sur la crête, un bois sacré avec l'ancienne résidence royale (…) Presque rien que des ficus au tronc gris, comme une forêt de hêtres. (…)

ist ein andrer Onkel, Rutengana, sein einflussreichster Berater. Derselbe war aber abwesend, um im heiligen Hain Luabugiris die jährlichen grossen Opfer zu vollziehen, wobei zahlreiche Rinder geschlachtet werden, um aus ihren Eingeweiden die Zukunft und Zweifelsfragen der Gegenwart zu lesen.

Am Nachmittag Packerei und Absendung einiger Pflanzen- und Gesteinskisten nach Kigali für Europa; auch einen Blechkoffer mit überflüssigen Ausrüstungsstücken schicke ich heim. Während des Packens kommt ein Bote aus Kigali mit der lang ersehnten Post an. Briefe von Liese und Else vom Ende Juni, also zwei Monate unterwegs, mit Gott sei dank guten Nachrichten;…

Kurz darauf kommt Msinga mit viel Gefolge und bringt eine Reihe schöner Flechtwerke und anderer ethnographisch interessanter Dinge als Gegengeschenk für mich und die beiden andren Herren. Ich packe noch alles zusammen und schicke es ebenfalls nach Kigali für Leipzig (Völkermuseum). Dazu das von Leutnant Stemmermann dedizierte Büffelgehörn.

Abends Entwicklung von Stereo-Photos, die wieder gut geworden und Nachts wieder das zweimalige, höchst störende Trommelkonzert, so dass ich am morgen recht unausgeschlafen aufstehe. Vor dieser Einrichtung müssen spätere Reisende gewarnt werden, damit sie möglichst fern von Msingas Residenz lagern.

Donnerstag, 31. August

…Msinga und Gefolge begleiten uns ein gutes Stück. Er hat noch allerlei Wünsche, die ich nicht erfüllen kann: Patronen, grosse venetianer Perlen, Lederschuhe etc. Als Daua gegen Wunden gebe ich ihm Zahnpulver aus Schlemmkreide, das gerade auf Tisch steht.

Ich bin von dem nächtlichen Ngoma-Radau recht müde. Länger als zwei Nächte möchte ich deshalb nicht bei Msinga bleiben.
    Auf den Hügeln erscheinen öfters wieder Bäume, aber Schirmakazien; Steppenwirkung. Der Granit dauert weiter an. Es beginnen wieder die Übergänge über die Sumpftäler, wobei mein Maultier den Sattelgurt reisst.

9.00 Uhr auf Hügelrücken heiliger Hain einstiger Königsresidenz, … fast lauter graustämmiger Ficus, wie Buchenhain.…

9 h 30, nous arrivons à la crête de Msassu d'où nous pouvons jeter un premier coup d'œil sur les eucalyptus lointains de la mission d'Issawi. Il nous faut tout d'abord traverser la région de schamben très riche d'Iwara. Un peu plus loin, nous apercevons des <u>scories</u> sur le sentier, ce qui nous fait penser qu'il y a des hauts fourneaux dans le coin. Nous gravissons la colline large et haute d'Issawi. A l'ouest, on aperçoit des montagnes bien plus élevées qui seront notre destination demain; elles appartiennent déjà à la chaîne de montagne périphérique qui est très large ici. Comme nous ne faisons pas de pause, je suis heureux lorsque nous arrivons au bout de sept heures de marche à 13 h 45 enfin dans <u>l'allée d'eucalyptus de la mission d'Issawi</u>. Une jolie église en briques sans tour mais grande, c'est-à-dire large, marque la fin de l'allée qui est flanquée à droite et à gauche de basses maisons qui abritent des commerces, des appartements et l'école, tous ces bâtiments étant construits en briques cuites sur place. Le père supérieur, un Hollandais de petite taille avec une barbe noire, vient nous accueillir et nous offre un verre de vin. Dans la tente, nous nous précipitons avec une faim de loup sur notre rôti froid et notre citronnade. Durant l'après-midi, j'écris à Else et je poursuis mon journal interrompu à Niansa. Dans la soirée, nous rendons visite <u>aux sœurs catholiques</u> dont la mission tout aussi simple est située à une certaine distance de la mission masculine. Elles sont huit à travailler à la mission, deux jolies et jeunes Hollandaises et la sœur supérieure, une Française encore relativement jeune, laquelle s'entretient pendant une demi-heure très aimablement avec nous des affaires de la mission. Pauvres idéalistes! Le soir, nous sommes invités à dîner par le père supérieur; repas très primitif, pas de verres mais seulement des tasses pour boire de l'eau, pas de sucre, pas de pain; mais une tarte faite par les sœurs et ornée de fraises délicieuses. Le district est <u>très densément peuplé</u>, les familles ont beaucoup d'enfants et le taux de mortalité infantile étant peu élevé, la croissance démographique est importante. Dans chaque enclos vivent entre 8 et 10 personnes, et 1500 personnes environ se rendent le dimanche à l'église.

Des Batua habitent non loin de là dans leurs propres villages, mais ils ne se distinguent des Wahutu ni par la taille, ni par les traits, ni par le mode d'habitation. Cependant, un Mhutu n'épousera jamais une Batua, et un Batua une Mhutu. Les pères connaissent peu les régions situées à l'ouest. Si l'on se dirige plein ouest, on arrive en trois jours à une grande forêt montagneuse où les missionnaires vont chercher leur bois de chauffage. La forêt recule de plus en plus pour faire place à la population croissante. Le père raconte des <u>histoires horribles</u> sur le <u>Msinga</u>. Il y a deux ans, ce dernier a fait crever les yeux à un mutuale des environs. L'homme vit encore. Par contre, un autre a été empalé après qu'on lui ait tranché les mains. Son cadavre est resté pendant deux mois suspendu au bord du chemin jusqu'à ce que les corbeaux et les vautours aient fini de s'en repaître. De temps à autre, le Msinga fait également assassiner quelqu'un qui le dérange. Tout cela pour s'assurer la crainte et l'obéissance de ses sujets. En effet, s'il était moins redouté, plusieurs

½ 10.00 Uhr Hügelrücken Msassu, von wo aus erster Blick auf ferne Eukalypten der Missionsstation Issawi. Davor das sehr reiche Schambengebiet Iwara. Weiterhin am Weg Eisenschlacken, also in der Nähe Hochöfen. Hinauf auf den langen breiten Issawiberg. Im Westen sieht man viel höhere steilere Berge sich erheben, die morgen unser Ziel sein werden; sie gehören schon zum Randgebirge, das hier sehr breit ist. Da wir ohne Pause marschieren, bin ich heilfroh, als wir nach 7 Stunden um ¾ 2 Uhr endlich in die Eukalyptusallee der Mission Issawi einbiegen. Eine hübsche grosse das heißt breite, aber turmlose Ziegelsteinkirche steht am Ende der Allee, rechts und links flankiert von niedrigen Wirtschafts-, Wohn- und Schulhäuser, alles selbstgebrannte Ziegeln. Pater Superior, ein kleiner schwarzbärtiger Holländer, empfängt uns und gibt uns ein Glas Wein. Im Zelt aber fallen wir darauf mit Wolfshunger über unsern kalten Braten und Zitronenlimonade her. Nachmittag schreibe ich an Else und setze das in Niansa unterbrochne Tagebuch fort. Gegen Abend Besuch bei den katholischen Schwestern, die etwas entfernt von der männlichen Station ihr ebenso schlichtes Heim haben. Es sind ihrer acht an der Missionsarbeit, zwei ganz hübsche junge Holländerinnen und die auch noch nicht alte Superieuse, eine Französin, plaudert eine halbe Stunde sehr nett mit uns über Missionsangelegenheiten. Arme Wesen mit ihren Idealen! Nachher zum Abendessen beim Pater Superior; recht primitiv, keine Gläser, sondern nur Tassen zum Wassertrinken, kein Zucker, kein Brot; aber von den Schwestern gebackne Torte und treffliche Erdbeeren. Bezirk ist sehr stark bevölkert, Familien haben viele Kinder, Kindersterblichkeit ist gering, daher Zunahme der Bevölkerung stark. In jedem Gehöft 8–10 Personen, Kirche wird sonntags von ca. 1500 Personen besucht.

In Nähe wohnen Batwa in eignen Dörfern, aber sie unterscheiden sich weder in Grösse noch in Gesichtszügen noch in Wohnform von den Wahutu. Indessen wird nie ein Mhutu eine Mutua, nie ein Mutua eine Mhutu heiraten. Vom Land im Westen kennen die Patres nur wenig. In direkter Westlinie kommt man in drei Tagen an den grossen Bergwald, wo die Missionare das Bauholz holen. Der Wald wird von der wachsenden Bevölkerung immer weiter zurückgedrängt. Vom Msinga erzählt der Pater grausame Geschichten. Vor zwei Jahren hat er einem Mutualen der hiesigen Nachbarschaft blenden lassen. Der Mann lebt noch, ein anderer ist gepfählt worden, nachdem ihm die Hände abgehackt waren; der Leichnam hat zwei Monate nahe am Weg gehangen, bis ihn die Raben und Geier weggefressen hatten. Auch lässt Msinga von Zeit zu Zeit einen Missliebigen ermorden. Alles dies, um sich bei seinen Untertanen in Furcht zu setzen. Wäre er nicht so gefürchtet, so würden sich manche grosse Watualen unabhängig machen. Jetzt bleiben sie

grands watuale choisiraient sans aucun doute l'indépendance. Dans ces conditions, ils restent à la cour où rien ne peut leur arriver. C'est la raison pour laquelle la centralisation du gouvernement et de l'administration est très forte. Beaucoup de moustiques durant la nuit.

Vendredi 1er septembre

(…) Nous démarrons à 7 h 15 en direction du sud, puis nous traversons à partir de 8 h 00 l'Aussawi (…) Nous gravissons une large colline en direction du schambe de Murire. Les indigènes se servent de cendre et de <u>bouse de vache</u> comme engrais. Devant nous, l'imposante montagne de Hui dans la direction O.-S.-O. 8 h 10, large <u>vallée marécageuse</u>; nous traversons par un barrage avec des passages. Partout autour de nous, sur les collines, des plantations de bananiers. Les larges vallées marécageuses qui s'étalent entre les crêtes plates semblent remplies à moitié ou aux trois quarts. Les grues couronnés se déplacent ici aussi presque toujours par deux. 9 h 10, traversée du vaste <u>marais de Muniasi</u> (…)

Etant donné que nous empruntons un <u>itinéraire nouveau</u> qui n'est pas marqué sur les cartes, nous sommes les premiers Européens que voient les indigènes, et notre arrivée déclenche de grands cris d'une colline à l'autre.

Dans les montagnes qui sont inhabitées d'après la carte, on aperçoit des <u>schambes</u> de bananes en hauteur et de larges <u>sentiers pour les animaux</u> juste en dessous de la crête, à environ 2.600 m d'altitude. (…)

Un Mtussi malade transporté dans une <u>hotte</u> en cuir de bœuf dépasse notre cortège, suivi de 20 sujets. Comme le mtuale que nous a assigné le Msinga manque totalement d'autorité, les Wahutu nous donnent beaucoup trop peu de ravitaillement. Je laisse donc les quatre askaris partir avec lui, et la nourriture devient tout de suite plus abondante. Il est certain qu'il n'est <u>plus possible</u> d'exercer une influence ici à partir de <u>Kigali</u>. Il faudrait créer un <u>poste militaire</u> dans cette région. Nous avons vu ce qu'un tel poste est susceptible de changer, par exemple dans la région des volcans où il y avait jadis des difficultés en permanence et où tout marche parfaitement bien depuis sa création. Mais Kandt n'apprécie déjà pas du tout le poste militaire de Kissenji qui, de par sa position, doit être très indépendant et se permet de critiquer les méthodes trop centralisatrices de Kandt. Grawert a gouverné lui aussi de cette manière en Urundi, uniquement à travers la personne du vieux Kissabo, et il y a toujours eu des difficultés parce que la résidence d'Usumbura ne pouvait pas exercer son pouvoir sur l'ensemble du royaume. Depuis que Goering, le successeur de Grawert, a accordé l'indépendance à quelques grands watuale de Kissabo et créé dans le pays deux postes militaires, l'administration marche beaucoup mieux.

Bien que nous soyons environ à 1850 m d'altitude, nous avons le soir <u>pas mal de</u>

am Hof, wo ihnen nichts passiert. Dadurch ist die Zentralisation der Regierung und Verwaltung sehr stark. Nachts viele Moskitos.

Freitag, 1. September

… Ab 7.15 Uhr zuerst nach Süden, dann ab 8.00 Uhr über den Aussawi, … Hinauf zu Schamben Murire auf breitem Rücken. Felderdüngung mit Asche und <u>Rinderdung</u>. Vor uns in WSW der breite Hui-Berg. 8.10 Uhr breites <u>Sumpftal</u>, übersetzt durch Damm mit Durchlässen. Bebauung allerwärts auf Hügelrücken mit Bananen. Die breiten Sumpftäler zwischen all den flachen Hügelrücken sehen aus wie halb oder ¾ aufgefüllt. Die Kronenkraniche auch hier fast immer zu zweit. 9.10 Uhr über den breiten <u>Muniasisumpf</u>, …

Da wir auf einer <u>neuen</u>, nicht kartierten <u>Route</u> gehen, sind wir für die Eingeborenen die ersten Europäer und erregen Sensationsgeschrei von Hügel zu Hügel.

In den nach der Kartenangabe unbewohnten Berge sieht man Bananenschamben weit oben und breite <u>Viehwege</u> nach den höchsten Kuppen (ca. 2600 m). …

Ein kranker Mtussi wird in einem <u>Tragkorb</u> von Ochsenhaut vorübergetragen, gefolgt von 20 Getreuen. Da sich der von Msinga mitgegebene Mtuale als ganz schlapp erweist, bringen die Wahutu viel zu wenig Chakula. Ich lasse deshalb die vier Asikaris mit ihm ausrücken, und nun kommt schnell das nötige Futter an. Einfluss von <u>Kigali</u> aus kann natürlich auf diese entlegnen Gebiete <u>nicht</u> <u>mehr</u> geübt werden. Hier <u>müsste ein Militärposten</u> hergelegt werden. Was ein solcher vermag, haben wir im Vulkangebiet gesehen, wo früher permanent Schwierigkeiten waren und jetzt alles ganz glatt geht. Aber Kandt ist schon die Militärstation Kissenji sehr unangenehm, da sie naturgemäß sehr selbständig sein muss und an Kandts allzu grosser Zentralisierungspraxis Kritik üben kann. Grawert hat früher in Urundi ebenso regiert, immer nur durch den alten Kissabo und immer gab es Schwierigkeiten, da die Residentur in Usumbura nicht über das grosse Reich hin einwirken konnte. Seitdem Grawerts Nachfolger Goering einige Grosswatualen von Kissabo unabhängig erklärt hat und im Land zwei Militärposten eingerichtet hat, klappt die Verwaltung viel besser.

Abends trotz der Höhe von ca. 1850 m ziemlich <u>viele Moskitos</u> aus dem nahen

moustiques qui viennent de la vallée marécageuse proche, mais heureusement pas d'anophèles. J'écris jusque tard dans la nuit une lettre à Else pour lui donner signe de vie à l'occasion de son anniversaire. La lettre arrivera trop tard, c'est certain, mais quand même avant mon retour en Europe.

Samedi 2 septembre

(…) Départ à 6 h 30 en direction de l'ouest (…) Le mtuale qui nous accompagne sur l'ordre du Msinga n'a vraiment aucune autorité. Les Watussi étant peu nombreux ici, les Wahutu ne lui obéissent absolument pas. Comme hier, nous sommes donc obligés d'envoyer les askaris avec le mtuale pour pouvoir récolter suffisamment de nourriture pour nos 110 hommes. Beaucoup de cris, peu de résultats. Nous avons un troupeau d'une trentaine de chèvres que nous faisons avancer devant nous et que nous gardons pour le cas où nous n'aurions vraiment plus rien d'autre. Aujourd'hui, il y avait un nombre inquiétant de malades (fièvre, maux de gorge et de poitrine) dans notre caravane. La plupart semble avoir attrapé la fièvre à Kissenji. Chez plusieurs personnes, il ne s'agit pas du paludisme, mais d'accès de fièvre récurrente.

Dimanche 3 septembre

(…) Plus nous avançons en direction de l'ouest, plus les crêtes s'élèvent et plus les vallées sont profondes et raides. L'altitude moyenne des crêtes est ici 2 000 m. (…)
  Plus nous avançons vers l'ouest, plus l'altitude augmente, et plus la densité de population diminue. Il y a ici de la place pour des milliers d'habitants. Comme il y a peu de bétail et peu de bouses de vache que l'on puisse utiliser pour le chauffage, on fait sécher ici des morceaux de racines de papyrus et de roseaux récupérés dans les vallées marécageuses.

Lundi 4 septembre

(…) 6 h 20, ascension difficile du versant escarpé du Mugansa. Arrivée à 7 h 00. Belle vue sur la haute chaîne de montagne à l'ouest; le Gaharo se situe plein ouest; en dessous des deux sommets dénudés s'étend la forêt. C'est là que nous allons. Au loin, à environ 15 km en direction du nord-ouest, se dresse le Gabge, le sommet le plus élevé de ce massif tout à fait central (à environ 3 000 m). Sur toute la chaîne centrale, la forêt monte à l'est presque jusqu'au plus haut sommet. Le Gabge est le point culminant de la chaîne de montagne suivante à l'ouest, laquelle semble au nord faire un tournant vers l'est. (…)

Sumpftal, aber keine Anopheles. Bis spät schreibe ich einen Brief an Else, um ihr zum Geburtstag ein Lebenszeichen zu geben. Er wird zwar zu spät kommen, aber doch noch eher als ich selbst nach Europa.

Sonnabend, 2. September

… Ab 6.30 Uhr nach Westen. … Der uns von Msinga mitgegebene Mtuale hat gar keinen Einfluss. Da hier wenige Watussi sitzen, folgen ihnen die Wahutu nicht. Wir müssen deshalb wieder wie gestern die Asikaris mit dem Mtualen ausschicken, um genügend Chakula für unsere 110 Mann zusammen zu treiben. Viel Geschrei und wenig Wolle. Unsre Ziegenherde von 30 Stück treiben wir so lange mit, bis wir einmal gar nichts andres bekommen. Heute gab es auffallend viele Fieber- und Hals- oder Brustkranke in der Karawane. Sie scheinen sich hauptsächlich in Kissenji Fieber geholt zu haben; mehrere keine Malaria, sondern Rückfallfieber.

Sonntag, 3. September

… Je weiter nach Westen je höher werden die Hügelrücken, je tiefer und steiler die Täler. Die Durchschnittshöhe der Rücken ist hier 2000 m. …

Je weiter nach Westen, je höher, desto dünner wird die Besiedlung. Hier ist noch <u>Raum für Tausende</u>. Da hier wenig Vieh und keine Kuhfladen zum Brennen, trocknet man die Wurzelstücke des Papyrus und Röhrichts aus den Talsümpfen zum Brennen.

Montag, 4. September

… 6.20 Uhr ab steil bergauf nach Bergrücken Mugansa. 7.00 Uhr oben. Schöne klare Übersicht über hohe Westkette; Gaharo gerade im Westen, beide Gipfel kahl, darunter Wald quer über. Dort unser Ziel. Weit im NW, ca. 15 km, der Gabge, der höchste dieses ganzen zentralen Massives (ca. 3000 m). Überall auf der ganzen Zentralkette ist im Osten der Wald bis nahe an dem höchsten First zurückgedrängt. Der Gabke ist der Gipfelpunkt der westlicheren nachfolgenden Kette, die im N nach Osten umzubiegen scheint. …

Le niampara *(NB: chef des porteurs)* et le kirongosi *(NB: guide)* mis à notre disposition par le Msinga reviennent avec deux waschensi *(NB: barbares)* qu'ils ont ficelés parce que ceux-ci se sont précipités sur le guide avec leur lance à la main alors qu'ils étaient à la recherche de ravitaillement. Le reste de la population s'est enfui. Cela donne une idée du pouvoir du Msinga dans cette région et de l'autorité de ses watuale. C'est bien une région frontalière et on voit que les sujets du Msinga ne s'y s'aventurent que rarement. Cela ouvre des perspectives intéressantes sur ce qui nous attend en Urundi, pays qu'on sait insubordonné. (…)

Mardi 5 septembre

6 h 00 (…) Les perroquets gris survolent en groupe à une certaine altitude le campement, en piaillant et se posent sur les hauts arbres dépouillés à la lisière de la forêt.

7 h 00, nous grimpons à travers une formation de fougères avant de longer la lisière d'une forêt brûlée pour arriver enfin à la ligne de partage des eaux. (…) Immense forêt en direction de l'ouest, pas un seul schambe. Cette région parcourue jadis par les Batua est désormais abandonnée depuis que les éléphants ont continué de se déplacer vers l'ouest, suivis des hommes. (…) Personne ici ne connaît les régions montagneuses situées plus loin dans la forêt. Les autochtones ne s'aventurent guère plus loin que la ligne de partage des eaux en direction de l'ouest et il n'y a pas de sentiers qui mènent à travers la forêt vers l'ouest.

(…) A midi, nous rentrons à notre campement situé à 2430 m. B. 565. Durant l'après-midi, je prépare des plantes, j'écris, je me fais couper les cheveux (par un boy). Cette dernière activité me permet de constater que ce voyage m'a coûté des cheveux gris, surtout au niveau des tempes qui sont désormais plus blanches que blondes. C'est ma femme et mes enfants qui vont être peu ravis…

Il est difficile de dire où la frontière avec l'Urundi se situe à l'ouest de la ligne de partage des eaux. En tout cas, il y a ici une zone frontalière de forêts inhabités. L'Urundi commence là où les colonies de Warundi venues des vallées de l'ouest ont pénétré les montagnes boisées pour s'y installer. Il en est sans doute de même de la limite sud des montagnes là où les forêts sont composées, paraît-il, davantage de bambous. Plus loin en direction de l'est, à l'extérieur de la forêt, l'Akanjaru forme le tracé de la frontière. Les sujets du Msinga qui nous accompagnent ont reçu de celui-ci l'ordre de faire demi-tour une fois arrivés à l'Akanjaru, mais j'ai l'intention de les renvoyer chez eux avant puisqu'ils ne me servent désormais plus à rien, étant aussi incapables de me fournir des renseignements sur les montagnes, les ruisseaux, les noms des régions que de nous procurer du ravitaillement. Mes askaris semblent se débrouiller mieux pour ce qui est de la nourriture. Houy a dépouillé le grand babouin et préparé son crâne qu'il aimerait garder pour lui. J'insiste cependant pour qu'il l'envoie au musée. Il a donc l'intention d'en tirer un

Der Niampara *(Anm.: Aufseher der Träger)* kommt mit dem Kirongosi *(Anm.: Führer)* Msingas zurück und bringen zwei Waschensi *(Anm.: Barbaren)* mit, die sie gefesselt haben, weil sie beim recherchieren von Chakula mit den Sperren auf den Kirongosi losgingen. Die andre Bevölkerung war entflohen. So schlecht steht es hier um die Herrschaft Msingas und um die Autorität seiner Watualen. Es ist eben Grenzgebiet, in das selten die Msingaleute kommen. Das kann ja nett werden, wenn wir erst in das unbotmässige Urundi kommen. …

Dienstag, 5. September

6.00 Uhr … Die Graupapageien fliegen in Trupps hoch ums Lager, kreischen und baumen auf den hohen kahlen Bäumen vor dem Waldrand auf.

7.00 Uhr durch Farnformation steil auf, dann an abgebranntem Waldrand entlang bis Wasserscheide. … Nach Westen unabsehbarer Wald, keine einzige Schambe. Ehedem von Batua durchstreift, aber die Elefanten sind weiter westwärts gezogen und mit ihnen die Menschen. … Von all diesen ferneren im Wald gelegnen Berggegenden wissen die Leute hier gar nichts. Sie kommen nicht weit über die Wasserscheide nach Westen hinaus, es gibt keine Pfade durch den Wald nach Westen.

… 12.00 Uhr im untern Lager (bei 2430 m) zurück. B. 565. Nachmittag Pflanzeneinlegen, Schreiben, Haarschneiden (durch Boy). Bei letzterem Geschäft sehe ich, dass ich auf der Reise recht grau geworden bin; namentlich an den Schläfen mehr weisse als blonde Haare. Frau und Kinder werden davon wenig erbaut sein.

Wo westlich von der Wasserscheide die Grenze gegen Urundi zu ziehen ist, ist schwer zu sagen; jedenfalls ist hier eine Grenzzone unbewohnten Waldlandes. Urundi fängt an, wo von den westlichen Tälern her die Warundi mit ihren Siedelungen in die Waldberge hinaufgedrungen sind. Ebenso wird es mit den südlichen Ausläufern des Gebirges sein, wo der Wald mehr Bambus sein soll. Weiter östlich, ausserhalb des Waldes, ist der Akanjaru die feststehende Grenze. Msingas Leute, die uns begleiten, haben von ihm den Befehl, dort am Akanjaru umzukehren, aber ich werde sie schon vorher heimschicken, da sie mir doch nichts mehr nützen können, weder durch Auskünfte über Berge, Bäche, Landschaftsnamen, noch durch Besorgung von Chakula. Meine Asikaris haben in letzter Beziehung mehr Glück. Houy hat den grossen Pavian abgebalgt und Schädel präpariert und möchte ihn für sich behalten. Ich bestehe aber darauf, dass ihn das Museum bekommt. Er will nun einen zweiten für sich schiessen, aber es wird schwer halten, weil die Tiere nach der gestrigen Schiesserei weit fortgeflüchtet sind. …

autre, ce qui me paraît plutôt difficile étant donné que les animaux ont dû s'enfuir très loin après la fusillade d'hier. (…)

Mercredi 6 septembre

J'ai bien dormi après avoir pris de la quinine. Comme Tiller est allé aujourd'hui seul sur le Gaharo, je profite de ma journée pour classer des plantes, faire des photographies et écrire des lettres. (…) Aux alentours de midi, Tiller rentre parce que le brouillard est tombé et qu'il a pris toutes les photos importantes qu'il voulait prendre. Comme il ne se sent pas bien, il va se coucher. L'après-midi, je commence le rapport qui sera envoyé d'Usumbura à l'Office colonial d'Empire. Houy tire de beaux oiseaux, des spécimens typiques de l'Afrique occidentale comme le turacus ruwensoornis, qui ressemble à un cacatoès à longue queue. Les photos du Gaharo et de la forêt vierge sont très réussies. (…) Le soir, la température retombe à 12 °C. En plus de mes sous-vêtements de laine, j'enfile donc mon manteau d'hiver et le docteur Houy, qui est très sensible au froid, <u>sort son sac en fourrure</u> pour la nuit. Nombreux sont les porteurs qui se sont mis à tousser, et ils n'arrêtent pas d'éternuer. Afin de les mettre de meilleure humeur, on leur sert à manger du riz qu'ils aiment beaucoup que nous puisons de nos réserves et six chèvres que nous prélevons sur le troupeau du Msinga. Durant la nuit, on entend deux léopards tourner en hurlant autour du camp qui sont attirés par nos chèvres et nos mules mais heureusement tenus à distance par le feu. Demain, nous avons l'intention de partir en direction du sud-est vers les montagnes qui nous séparent de l'Urundi. Tiller s'est remis entre-temps de son malaise.

En prenant ses mesures, Tiller a découvert que le Gaharo est le point le plus élevé au-dessus de la ligne de partage des eaux. A l'ouest de cette ligne, se trouve une crête un peu plus haute que le Gabge situé au nord. La chaîne de montagne qui sert de ligne de partage des eaux décrit un grand arc de cercle vers l'est avec le Gaharo au centre.

Jeudi 7 septembre

(…) 11 h 00, groupe de huttes de Ruheru, (…) La nouvelle de notre présence pacifique s'est déjà largement répandue et les habitants ne s'enfuient plus désormais. La principale culture est ici le petit pois. De gros tas de paille jaune clair sont formés à côté des huttes et, dans les enclos, on trouve des réserves remplies à hauteur d'homme de petits pois. En direction du sud et du sud-ouest, tout est vert également (buissons de fougères, bambous), jaune (petits pois), noir (incendie) et ces couleurs forment des taches dans le paysage. A notre droite se situe la large

Mittwoch, 6. September

Nach Chinin gut geschlafen. Da Tiller heute allein oben auf dem Gaharo, nutze ich den Tag mit Pflanzenordnen, Photografieren, Briefe schreiben... Mittags kommt Tiller zurück, da Aussicht dunstig geworden und alle wichtigen Aufnahmen beendet hat. Er fühlt sich schlecht und geht schlafen. Nachmittag Beginn des aus Usumbura ans Kolonialamt zu sendenden Berichtes. Houy schiesst schöne Vögel, westafrikanische Formen zum Beispiel Turacus Ruwensoornis, der wie ein langschwänziger Kakadu aussieht. Die Photos vom Gaharo und Urwald sind sehr gut geworden.... Abends ist es bei 12° so kühl, dass ich zu dem wollnen Unterzeug noch meinen Wintermantel anziehe und Dr. Houy, der sehr empfindlich gegen Kälte ist, sich für die Nacht den Pelzsack herausholt. Von den Trägern haben sich viele Husten zugezogen, und des Niessens ist kein Ende. Zur Hebung der Stimmung bekommen sie als Chakula den geliebten Reis aus unserm eisernen Bestand und sechs Ziegen aus unsrer Msinga-Herde. Nachts heulen zwei Leoparden ums Lager, die es auf unsre Ziegen und Maultiere abgesehen haben, aber durch die Feuer abgehalten werden. Morgen wollen wir in SO-Richtung über die Berge auf Urundi losziehen. Tiller hat sich von seinem Unwohlsein wieder erholt.

Tiller hat bei seinen Messungen oben den Gaharo als höchsten Punkt der Wasserscheide herausgefunden. Westlich von der Wasserscheide ist ein Bergrücken westlich des im Norden stehenden Gabge etwas höher. Die wasserscheidende Bergkette beschreibt eine nach Osten offnen flachen Bogen mit dem Gaharo in der Mitte.

Donnerstag, 7. September

... 11.00 Uhr Hüttengruppen Ruheru, ... Die Nachricht von unserer friedlichen Anwesenheit hat sich schon weit verbreitet; die Leute entfliehen nicht mehr. Hauptfeldfrucht ist Erbse. Grosse Haufen hellgelben Erbsenstrohs liegen bei den Hütten und in den Gehöften stehen mannshohe Speicher voll Erbsen. Auch nach S und SW ist grün (Farnbusch, Bambus), gelb (Erbsen), schwarz (Brand) die fleckige Landschaftskouler. Rechts von uns das breite Tal des Nschiri, dass auch auf der Karte steht. Viele Rinder. Hänge mit erbsengelben Hütten besäht. 12.15 Lager auf

vallée du Nschiri qu'on trouve également sur la carte. Beaucoup de bovins. Les flancs des collines sont parsemés de huttes jaunes comme les petits pois. 12 h 15, campement sur une colline plate et aérée. (…) environ à un kilomètre et demi à l'ouest du mont Tschororo. Au sud, on aperçoit la crête du Mutumba qui marque la limite du Rwanda; de l'autre côté, c'est la frontière de l'Urundi que nous passerons demain. Les Batua sont assez nombreux dans cette région. Ils vivent dans des enclos regroupés, pratiquent l'agriculture comme les Wahutu et font également beaucoup de poterie. Ils ressemblent physiquement aux Wahutu à tel point qu'il faut y regarder de près pour voir que leurs visages sont plus larges, leurs nez plus épatés et qu'ils sont légèrement plus petits. Tout comme les Wahutu, ils parlent le kinyarwanda. Ils ont sans doute pas mal de sang wahutu dans les veines, même s'ils sont considérés tant par les Watussi que par les Wahutu comme des parias et qu'aucun Mhutu ne prendrait comme épouse régulière une femme de la tribu des Batua. Parmi les porteurs de chakula se trouvent plusieurs Batua que je photographie avec les Wahutu. Dans l'après-midi arrive un messager de Kandt qui a fait le trajet de Kigali à ici en quatre jours et n'a pas eu de mal à nous trouver étant donné que tout le monde est au courant de notre présence. Kandt désire récupérer le fusil qu'il nous a prêté à Usumbura et m'informe qu'aucune lettre n'est arrivée pour nous de Bukoba; les lettres suivantes seront envoyées de Bukoba à Tabora. Je remets au messager des lettres pour Liese et le lieutenant Weiss ainsi que son salaire et cinq colliers de perles comme poscho.

Etant donné qu'il y a beaucoup de léopards dans ces montagnes et que nombreux sont ceux qui ont été capturés dans des pièges, je tente à plusieurs reprises d'acheter des peaux de léopard aux watuale mais ceux-ci refusent car toutes les peaux de léopard doivent être envoyées au Msinga comme tribut. Le fait qu'on ne puisse acheter nulle part de bœuf parce qu'ils appartiennent tous au Msinga et que les watuale en ont seulement la jouissance est encore plus désagréable pour les voyageurs. (…)

Vendredi 8 septembre

(…) 6 h 25, descente en direction du sud-est dans la vallée de la Nschiri. (…)
11 h 00, nous arrivons au sud-ouest du Njakisu avec ses deux sommets qui, de l'autre côté de l'Akanjaru, sert de poste avancé à l'Urundi aux moindres altitudes; (…) Le paysage tout entier est noir de feux de brousse. Sur la crête du Jassenumu, à l'ouest du ruisseau Mogere, se trouve une large zone d'oligiste qui n'est pas exploitée par les indigènes. (…) La population d'ici a déjà le caractère des Warundi. Les autochtones portent pour la plupart un morceau de tissu d'écorce brun (ficus) autour des hanches, une longue lance de Warundi avec une pointe un peu plus longue qu'au Rwanda, des disques de bois épais autour des poignets pour se

ebner luftiger Hügelhöhe.... ca. 1½ km westlich vom Tschororoberg. Südlich davon der hohe Mutumbabergrücken, das Ende von Ruanda; jenseits Grenze von Urundi, die wir morgen überschreiten. Batua gibt es ziemlich viele in hiesiger Gegend. Sie wohnen in besonderen Gehöftegruppe. Treiben Ackerbau wie die Wahutu, befassen sich auch viel mit Töpferei und sind auch äusserlich von Wahutu nur bei scharfem Zusehen an den breiteren Gesichtern, stärker eingestülpten Nasen und etwas geringerer Grösse zu unterscheiden. Sie sprechen Kiruanda wie die Wahutu. Es wird wohl viel Wahutublut in ihnen sein, obgleich sie bei den Watussi und Wahutu als Parias gelten, und kein Mhutu eine rechtmässige Frau aus Batuastamm heiratet. Unter den Chakulabringern sind mehrere Batua, die ich mit den Wahutu photographiere. Nachmittags kommt ein Briefbote von Kandt, der vier Tage von Kigali hierhergelaufen ist und uns schnell gefunden hat, da das ganze Land von unserer Anwesenheit weiss. Kandt wünscht das geliehene Gewehr aus Usumbura zurück zu erhalten und teilt mit, dass <u>keine Briefe</u> aus Bukoba für uns gekommen seien; die nächsten würden von Bukoba nach Tabora geschickt. Ich gebe dem Boten Briefe für Liese und Oberleutnant Weiss mit. Botenlohn und Poscho fünf Perlenschnüre.

Da es in diesen Bergen viele <u>Leoparden</u> gibt und in Fallen viele gefangen werden, versuche ich mehrmals, durch die Watualen Leopardenfelle zu kaufen, aber es wurde verweigert, weil alle Leopardenfälle an Msinga als Tribut abgeliefert werden müssen. Dass man auch nirgend ein <u>Rind</u> kaufen kann, weil sie alle <u>dem Msinga gehören</u>, der sie den Watualen nur zur Nutzniessung verleiht, ist noch unbequemer für die Reisenden. ...

Freitag, 8. September

... Ab 6.25 Uhr nach SO hinab ins Nschirital. ...

11.00 Uhr sind wir südwestlich des doppelgipfeligen Njakisu, der jenseits des Akanjaru als Vorposten gegen das niedrigere Urundi steht; ... Die ganze Landschaft ist schwarz vom Grasbrennen. Auf dem Höhenrücken des Jassenumu westlich vom Mogerebach steht eine breite Zone <u>Roteisenerz</u> an, die von den Eingeborenen nicht angegraben ist.... Die <u>Bevölkerung</u> hier hat schon Warundicharakter. Sie tragen vorwiegend ein Stück braunen Rindenstoffes (Ficus) um die Lenden, lange Warundispeere mit etwas längerem Blatt als in Ruanda, dicke hölzerne Scheiben ums Handgelenk zum Schutz gegen das Schnellen der Bogensehne und

protéger lorsqu'ils tirent à l'arc, et ils sont complètement rasés à part la petite touffe de cheveux qu'ils laissent pousser sur le sommet du crâne. Ils sont surtout beaucoup <u>plus bruyants et plus mobiles</u> que les Wahutu rwandais qui vivent en permanence dans la crainte des Watussi. Durant l'après-midi, j'ai tellement entendu de cris et de bruits de dispute à proximité du camp que j'ai souvent pensé à une bagarre. Mais toute cette agitation était en fait provoquée par la grande quantité d'objets et de perles avec lesquels nous avons payé le ravitaillement également copieux qu'on nous a apporté. A proximité des enclos, et souvent dans les clôtures qui les délimitent, on voit un nombre encore relativement important de <u>ficus à écorce</u> même si la plupart d'entre eux sont dépouillés de leur écorce. Pour cette opération, les indigènes tracent sur le tronc d'arbre, à intervalles de deux mètres environ, des entailles horizontales qui sont reliées par une entaille longitudinale, ce qui permet d'enlever l'écorce sous forme de grands rectangles. Le morceau de tronc ainsi mis à nu est ensuite enduit de beurre et se referme petit à petit. La transformation d'écorce en tissu est connue. Elle se fait en aspergeant et en battant l'écorce. Nous pensions atteindre aujourd'hui la nouvelle mission évangélique d'Iruwura, mais les éternelles montées et descentes nous ont tellement retardés qu'il faut bien compter encore deux à trois heures de route demain avant d'arriver à destination. C'est là en effet que nous franchirons la frontière qui sépare l'Urundi du Rwanda.

Belle nuit de pleine lune assez claire pour permettre même de lire le journal.

(Le lendemain, le dimanche 9 septembre 1911, Hans Meyer et sa caravane franchissent la frontière de l'Urundi.)

scheeren den Kopf kahl bis auf einen kleinen Schopf am Haarwirbel. Vor allem sind sie viel lauter und beweglicher als die stets in der Furcht der Herren Watussi lebenden Wahutu Ruandas. Am Nachmittag war ein Geschrei und Streiten in der Nähe des Lagers, dass ich oft dachte, es gebe eine Prügelei. Es ging um die reichliche Zahlung an Zeug und Perlen, das sie für die ebenfalls reichlich beigebrachte Chakula bekommen hatten. In der Nähe der Gehöfte, vielfach auch im Zaun der Gehöfte, stehen noch ziemlich viele Rindenficusbäume, aber viele sind der Rinde grösstenteils beraubt. Zu diesem Zweck wird der Baum in Distanz von ca. 2 m mit Horizontalschnitten umringelt, beide Schnitte durch einen Längsschnitt verbunden und die Rinde als langes rechteckiges Stück losgelöst. Das nackte Stück wird mit Butter beschmiert und wächst wieder zu. Die Verarbeitung der Rinde zu Stoff durch Wässern und Klopfen ist bekannt. Wir gedachten heute die neue evangelische Missionsstation Iruwura zu erreichen, aber das ewige Auf und Ab hat uns so aufgehalten, dass wir morgen noch 2–3 Stunden dorthin haben. Wir werden dabei die Urundi-Ruanda-Grenze überschreiten.

Nachts wundervoller Vollmond, bei dem man gut Zeitung lesen kann.

(Am nächsten Tage, Sonnabend, 9. September 1911, überschritten Hans Meyer und seine Karawane die Grenze nach Urundi)

III. Le Rwanda et le litige frontalier du Kivu avec l'Etat du Congo (1885–1910)

1. Avant-propos

Lors des entretiens qu'il a eus au Rwanda, Hans Meyer a également abordé des questions relevant de la politique étrangère. Celles-ci concernaient en grande majorité le litige frontalier du Kivu, auquel a mis fin en 1910 la signature d'un traité germano-britanno-belge. Des commissions frontalières communes se sont préoccupées en 1911 de l'application de la réglementation adoptée. Tant le Résident impérial Richard Kandt que les officiers allemands en poste sur les bords du lac Kivu considéraient les compromis adoptés par les diplomates comme plutôt inutiles et bien trop désavantageux pour la partie allemande. Par ailleurs, la « puissance coloniale voisine » belge était toujours critiquée étant donné les tensions qui existaient avec elle pour des raisons historiques.[1]

Les anciens règlements frontaliers jouent jusqu'à aujourd'hui un rôle politique décisif pour la région. Ils ont servi à l'époque à fixer la frontière nord-ouest de l'Afrique orientale allemande tant vis-à-vis du Congo belge que de l'Ouganda britannique, laquelle a abouti en 1962 à la création des frontières controversées entre les Etats indépendants du Zaïre, de l'Ouganda et du Rwanda.

C'est pourquoi il est normal de consacrer à cet événement si important du point de vue historique un chapitre particulier et de replacer dans leur contexte les origines, le déroulement et la fin du litige frontalier du Kivu. La naissance de ce conflit a été facilitée du côté allemand par un manque de connaissances géographiques précises. A la fin du conflit, les puissances concernées partageaient le point de vue politique que la création de frontières aussi naturelles que possible était très importante pour un développement pacifique entre des régions différentes, ce qui était finalement aussi dans l'intérêt colonial de l'époque. Dans l'ensemble, le déroulement historique de ce conflit frontalier illustre également la manière dont des tensions liées à des questions territoriales peuvent être réglées, lentement certes, mais sans perdre la face à condition que les puissances en conflit veuillent les résoudre de manière pacifique.

III. Ruanda und der Kivu-Grenzstreit mit dem Kongo-Staat (1885–1910)

1. Vorbemerkung

Hans Meyer hat bei seinen Gesprächen in Ruanda auch außenpolitische Fragen berührt. Sie betrafen überwiegend den Kivu-Grenzstreit, der 1910 auf der Basis eines deutsch-belgisch-britischen Vertragswerkes beendet worden war. Gemeinsame Grenzkommissionen befaßten sich 1911 mit der Ausführung der erzielten Regelung. Sowohl der Kaiserliche Resident Richard Kandt als auch die deutschen Offiziere am Kivu-See empfanden die von den Diplomaten geschlossenen Kompromisse als eher unnötig und viel zu nachteilig für die deutsche Seite. Darüber hinaus wurde die belgische »Nachbarkolonialmacht« stets kritisch gesehen, denn es gab ihr gegenüber historisch bedingte Spannungen.[1]

Die damaligen Grenzregelungen haben bis heute eine entscheidende politische Bedeutung für die Region. Durch sie wurden damals die Nordwestgrenze Deutsch-Ostafrikas sowohl gegenüber dem Belgisch-Kongo als auch zu Britisch-Uganda festgelegt, woraus sich 1962 die unumstrittenen Grenzen zwischen den unabhängigen Staaten Zaire, Uganda und Ruanda ergeben haben.

Es ist daher naheliegend, diesem historisch so bedeutsamen Vorgang einen besonderen Abschnitt zu widmen und Ursprünge, Handhabung und Beendigung des Kivu-Grenzstreits zusammenhängend darzustellen. Die Entstehung dieses Zwists wurde auf deutscher Seite durch den Mangel an geographischen Detailkenntnissen erleichtert. Bei der Beendigung stand bei den beteiligten Mächten die politische Einsicht Pate, daß für eine friedliche Entwicklung zwischen unterschiedlichen Regionen die Schaffung annähernd natürlicher Grenzen von wesentlicher Bedeutung ist, was letztlich wiederum auch im damaligen kolonialen Interesse lag. Insgesamt ist der historische Ablauf dieses Grenzkonflikts auch ein Beispiel dafür, wie sich Spannungen wegen territorialer Fragen schleppend, aber gesichtwahrend ausgleichen lassen, wenn die beteiligten Mächte sie nur friedlich lösen wollen.

2. Naissance du conflit

Les origines du litige frontalier du Kivu remontent à la Conférence de Berlin sur le Congo organisée en 1884/85 à l'initiative de Bismarck. Ce dernier espérait ainsi coordonner les activités coloniales des puissances engagées en Afrique, sauvegarder la liberté du commerce allemand dans le Bassin du Congo et diriger sur des voies politiques calculables l'Etat du Congo en train de naître à l'initiative du Roi des Belges. A l'époque, on ne connaissait l'existence du Rwanda que par ouï-dire.

En fin de compte, ce fut le roi des Belges Léopold II le vrai vainqueur de cette rencontre diplomatique puisqu'il parvint à faire reconnaître son Association internationale du Congo comme un Etat appelé à exercer la souveraineté sur le Bassin du Congo. Il était prévu que lui-même deviendrait à compter du 28 avril 1885 roi de « l'Etat indépendant du Congo ».[2]

La Conférence sur le Congo a cependant eu aussi des répercussions sur les idées et les actions du gouvernement allemand étant donné que, tout de suite après la Conférence, c'est-à-dire le 27 février 1885, une « lettre de protection impériale » était émise au profit des acquisitions privées en Afrique orientale d'un certain Carl Peters (1856–1918). La société que Peters représentait à l'époque jouit également par la suite d'un soutien politique qui lui permit d'acquérir de nouvelles terres. Bismarck et le gouvernement de l'Empire allemand ont, à cette époque, à peine saisi le problème, à savoir que le territoire colonial allemand qui était en train de se créer et qui allait s'agrandir se heurterait un jour ou l'autre à l'empire colonial belge du Congo qui avait pour sa part des idées bien précises quant à sa frontière orientale, et que cette question pourrait déboucher sur un conflit. D'après les résultats de la Conférence, tels que les concevait la partie allemande, l'Etat du Congo ne pouvait s'étendre que de l'autre côté – c'est-à-dire à l'ouest du lac Tanganyika et de son affluent situé au nord – de la rivière Rusizi. On remarquera encore que la précision géographique n'était guère habituelle à cette époque et qu'il n'y a pas eu de campagne d'information en raison de la prise de conscience insuffisante du problème.

Léopold II était apparemment bien plus clairvoyant. Après la Conférence, il ne se contenta pas, comme il était prévu, de prononcer l'adhésion à l'Etat indépendant du Congo à l'Acte Général et de formuler une déclaration de neutralité. Le texte qu'il fit parvenir le 5 juin 1885 au Chancelier de l'Empire allemand contenait également une notification qui prévoyait que la frontière orientale de l'Etat du Congo suivait le tracé suivant sur une certaine section :

« Le 30° est de Greenwich jusqu'à la hauteur de 1°20' lat. sud. Une ligne droite menée de l'intersection du 30° de long. est avec le parallèle de 1°20' jusqu'à l'extrémité septentrionale du lac Tanganyika. La ligne médiane du lac Tanganyika. »

Abbildung XVII
Belgische Karte mit eingetragener »schräger Linie« aus »Le Mouvement Géographique«, 1899, Spalte 605, zur Erläuterung des Artikels »Le Lac Kivu, Explorations de MM. Kandt et Sharpe«. Fast alle Orte östlich des Rusizi-Flusses und des Kivu-Sees tragen hier andere Namen als auf deutschen Karten.

Carte belge avec la fameuse « ligne de démarcation oblique » extraite de l'ouvrage « Le Mouvement Géographique », 1899, colonne 605 en complément d'un article intitulé « Le Lac Kivu, Explorations de MM. Kandt et Sharpe ». Presque tous les lieux indiqués à l'est de la rivière Rusizi et du lac Kivu portent ici des noms différents de ceux indiqués sur les cartes allemandes.

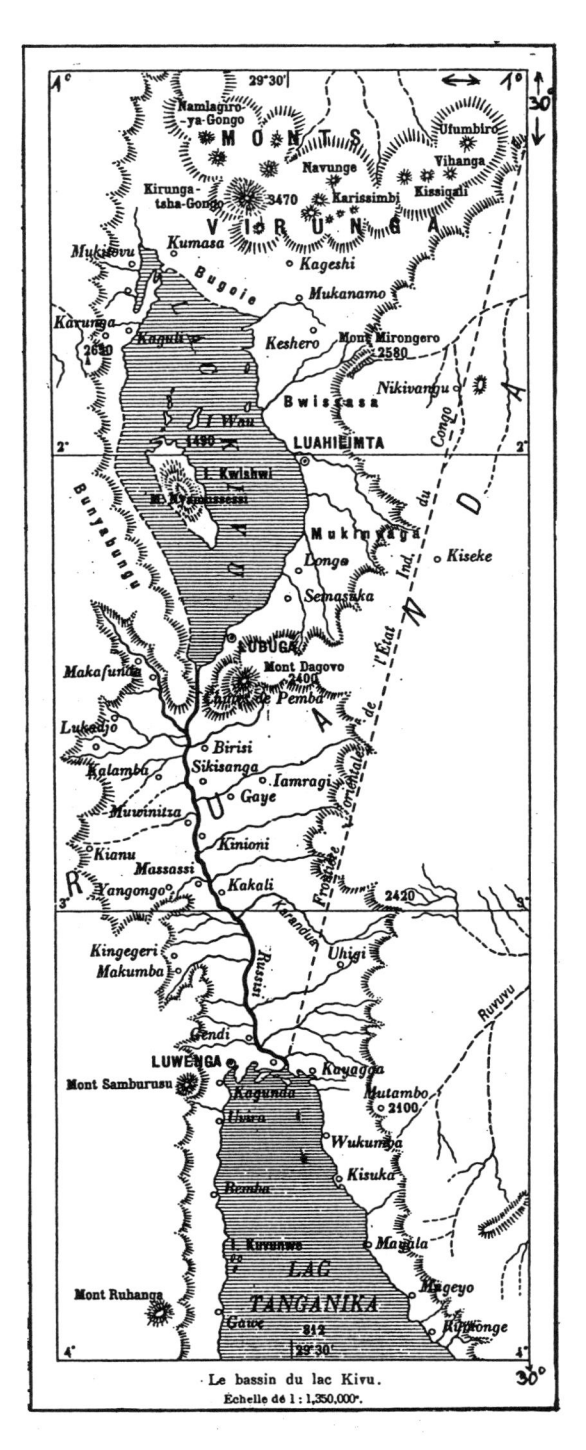

2. Zur Entstehungsgeschichte

Die Wurzeln des Kivu-Grenzstreits reichen zurück bis zur Berliner Kongo-Konferenz 1884/85, die auf einer Initiative Bismarcks zurückgeht. Er hatte den Versuch unternommen, die kolonialen Aktivitäten der in Afrika interessierten Mächte zu koordinieren, die Freiheit des deutschen Handels im Kongobecken zu wahren und den auf Initiative des belgischen Königs entstehenden Kongo-Staat in berechenbare politische Bahnen zu lenken. Von Ruanda war damals nur vom Hörensagen die Rede.

Im Ergebnis wurde der belgische König Leopold II. zum eigentlichen Gewinner dieser diplomatischen Zusammenkunft, denn er erreichte die Anerkennung seiner »Association Internationale du Congo« als ein Staat, der die Souveränität über das Kongobecken ausüben sollte. Er selbst durfte ab 28. April 1885 als König des »Etat Indépendant du Congo« fungieren.[2]

Die Kongokonferenz hatte aber auch ihre Auswirkungen auf das Denken und Handeln der deutschen Regierung, denn unmittelbar nach Konferenzabschluß, am 27. Februar 1885, erging ein »Kaiserlicher Schutzbrief« zugunsten der privaten ostafrikanischen Erwerbungen eines gewissen Dr. Carl Peters (1856–1918). Die Gesellschaft, die Peters damals vertrat, wurde auch danach noch politisch unterstützt, weitere Landerwerbungen zu betreiben. Bismarck und die deutsche Reichsregierung haben damals kaum das Problem gesehen, daß das entstehende und sich vergrößernde deutsche Kolonialgebiet irgendwann an das königlich-belgische Kongo-Kolonialreich stoßen mußte, das seinerseits Vorstellungen über seine Ostgrenze entwickelte, und daß daraus ein Grenzkonflikt entstehen könnte. Nach den Ergebnissen der Kongo-Konferenz, wie sie die deutsche Seite verstand, konnte sich der Kongostaat nur jenseits, das heißt westlich des Tanganyika-Sees und seines nördlichen Zuflusses, des Rusizi, erstrecken. Genaues war geographisch nicht geläufig, und Aufklärung wurde wegen fehlenden Problembewußtseins zunächst auch nicht betrieben.

Der belgische König Leopold II. war offenbar wesentlich vorausschauender. Nach der Kongo-Konferenz gab er nicht nur, wie vorgesehen, eine Beitrittserklärung des »Etat Indépendant du Congo« zur Kongo-Akte und den Entwurf einer Neutralitätserklärung ab. Der Text, der dem deutschen Reichskanzler am 5. Juni 1885 zuging, enthielt auch eine Feststellung, der zufolge die östliche Grenze des Kongo-Staates für einen bestimmten Abschnitt folgenden Verlauf haben sollte:

»Le 30° est de Greenwich jusqu'à l'hauteur de 1° 20' lat. sud. Une ligne droite menée de l'intersection du 30° de long. est avec le parallèle de 1° 20' jusqu'à l'extrémité septentrionale du lac Tanganyika. La ligne médiane du lac Tanganyika.«

Une « ligne médiane » marquant la frontière venait donc d'être tracée tout à coup. Elle devait relier le point situé par 30° de long. est et 1°20' de lat. sud à la pointe nord du lac Tanganyika. Le roi Léopold II a également fait circuler à cette époque des cartes avec ce tracé. Bismarck qui ne voulait pas être détourné en 1885 des problèmes européens plus urgents par des questions relatives à des régions africaines encore inexplorées confia au ministère allemand des Affaires étrangères le soin de s'occuper du problème. Celui-ci ne disposait cependant malheureusement pas à cette époque ni d'une direction des affaires coloniales expérimentée ni d'experts capables de vérifier plus dans le détail les documents reçus. Le dossier atterrit donc sur le bureau d'un fonctionnaire qui, quoiqu'ayant fait le procès-verbal de la Conférence sur le Congo, ne maîtrisait pas assez bien la question pour en saisir toute l'ampleur. D'autre part, les cartes imprécises étaient réalisées à une grande échelle si bien que les différences géographiques devaient paraître peu importantes. La partie allemande croyait que la frontière susmentionnée correspondait à peu près au tracé de la rivière Rusizi.[3] En conséquence, on prit note du tracé de la frontière défini par Léopold II en 1885 en indiquant simplement de manière imprécise les contradictions avec d'autres accords. La déclaration de neutralité de l'Etat du Congo en date du 25 août 1885 fut ratifiée par une note de la partie allemande. Le tracé de la frontière défini par le roi des Belges fut repris plus tard aussi dans des cartes officielles allemandes.[4] En fait, l'affaire semblait désormais réglée, et le facteur temps commença par jouer en faveur de l'Etat indépendant du Congo.

Le Traité germano-britannique sur Helgoland et Zanzibar en date du 1er juillet 1890 fut le premier élément à apporter des modifications – tout juste perceptibles tout d'abord – sur le papier en faveur de la position allemande. L'Allemagne avait à sa tête un nouveau chef de gouvernement. En effet, Leopold von Caprivi (1831–1899) assura la succession d'Otto von Bismarck de 1890 à 1894. Etant donné que son intérêt pour les colonies était encore moindre que celui de son prédécesseur, Caprivi tenait absolument à éviter toute friction avec des puissances européennes sur des questions coloniales. Le Traité du 1er juillet 1890 qui prenait également en considération les accords germano-britanniques datant du mois d'octobre 1886 et juillet 1887 devait permettre une répartition équitable des intérêts avec la Grande-Bretagne. L'Allemagne recevait la petite île d'Helgoland située au nord de l'Allemagne et renonçait en échange à la région de Witu (qui se situe aujourd'hui au Kenya) ainsi qu'aux positions coloniales sur l'île de Zanzibar. De son côté, la Grande-Bretagne s'engageait à faire pression sur le Sultan de Zanzibar pour qu'il renonce à ses droits sur la côte de l'Afrique orientale au profit de l'Allemagne. Pour le reste, le Traité sur Helgoland et Zanzibar n'était pas un traité frontalier; il réglementait au contraire uniquement la délimitation exacte des sphères d'influence en Afrique orientale. Les positions allemandes devaient s'avancer jusqu'aux lacs situés au cœur de l'Afrique, c'est-à-dire les lacs Njassa et Tanganyika qui

Hier war also plötzlich als Grenzabschnitt eine »schräge Linie«, neu geschöpft worden. Sie sollte vom Schnittpunkt des 30. Längenkreises mit dem südlichen Breitenkreis 1 Grad 20 Minuten bis zu Nordspitze des Tanganyika-Sees verlaufen. König Leopold II. hat damals auch entsprechende Landkarten ins Spiel gebracht. Bismarck selbst wollte 1885 nicht durch Fragen über unerschlossene afrikanische Regionen von dringenderen europäischen Problemen abgehalten werden und überließ die Bearbeitung dem Auswärtigen Amt. Dort aber gab es weder eine erfahrene Kolonialabteilung noch Experten, die sich zu genaueren Überprüfung der erhaltenen Dokumente in der Lage sahen. Der Aktenvorgang ging damals an einen Beamten, der zwar Protokoll bei der Kongo-Konferenz geführt hatte, aber den Komplex inhaltlich nicht beherrschte. Zudem waren die Maßstäbe auf den ungenauen Karten groß, so daß geographische Differenzen klein erscheinen mußten. Die deutsche Seite glaubte, die genannte Grenze falle in etwa mit dem Lauf des Rusizi-Flußes zusammen.[3] Im Ergebnis wurde die von König Leopold II. 1885 geschöpfte Grenzlinie zur Kenntnis genommen und auf Widersprüche zu anderen Absprachen nur in unpräziser Form hingewiesen. Die Neutralitätserklärung des Kongo-Staates vom 25. August 1885 wurde durch eine deutsche Note ratifiziert. Die Grenzlinie des belgischen Königs fand später auch Eingang in offizielle deutsche Landkarten.[4] Hiermit schien die Angelegenheit eigentlich erledigt, und der Zeitfaktor begann in dieser Grenzfrage zunächst für den »Etat Indépendant du Congo« zu arbeiten.

Erste, allerdings zunächst kaum bemerkbare Veränderungen auf dem Papier zugunsten der deutschen Position brachte der deutsch-britische »Helgoland-Sansibar-Vertrag« vom 1. Juli 1890. In Deutschland hatte der Regierungschef gewechselt. Auf Otto von Bismarck war von 1890 bis 1894 Leopold von Caprivi (1831–1899) gefolgt. Da dieser sich noch weniger als sein Vorgänger für Kolonien begeistern konnte, lag Caprivi viel daran, wegen kolonialer Fragen keine Reibungen mit europäischen Mächten entstehen zu lassen. Mit dem Vertrag vom 1. Juli 1890, der auf deutsch-britische Absprachen vom Oktober 1886 und Juli 1887 aufbaute, sollte ein Interessenausgleich mit Großbritannien erzielt werden. Deutschland erhielt die kleine Nordseeinsel Helgoland und verzichtete dafür auf die Witu-Region (heute in Kenia gelegen) sowie auf koloniale Positionen auf der Insel Sansibar. Großbritannien seinerseits verpflichtete sich, den Sultan von Sansibar zu bewegen, auf seine Rechte an der ostafrikanischen Küste zugunsten Deutschlands zu verzichten. Im übrigen war der »Helgoland-Sansibar-Vertrag« kein Grenzvertrag, er regelte vielmehr nur die genauere Abgrenzung von Interessensphären in Ostafrika. Die deutschen Positionen sollten bis an die innerafrikanischen Seen, das heißt den bekannten Njassa- und den Tanganyika-See, reichen. Da der nördlich davon gelegene Kivu-See noch wenig bekannt war, wurde er im Vertragswerk auch nicht erwähnt. Das Gesamtkonzept dieser deutsch-britischen Abmachung

étaient bien connus. Etant donné que le lac Kivu situé au nord de ces derniers était encore peu connu à l'époque, il n'était pas mentionné dans le Traité. La conception globale de cet accord germano-britannique allait cependant dans le sens que, s'ils pouvaient atteindre la région interlacustre, les intérêts allemands pouvaient aussi s'étendre jusqu'au lac Kivu.

Concernant la région nord-ouest de la sphère d'influence allemande, le Traité stipule à l'article 1er les dispositions suivantes qui témoignent de connaissances géographiques très limitées :

« En Afrique orientale, la région réservée à l'Allemagne pour faire valoir son influence est délimitée comme suit :

1. (…) jusqu'au point situé sur la rive orientale du lac Victoria – Nyanza qui rejoint le premier degré de latitude sud. A partir de ce point, la ligne traverse le lac à la latitude susmentionnée, qu'elle suit jusqu'à la frontière de l'Etat du Congo, où elle se termine. On s'est mis d'accord entre-temps sur le fait que la sphère d'influence allemande sur la partie occidentale de ce lac ne comprend pas le mont Mfumbiro. Dans le cas où cette montagne s'avérerait se situer au sud de la latitude susmentionnée, la frontière devra être tracée de manière à exclure de la sphère d'influence allemande la montagne en question tout en rejoignant cependant le point final décrit ci-dessus (…) ».[5]

Etant donné que la montagne connue sous le nom de mont Mfumbiro (alors qu'il s'agit en réalité du Muhabura, 4127 m) se situe en fait dans le nord-ouest du Rwanda et à l'ouest de la ligne médiane évoquée par Léopold II et que la sphère d'influence allemande pouvait s'étendre, de l'avis germano-britannique, encore plus loin à l'ouest du mont Mfumbiro, l'Allemagne était en droit d'en déduire une revendication coloniale sur l'ensemble du Rwanda. Vu sous cet angle, le pays devenait pour la première fois en 1890, même si c'était peu évident, une partie de l'empire colonial allemand reconnue à l'échelon international. La carte britannique de 1890 qui porte le nom « Wyld's New Map of Central Africa » indique dans le même état d'esprit la rivière Rusizi comme faisant partie de la frontière occidentale de la sphère d'influence allemande. Les conditions étaient désormais réunies pour entraîner un conflit frontalier avec l'Etat du Congo.

Le 1er janvier 1891, l'Empire allemand prenait officiellement la charge du protectorat de l'Afrique orientale allemande et le siège du gouvernement était installé à Dar es-Salaam. L'ensemble de l'administration était confiée à un gouverneur nommé par l'Empereur et qui était en règle générale aussi commandeur de la Troupe de protection également créée en 1891. Cette troupe comptait cette année-là quelque 120 Européens (dont environ un quart de personnel médical) et 1.562 Africains, dont 12 officiers et 50 sous-officiers.[6]

Il s'agissait désormais de mettre en place progressivement une véritable administration. Cette dernière fut tout d'abord limitée à la côte avant de pouvoir être

spricht aber dafür, daß die deutschen Interessen, wenn sie schon bis an die innerafrikanischen Seen reichen sollten, sich dann auch bis zum Kivu-See erstrecken durften.

Hinsichtlich des Nordwestens des deutschen Einflußbereichs trifft der Vertrag im Artikel 1 noch folgende, die sehr begrenzte geographische Kenntnisse reflektierenden Feststellungen:
»In Ostafrika wird das Gebiet, welches Deutschland zur Geltendmachung seines Einflusses vorbehalten wird, begrenzt:
1.... bis zu demjenigen Punkte am Ostufer des Viktoria-Nyanza-Sees, welcher von dem ersten Grad südlicher Breite getroffen wird. Von hier den See auf dem genannten Breitengrad überschreitend, folgt sie dem letzteren bis zur Grenze des Congostaates, wo sie ihr Ende findet. Es ist indessen Einverständnis darüber vorhanden, daß die deutsche Interessenssphäre auf der Westseite des genannten Sees nicht den Mfumbiro-Berg umfaßt. Falls sich ergeben sollte, daß dieser Berg südlich des genannten Breitengrades liegt, so soll die Grenzlinie in der Weise gezogen werden, daß sie den Berg von der deutschen Interessenssphäre ausschließt, gleichwohl aber zu dem vorher bezeichneten Endpunkte zurückkehrt...«[5]
Da der vermeintliche Berg Mfumbiro (in Wirklichkeit der Muhabura, 4127 m) tatsächlich im Nordwesten Ruandas westlich der von König Leopold II. ins Spiel gebrachten Grenzlinie lag und sich die deutsche Interessenssphäre aus deutschbritischer Sicht noch weiter westlich vom Berg Mfumbiro ausdehnen durfte, konnte Deutschland daraus einen kolonialen Anspruch auf Gesamtruanda herleiten. So gesehen wurde das Land erstmals ab 1890, wenn auch eher unmerklich, ein international anerkannter Teil des deutschen Kolonialbereichs. Die britische Karte von 1890 »Wyld's New Map of Central Africa« weist auch dementsprechend den Rusizi-Fluß als ein Stück Westgrenze der deutschen Einflußsphäre aus. Damit war ein Grenzstreit mit dem Kongo-Staat vorprogrammiert.

Am 1. Januar 1891 übernahm das Deutsche Kaiserreich offiziell die Verwaltung des Schutzgebietes Deutsch-Ostafrika, Sitz des Gouvernements wurde Dar-es-Salaam. Die gesamte Verwaltung wurde einem vom Kaiser ernannten Gouverneur unterstellt, der in der Regel gleichzeitig Kommandeur der ebenfalls 1891 gegründeten Schutztruppe war. Sie hatte in diesem Jahr eine Stärke von rund 120 Europäern (davon rund ein Viertel medizinisches Personal) und 1562 Afrikaner, darunter 12 Offiziere und 50 Unteroffiziere.[6]

Nun galt es, allmählich eine wirkliche Verwaltung aufzubauen. Sie war zunächst auf die Küste beschränkt, bevor sie auf das Landesinnere ausgedehnt werden

étendue à l'intérieur du pays. Le travail d'explorateurs voyageurs allemands, tels que Franz Stuhlmann, Oscar Baumann et le comte Gustav Adolf von Götzen[7], s'avérèrent une aide précieuse pour acquérir les connaissances géographiques nécessaires à cet effet. En particulier la traversée du Rwanda par le comte von Götzen en 1894 et la publication, tout de suite après, du récit de son expédition sous le titre «Durch Afrika von Ost nach West» («°L'Afrique d'est en ouest°») ont fait connaître pour la première fois en Europe la partie nord-ouest de l'Afrique orientale allemande. Le gouvernement allemand reconnut alors que la ligne médiane reliant le point d'intersection situé par 30° de long. est et 1°20' de lat. sud à la pointe nord du lac Tanganyika ne suivait absolument pas le tracé de la rivière Rusizi, mais qu'elle coupait au contraire en deux une région fort prometteuse. Si la ligne médiane introduite par Léopold II avait été réalisée à la longue, l'ensemble du lac Kivu et environ les 2/5 du Rwanda actuel (9955 km^2), c'est-à-dire la partie située au nord-ouest d'une ligne imaginaire reliant les villes actuelles de Gatuna, Gitarama, Gikongoro et Nshili, seraient – on s'en est rendu compte par la suite – aujourd'hui congolais.

Après 1894, l'Allemagne commence donc à s'appliquer à obtenir une correction de la frontière. Elle insiste tout d'abord dans une note datée du 2 février 1895 pour que cette ligne droite située au nord du lac Tanganyika soit remplacée par une ligne naturelle plus pratique. Par ailleurs, la partie allemande s'efforce de développer encore son administration militaire dans le nord-ouest de la colonie. C'est ainsi que l'officier allemand Hans Ramsay fonde en mai 1896 le poste d'Udjidji sur les bords du lac Tanganyika. Un an plus tard, le poste militaire d'Usumbura est créé à la pointe nord du lac par le capitaine Heinrich Bethe. A partir de là, l'administration militaire allemande parvient à rassembler peu à peu des informations plus précises sur les régions de l'Urundi et du Rwanda situées au nord. En effet, il était prévu que cette région soit, elle aussi, placée à long terme sous une administration structurée. Dès 1896, des forces militaires congolaises s'étaient cependant installées à l'est de la rivière Rusizi près d'Ischangi. Il était donc irrémédiable que les militaires allemands s'avançant vers le nord se heurtent à un moment ou à un autre aux représentants sur place de l'Etat du Congo gouverné par le Roi des Belges.

3. Un conflit latent

En 1897, le destin vient en aide aux Allemands de manière inattendue. En effet, des émeutes éclatent parmi les forces congolaises si bien que les Belges se voient dans l'obligation de se retirer de la rive orientale de la Rusizi. En 1898, des unités militaires du Congo belge se réfugient même à Usumbura pour se placer sous la protection de l'Allemagne. Le chef du poste allemand d'Usumbura, le capitaine Bethe, en arrive alors à la conclusion que la région frontalière connaît désormais

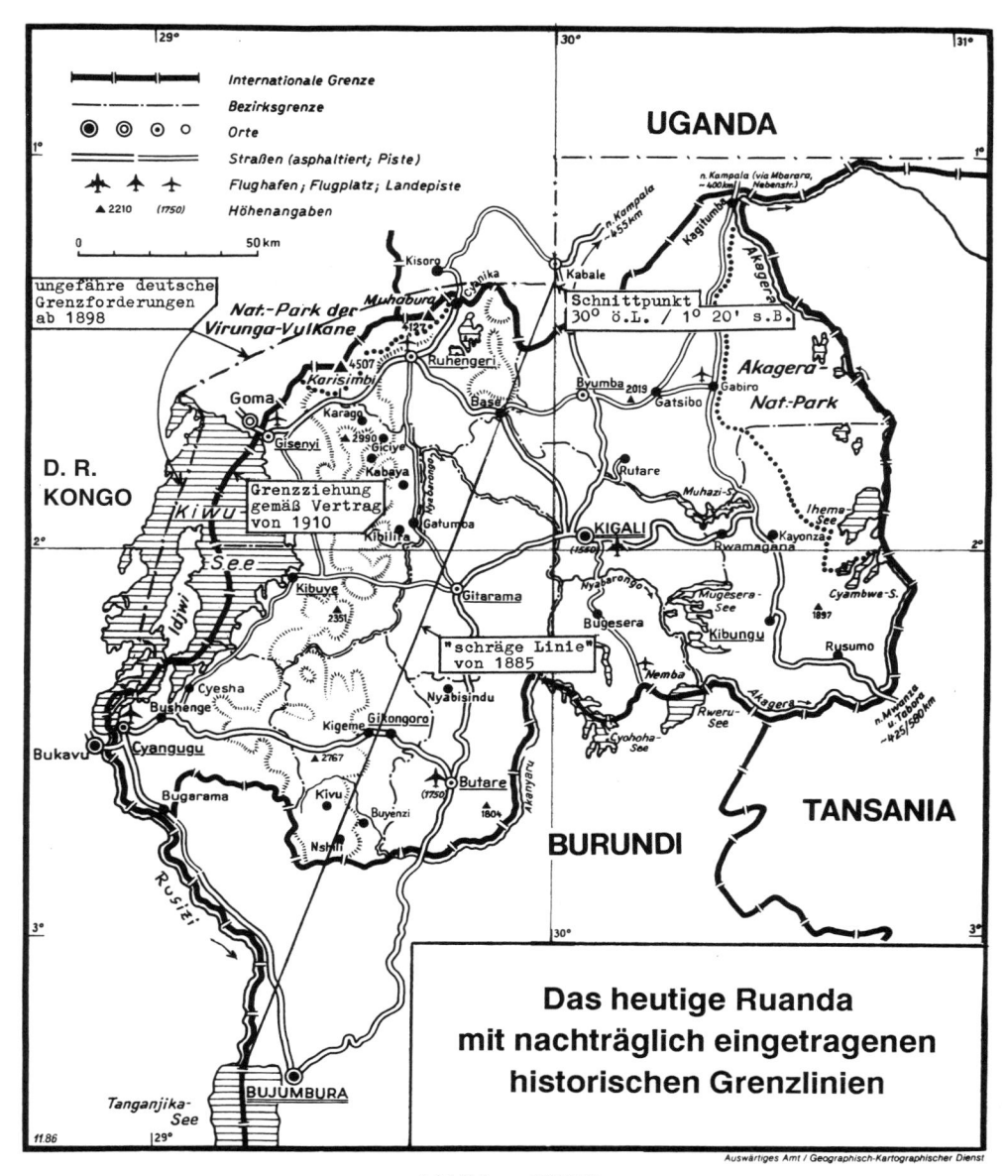

Abbildung XVIII
Das heutige Ruanda mit nachträglich eingetragenen historischen Grenzlinien.
Le Rwanda actuel avec les frontières historiques tracées ultérieurement: point géographique d'intersection situé par 30° de longitude est et 1°20' de latitude sud; « ligne de démarcation oblique » definie en 1885 par le roi Léopold II de Belgique; revendications allemandes approximatives à partir de 1898; tracé des frontières conformément au Traité de 1910.

konnte. Als hilfreich erwiesen sich bei der Gewinnung der dafür notwendigen geographischen Kenntnisse die Leistungen deutscher Forschungsreeisender wie Franz Stuhlmann, Oscar Baumann und Gustav Adolf Graf von Götzen.[7] Insbesondere die Ruandadurchquerung des Grafen Götzen von 1894 und die anschließende Veröffentlichung seines Expeditionswerkes »Durch Afrika von Ost nach West« haben die Nordwestecke von Deutsch-Ostafrika erstmals in Europa näher bekannt gemacht. Die deutsche Regierung erkannte jetzt, daß die Grenzlinie vom Schnittpunkt 30° ö. L./1° 20' s. B. zur Nordspitze des Tanganyika-Sees keineswegs auch nur annähernd mit dem Rusizi-Fluß zusammenfiel, vielmehr eine vielversprechende Region zerschnitt. Wäre die von König Leopold II. erdachte Grenzlinie auf Dauer realisiert worden, so wären, wie sich später herausstellte, der gesamte Kivu-See und rund zwei Fünftel des heutigen Ruanda (9955 km^2), das heißt der Teil nordwestlich einer gedachten Linie zwischen den heutigen Orten Gatuna – Gitarama – Gikongoro – Nshili, kongolesisch geworden.

Nach 1894 begann Deutschland eine Grenzkorrektur anzustreben. Zunächst legte es in einer Note vom 2. Februar 1895 Wert darauf, diese gradlinige Grenze nördlich des Tanganyika-Sees durch eine zweckmäßigere und natürliche zu ersetzen. Im übrigen bemühte sich die deutsche Seite, ihre Militärverwaltung im Nordwesten der Kolonie weiter auszubauen. So gründete im Mai 1896 der deutsche Offizier Hans Ramsay die Station Udjidji am Tanganyika-See. Ein Jahr später wurde am Nordende des Sees durch Hauptmann Heinrich Bethe der Militärposten Usumbura angelegt. Von hier aus gelang es der deutschen Militärverwaltung, allmählich genauere Kenntnisse über die nördlich gelegenen Gebiete Urundis und Ruandas zu gewinnen. Denn auch diese Region sollte langfristig unter eine strukturierte Verwaltung gestellt werden. Bereits 1896 hatten sich jedoch kongolesische militärische Kräfte östlich des Rusizi-Flußes bei Ischangi niedergelassen. Notwendigerweise mußten die nach Norden vordringenden deutschen Militärs irgendwann mit den dortigen Vertretern des königlich-belgisch regierten Kongo-Staates kollidieren.

3. Grenzstreit auf Sparflamme

1897 kam das Schicksal den Deutschen auf unerwartete Weise entgegen. Unter den kongolesischen Truppen brachen nämlich Meutereien aus, so daß sich die Belgier gezwungen sahen, vom östlichen Rusizi-Ufer abzuziehen. 1898 flüchteten sogar belgisch-kongolesische Kräfte nach Usumbura, um sich unter deutschen Schutz zu stellen. Der deutsche Postenchef in Usumbura, Hauptmann Bethe, kam

une situation insupportable pour la sécurité allemande et il décide « d'occuper » avec ses modestes forces d'au moins 100 askaris la rive orientale de la Rusizi. Cependant, en octobre 1899, les unités en fuite du Congo belge désirent réintégrer leurs anciennes positions. Les deux camps armés se retrouvent donc tout à coup face à face près de Tschiwitoke sur le bord de la Rusizi (aujourd'hui Cibitoke dans le Nord du Burundi[7a]). L'affrontement est imminent. Cependant, les Européens ne se livrent pas encore à cette date de bataille sur le lac Kivu. Au contraire, le capitaine Bethe et son collègue belge, le capitaine Hecq, conviennent, le 23 novembre 1899, de maintenir le statu quo. Un provisoire typique devient durable : l'Empire allemand exerce à compter de cette date ses droits de souveraineté sur le territoire controversé; quant à l'Etat du Congo, il obtient le droit d'y créer quand même des postes militaires qui ne doivent cependant pas être plus importants en effectifs que l'occupation allemande. Il n'est pas précisé à l'époque plus en détail de quelle région il s'agit lorsqu'on parle de « territoire contesté » ou de « pays en question ». Des négociations ont lieu plus tard entre Berlin et Bruxelles au cours desquelles les responsables se mettent d'accord, sauvant ainsi la face, sur le fait qu'il est difficile de négocier une frontière exacte et utile sans carte convenable. Suit donc un accord germano-belge mis en œuvre par un échange de notes daté du 10 avril 1900 selon lequel les deux parties s'entendent à constituer tout d'abord une équipe commune d'arpentage qui sera envoyée sur place et chargée d'effectuer le relevé cartographique de l'ensemble de la région. C'est là que se dessine pour la première fois officiellement le début d'une correction de la frontière.[8]

Nul ne semblait à cette époque particulièrement pressé, ni à Bruxelles ni à Berlin. Cependant, la légation allemande à Bruxelles informa le ministère allemand des Affaires étrangères que, conformément à une information de presse, les membres de la Commission frontalière belge devraient se mettre en route dès le 30 juillet 1900.[9] Il s'est avéré plus tard que cette information était incorrecte, néanmoins elle a eu l'avantage d'inciter la direction des colonies du ministère allemand des Affaires étrangères à rechercher au plus vite les membres qui pourraient faire partie de la commission allemande. La question était de les trouver.

Au ministère allemand des Affaires étrangères, on se souvenait de l'ancien capitaine Karl Herrmann, né le 15 avril 1863, qui avait déjà servi en 1889 dans l'ancienne « troupe Wissmann » et qui était resté, plus tard, au service de la Troupe de protection en Afrique orientale allemande. Karl Herrmann ne s'était pas seulement distingué dans les combats contre les arabes, mais aussi dans les postes administratifs qui lui avaient été confiés ainsi que dans les travaux d'arpentage frontalier réalisés en 1898/99 sur les lacs Njassa et Tanganyika. En août 1899, il avait quitté l'armée pour entreprendre, avec ses économies, des études de minéralogie et de géologie à l'Université de Heidelberg. Vers le milieu de l'année 1900, il y effectuait justement son deuxième semestre d'études. Le ministère allemand des

daraufhin zu der Auffassung, daß jetzt im Grenzgebiet eine für die deutsche Sicherheit unerträgliche Situation eingetreten sei, und entschied, das östliche Ufer von Rusizi und Kivusee mit seinen bescheidenen Kräften von reichlich 100 Askaris »zu besetzen«. Im Oktober 1899 wollten jedoch Truppen des Kongo-Staates zu ihren alten Positionen zurückkehren. Bei Tschiwitoke am Rusizifluß (heute Cibitoke in Nord-Burundi[7a]) standen sich plötzlich beide Seiten militärisch gegenüber. Die Konfrontation war da. Aber die Europäer beschossen sich damals doch nicht am Kivu-See, vielmehr einigten sich Hauptmann Bethe und sein belgischer Kollege Capitaine Hecq am 23. November 1899, den eingetretenen Zustand beizubehalten. Es wurde ein typisches Provisorium von Dauer vereinbart: Das deutsche Reich übte von nun an in dem umstrittenen Gebiet die Hoheitsrechte aus, der Kongo-Staat durfte jedoch darin militärische Posten errichten, die nicht stärker sein durften, als die deutsche Besatzung. Welche Landschaften als umstrittenes Gebiet, das heißt als »territoire contesté« oder »Pays en question« anzusehen waren, ist damals nicht näher festgelegt worden. Es kam später zu Verhandlungen zwischen Berlin und Brüssel, wobei man sich gesichtswahrend in der Erkenntnis einig wurde, daß ohne vernünftige Karten nur schwer über eine genaue und zweckmäßige Grenze verhandelt werden könnte. In einer weiteren, am 10. April 1900 durch Notenaustausch vollzogenen deutsch-belgischen Absprache wurde daher festgelegt, daß zunächst eine gemeinsame Vermessungsexpedition das ganze Gebiet kartographisch erfassen sollte. Damit zeichnete sich erstmals offiziell der Beginn einer Grenzkorrektur ab.[8]

Weder in Brüssel noch in Berlin schien man es damals eilig zu haben. Da berichtete jedoch die deutsche Gesandtschaft in Brüssel an das Auswärtige Amt, daß gemäß einer Pressemeldung die Mitglieder der belgischen Grenzkommission bereits am 30. Juli 1900 abreisen sollten.[9] Später stellte sich heraus, daß diese Nachricht so nicht stimmte, dennoch wirkte sie auf die Kolonialabteilung des Auswärtigen Amtes als Ansporn, nun beschleunigt nach Personal für die eigene Kommission Ausschau zu halten. Doch woher nehmen?

Im Auswärtigen Amt erinnerte man sich des Hauptmanns a. D. Karl Herrmann, geboren 15. April 1863. Er war bereits 1889 in die damalige »Wissmann-Truppe« eingetreten und später bei der Schutztruppe in Deutsch-Ostafrika verblieben. Karl Herrmann hatte sich nicht nur in Gefechten gegen Araber, sondern auch auf Verwaltungsposten und bei Grenzvermessungen 1898/99 am Njassa- und am Tanganyikasee bewährt. Im August 1899 war er aus der Truppe ausgeschieden, um mit seinen Ersparnissen an der Universität Heidelberg Student der Mineralogie und Geologie zu werden. Dort absolvierte er Mitte 1900 gerade sein zweites Studiensemester. Das Auswärtige Amt fragte nun bei ihm an, ob er nicht eine neue Vermessungs-Aufgabe am Kivu-See übernehmen wolle. Letztlich reizte ihn das Angebot.

Affaires étrangères lui demanda s'il était prêt à se charger d'une nouvelle mission d'arpentage sur les bords du lac Kivu. La proposition dut éveiller son intérêt car il accepta et commença par calculer pour le ministère allemand des Affaires étrangères les coûts de personnel qu'entraînerait une telle mission.[10] Le 5 août 1900, l'ancien capitaine Herrmann était nommé officiellement commissaire d'Empire et chef de groupe.

Le capitaine Herrmann se met en route, accompagné de trois autres collaborateurs : le professeur E. Lamp, astronome de l'Université de Kiel, le lieutenant Heinrich Fonck et le géomètre-technicien Dannert. Plus tard un sergent-chef viendra se joindre à eux.[11]

A la mi-novembre 1900, le groupe arrive à Tabora où l'on attend le 22 novembre 1900, date à laquelle doit se produire une éclipse solaire. Le professeur Lamp entend saisir cette occasion pour déterminer dans cette position de la manière la plus précise possible la longitude géographique de l'endroit°![12]

Le 12 décembre 1900, la commission frontalière allemande atteint enfin Udjidji sur les bords du lac Tanganyika et, le 30 décembre 1900, le capitaine Herrmann est en mesure de prendre contact avec l'Allemagne à partir d'«°Ussumbura». Pour faire ses rapports, il utilise dorénavant un nouveau papier portant l'en-tête officiel: «Règlement frontalier entre l'Afrique orientale allemande et l'Etat du Congo» et il signe toujours : «Herrmann, commissaire d'Empire et ancien capitaine». Il fait savoir au ministère allemand des Affaires étrangères qu'il attend l'arrivée de la commission frontalière belge.

Enfin, le 10 février 1991, le capitaine Herrmann communique à partir d'Usumbura au ministère qu'il a terminé les travaux d'arpentage nécessaires sur place et que les commissaires frontaliers belges accompagnés de deux sous-officiers et de leur escorte sont arrivés eux aussi depuis deux jours et qu'ils sont en train d'installer leur campement fixe. Dès ce moment-là, le capitaine Herrmann critique le fait que, du côté belge, seul le capitaine Bastien semble disposer des compétences techniques nécessaires pour procéder à des travaux d'arpentage; par ailleurs, les questions de compréhension linguistique posent des problèmes. Le capitaine Herrmann écrit à ce sujet:

«(…) Il m'a expliqué (le capitaine Bastien) en réponse à ma demande officielle qu'aucun membre de sa commission ne parle allemand ou n'est même capable de déchiffrer une lettre écrite en allemand si bien qu'il a été obligé jusqu'à présent de se faire traduire mes lettres par des messieurs du poste militaire d'ici, ce à quoi j'ai répondu que j'avais l'intention d'informer mon gouvernement de cette situation. J'ai attiré également son attention sur le fait que, selon les usages internationaux, il est de rigueur dans une commission mixte ou bien que chacun des commissaires maîtrise la langue de l'autre ou bien qu'il ait un interprète à sa disposition, à moins que les deux gouvernements ne se soient mis d'accord au préalable sur une éventuelle troisième langue comme langue officielle. Etant

Er nahm an und begann zunächst für das Auswärtige Amt den Personalbedarf zu kalkulieren.[10] Am 5. August 1900 wurde Hauptmann a. D. Herrmann förmlich zum Reichskommissar und Gruppenleiterchef ernannt.

Mit drei weiteren Mitarbeitern ging er schließlich auf Reisen, nämlich mit einem Astronomen der Universität Kiel, dem Professor Dr. E. Lamp, dem Oberleutnant Heinrich Fonck und dem Vermessungstechniker Dannert. Später stieß noch ein Feldwebel hinzu.[11]

Mitte November 1900 war die Gruppe endlich in Tabora angekommen, wo man wegen einer Sonnenfinsternis den 22. November 1900 abwartete. Professor Lamp wollte die Gelegenheit nutzen, um unter dieser Konstellation möglichst genau die geographische Länge des Ortes bestimmen zu können![12]

Am 12. Dezember 1900 war die deutsche Grenzkommission schließlich in Udjidji am Tanganyika-See eingetroffen, und am 30. Dezember 1900 konnte sich Hauptmann Herrmann aus »Ussumbura« melden. Zur Berichterstattung verwendete er von nun an neues Briefpapier mit dem amtlichen Briefkopf »Grenzregulirung zwischen Deutsch-Ostafrika und dem Congostaat«. Unterschrieben wurde stets mit »Herrmann, Kaiserlicher Kommissar und Hauptmann a. D.« Dem Auswärtigen Amt teilte er mit, daß man auf die Ankunft der belgischen Grenzkommission warte.

Endlich, am 10. Februar 1901, konnte Hauptmann Herrmann aus Usumbura berichten, daß er die am Platze notwendigen Vermessungsarbeiten erledigt habe, und daß seit zwei Tagen nun auch die belgischen Grenzkommissare mit zwei Unteroffizieren und Eskorte eingetroffen seien und ihr Standlager aufbauten. Kritisch merkte Hauptmann Herrmann allerdings gleich an, daß auf belgischer Seite offenbar Capitaine Bastien die einzige technisch hinlänglich ausgebildete Persönlichkeit sei, um Vermessungsarbeiten vorzunehmen; im übrigen mache die sprachliche Verständigung Schwierigkeiten. Hauptmann Herrmann hierzu wörtlich:

> »... da er (Kapitän Bastien, d. A.) mir auf eine offizielle Anfrage erkärte, daß kein einziges Mitglied seiner Kommission der deutschen Sprache mächtig sei oder überhaupt nur einen deutsch-geschriebenen Brief lesen könnte, so daß er sich bis jetzt meine Briefe erst von Herren der hiesigen Station übersetzen lassen müsse, so habe ich ihm erklärt, daß ich diesen Umstand meiner Regierung mitteilen würde. Ich machte ihn dabei aufmerksam, daß nach internationalem Gebrauch bei einer gemischten Kommission entweder jeder Kommissar die Sprache des anderen beherrschen oder einen Dolmetscher haben müsse oder daß sich die beiderseitigen Regierungen vorher über eine, ev. dritte Sprache als offizielle einigen müßten. Da in unserem Falle nichts von dem zutreffe und ich

donné qu'aucune de ces conditions n'est remplie dans notre cas et que je dois me servir de l'allemand conformément à mes instructions, j'ai déclaré que nous étions disposés dans nos rapports avec eux à nous servir du français uniquement sous réserve et de manière à ne pas perturber la poursuite des travaux. – En ce qui concerne les équipements des deux commissions, nous sommes très largement mieux équipés que les Congolais, tout comme nous l'étions davantage que les Anglais à Niassa en 1898, tant au plan des modèles que de la qualité, ce qui ne veut pas dire pour autant que les livraisons fournies par l'entreprise Tippelskirch & Co. ne laissent pas à désirer à certains points de vue. Il serait souhaitable que l'entreprise susmentionnée nous livre enfin une toile de tente qui soit traitée de manière à ne pas avoir déjà perdu toute couleur de même que son étanchéité au bout de quatre semaines. (…) »[13]

Enfin, le 14 mai 1901, le capitaine Herrmann est fier de communiquer la nouvelle suivante:

« (…) Nous sommes parvenus à faire la triangulation de la région jusqu'au lac Kivu et toutes les colonnes se sont retrouvées au camp d'Ishangi. Nous avons toutes les raisons d'être satisfaits des résultats obtenus jusqu'à présent, tant en ce qui concerne les erreurs de triangulation que les résultats cartographiques. J'ai l'intention de rester ici tant que la carte du sud du Kivu ne sera pas terminée; la triangulation le long de la rive orientale en direction du nord ne posera pas de difficultés. (…) »[14]

Malheureusement, le groupe a à déplorer en mai 1901 la mort soudaine du professeur Lamp. La partie belge n'est pas en meilleure posture puisque le docteur Tilmann qui faisait partie de l'équipe y est décédé de la fièvre hématurique. Par ailleurs, le capitaine Herrmann a l'impression que l'ardeur au travail a diminué également, pour d'autres raisons, du côté du Congo belge. En effet, celui-ci vient d'être informé du fait que la Belgique a l'intention de céder dans le litige du Kivu en échange de compensations en Chine, si bien que la commission frontalière belge a décidé qu'il lui suffit de commencer les travaux d'arpentage directement à la pointe nord du Kivu, ce qui amène le capitaine Herrmann à dire avec sarcasme: « … à condition toutefois de pouvoir qualifier de ‹travail› ce qu'ils font … »[15]

Dans un autre rapport daté du 12 juillet 1901, le commissaire d'Empire fait de nouvelles remarques peu positives sur ses collègues de la partie congolaise:

»°(…) La commission congolaise se trouvait encore, aux dernières nouvelles, à Usumbura qu'elle a l'intention de quitter à la mi-juillet. J'ai du mal à comprendre comment ces messieurs de Belgique veulent s'y prendre pour terminer le travail s'ils poursuivent au rythme actuel; on a de plus en plus l'impression qu'ils ne sont pas capables de faire une triangulation correcte. (…) »[16]

Le capitaine Herrmann a fait en tout cas pour sa part la triangulation de la région

Abbildung XIX
Hauptmann Herrmann in seinem Arbeitszelt, 1901.
Le capitaine Herrmann dans son tente de travail, 1901.

meiner Instruktion gemäß mich der deutschen Sprache zu bedienen hätte, so würden wir uns im Verkehr mit ihnen der französischen Sprache des ferneren nur unter Vorbehalt bedienen und nur um den Fortgang der Arbeiten nicht zu stören. – Was die Ausrüstungen der beiden Kommissionen anbetrifft, so stechen wir mit unserer die der Congolesen bedeutend aus, ebenso wie 1898 die der Engländer am Niassa, sowohl was Modelle, wie Qualität anbetrifft; womit jedoch nicht gesagt sein soll, daß die Lieferung von Tippelskirch & Co. nicht manches zu wünschen übrig ließe. Es wäre wünschenswert, wenn obige Firma endlich mal einen Zeltstoff liefert, der so imprägniert ist, daß er nicht nach 4 Wochen bereits entfärbt und regenundicht wird ...«[13]

Endlich, unter dem Datum des 14. Mai 1901, sah sich Hauptmann Herrmann in der Lage, stolz zu melden,
»... daß wir mit der Triangulation am Kivu angelangt sind und sämtliche Kolonnen sich im Lager Ishangi vereinigt haben. Mit den bisherigen Resultaten können wir zufrieden sein, sowohl was Dreiecksschlußfehler als auch kartographische Ausbeute anbetrifft. Ich beabsichtige, noch solange hierzubleiben, bis die Karte des Südens des Kivu vollendet ist; die Triangulation längs des Ostufers nach Norden wird keine Schwierigkeiten bieten ...«[14]

Leider hatte die Gruppe im Mai 1901 den plötzlichen Tod des Professors Lamp zu beklagen. Der belgischen Seite ging es ähnlich, dort war Dr. Tilmann an Schwarzwasserfieber gestorben. Im übrigen schien nach dem Eindruck von Hauptmann Herrmann der Arbeitsgeist auf belgisch-kongolesischer Seite auch aus anderen Gründen eingeschränkt zu sein. Dort war nämlich die Nachricht eingetroffen, Belgien wolle gegen Kompensationen in China in der Kivu-Grenzfrage nachgeben, woraus die belgische Grenzkommission wiederum schloß, daß es für sie genügen würde, gleich am Nordende des Kivu mit der Arbeit zu beginnen, was Hauptmann Herrmann zu der sarkastischen Bemerkung verleitete: »... wenn man das, was sie ›Arbeit‹ nennen, überhaupt mit diesen Worten bezeichnen kann ...«[15]

In einem weiteren Bericht vom 12. Juli 1901 glaubte der Reichskommissar über die Kollegen auf der kongolesischen Seite wieder nicht viel Positives melden zu können, denn er teilte mit:
»... Die kongolesische Kommission befand sich nach den letzten Nachrichten noch in Usumbura, wollte aber Mitte Juli auch abmarschieren. Es ist mir unverständlich, wie die belgischen Herren die Arbeit bewältigen wollen, wenn sie in ihrem bisherigen Tempo weiterarbeiten; es gewinnt immer mehr den Anschein, als wenn sie der Aufgabe einer regulären Triangulation nicht gewachsen sind ...«[16]

Hauptmann Herrmann ist auf dem östlichen, von den Deutschen besetzten Kivu-

allant de la rive orientale du lac Kivu occupée par les Allemands jusqu'à la pointe nord du lac. Les dossiers allemands de l'époque ne permettent pas de savoir dans quelle mesure la commission belgo-congolaise est parvenue sur sa rive occidentale à faire des relevés précis jusqu'au nord. En fait, cette question d'arpentage exact n'a guère d'importance pour la suite des événements politiques. Il convient dans cette perspective de comprendre mieux les Belges. La commission frontalière commune du Kivu avait été créée au début de l'année 1900 avant tout pour gagner du temps et pour rechercher des solutions permettant de sauver la face. Le gain de temps avait été conquis et les deux parties l'avait utilisé pour discuter de l'endroit et de la manière dont la frontière serait tracée à long terme. Le rapport rédigé à l'époque par le lieutenant Werner von Grawert, chef du « poste militaire impérial d'Usumbura » met en lumière le fait que les différents représentants en mission sur les bords du lac Kivu n'ont pas seulement fait de la triangulation mais aussi du travail de réflexion. Dans le cadre d'un déplacement, von Grawert s'est rendu en avril 1901 au Rwanda, en particulier auprès de la commission frontalière du Kivu qui travaillait dans son district administratif et auprès de Kandt, savant qu'il l'estimait beaucoup et qui s'était installé comme chercheur privé à Ishangi sur les bords du lac Kivu.[17] Etant donné que la commission frontalière savait peu de choses par exemple sur l'appartenance territoriale de l'île Ijwi située sur le lac Kivu, von Grawert proposa de consulter Kandt en sa qualité d'expert. Celui-ci remit donc le 20 octobre 1901 un rapport dans lequel il s'exprimait de manière plutôt réservée quant à la persistance de l'Allemagne à vouloir conserver l'île Ijwi, car il ne voyait pas vraiment pourquoi elle appartiendrait au Rwanda. Il convenait en particulier de tenir compte du contexte politique de l'époque et par conséquent du fait que le plus important pour l'Allemagne était de conserver la rive orientale du lac Kivu. En conclusion, Kandt écrivait :

> « (…) Par rapport au grand avantage que constituerait pour nous l'obtention de la rive orientale du Kivu comme frontière, la possession des îles Kwidjwi et Kwiwindscha *(NB: orthographe de l'époque choisie par Kandt)*, aussi agréable soit-elle, serait insignifiante. (…) »

En mars 1902, les moyens financiers mis à la disposition de la commission frontalière allemande du Kivu sont épuisés. Le capitaine Herrmann dissout donc, après des activités qui ont duré plus d'un an, son expédition pour rentrer en Allemagne. Le 1er mai 1902, il quitte Udjdji pour rentrer dans son pays en passant par Dar es-Salaam. Une fois rentré à Berlin, le capitaine Herrmann évalue jusqu'au mois d'avril 1903 les résultats obtenus par la commission frontalière, se servant dans toute la mesure du possible des connaissances que lui a communiquées Kandt sur le pays et ses habitants.[18] Du côté du Congo belge, les travaux d'arpentage se poursuivent après le départ des membres de la commission allemande pendant quelque temps encore. Cela n'a cependant aucun impact politique. Du côté allemand, une réserve méfiante demeure. Par exemple, lorsque des membres de la

See-Ufer jedenfalls triangulierend bis zur Nordspitze des Sees vorgedrungen. Inwieweit die belgisch-kongolesische Kommission auf ihrem westlichen Seeufer damals genauer vermessend je bis zum Norden vorgestoßen ist, läßt sich aus den deutschen Akten nicht klar ermitteln. Im Grunde war die Frage der exakten Vermessung für den Fortgang der politischen Entwicklung auch gar nicht so wichtig. Man muß für die Belgier in dieser Hinsicht Verständnis aufbringen. Die gemeinsame Kivu-Grenzkommission war Anfang 1900 vornehmlich unter dem Aspekt geschaffen worden, Zeit zu gewinnen und nach gesichtswahrenden Lösungen zu suchen. Der Zeitgewinn war eingetreten, und beide Seiten hatten ihn zur Diskussion darüber genutzt, wo und wie auf Dauer die Grenze gezogen werden sollte. Daß die verschiedenen Repräsentanten am Kivu-See nicht nur Triangulation, sondern auch Denkarbeit betrieben haben, verdeutlicht die damalige Berichterstattung des Oberleutnants Werner von Grawert, des Chefs der »Kaiserlichen Militärstation Usumbura«. Im Rahmen einer Dienstreise besuchte er im April 1901 Ruanda, insbesondere die in seinem Amtsbezirk tätige Kivu-Grenzkommission und den von ihm verehrten Gelehrten Dr. Kandt, der sich als Privatforscher in Ishangi am Kivu-See niedergelassen hatte.[17] Da sich die Grenzkommission zum Beispiel über die territoriale Zugehörigkeit der Insel Ijwi im Kivu-See wenig im klaren war, schlug von Grawert vor, Kandt als Sachverständigen zu konsultieren. Letzterer erstattete daraufhin unter dem Datum des 20. Oktober 1901 ein Gutachten, worin er sich hinsichtlich eines deutschen Insistierens auf dem Besitz der Insel Ijwi eher zurückhaltend äußerte, denn er sah keine klare Zugehörigkeit zu Ruanda. Zu berücksichtigen seien vor allem die vorherrschenden politischen Verhältnisse, und hier sei es für Deutschland am wichtigsten, das Ostufer des Kivusees zu behalten. Abschließend stellte Kandt daher fest:

> »... dem großen Gewinn gegenüber, der bestände, wenn wir das Ostufer des Kivu als Grenze bekämen, würde der Besitz der Inseln Kwidjwi und Kwiwindscha *(Anm.: damalige Schreibweise Kandts)*, so angenehm er auch wäre, verschwinden...«

Im März 1902 waren die finanziellen Mittel für die deutsche Kivu-Grenzkommission erschöpft. Hauptmann Herrmann löste daher nach über einjähriger Tätigkeit seine Expedition auf, um nach Deutschland zurückzukehren. Am 1. Mai 1902 brach er von Udjdji aus über Dar-es-Salaam in die Heimat auf. Hauptmann Herrmann wertete nach seiner Ankunft in Berlin etwa bis April 1903 die Materialien der Grenzkommission aus und verwandte dabei soweit wie möglich auch Kandts Erkenntnisse über Land und Leute.[18] Auf belgisch-kongolesischer Seite gingen die Vermessungsarbeiten nach der Abreise der deutschen Kommissionsmitglieder noch eine Zeitlang weiter. Politische Bedeutung erlangte dies jedoch nicht mehr. Auf deutscher Seite verblieb eine mißtrauische Vorsicht. Wenn zum Beispiel aus technischen Gründen Mitglieder der kongolesischen Grenzkommission am Ost-

commission frontalière congolaise viennent à longer pour des raisons techniques la rive orientale du lac Kivu, c'est à dire la partie occupée par les Allemands, ils sont si possible accompagnés de représentants allemands afin d'éviter que la population n'ait l'impression que cette partie du Rwanda puisse tout de même être attribuée en fin de compte à l'Etat congolais.[19]

4. Règlement d'une querelle de 25 ans

Depuis 1899, le statu quo était avantageux du point de vue militaire pour la partie allemande si bien qu'elle ne pressait pas pour trouver un règlement rapide. Le maintien du «provisoire» sur le lac Kivu fut cependant également favorisé par le fait que Léopold II, roi des Belges et souverain de l'Etat congolais, n'était pas prêt de son vivant à céder officiellement sur la question de la «ligne médiane». Au contraire, ses représentants semblaient vouloir tester encore une fois la fermeté de la position allemande. En novembre 1908, des unités congolaises érigèrent en effet un poste militaire sur les bords du lac Bolero (lac également appelé Mwulero qui se situe dans la partie nord-ouest du Rwanda, au nord-est de Ruhengeri), ce à quoi la partie allemande ne s'attendait pas du tout. Richard Kandt, entre-temps résident impérial du Rwanda, protesta aussitôt énergiquement et donna l'ordre de marche à des unités militaires allemandes. On en vint alors à un nouvel accord provisoire, daté du 5 mars 1909, entre Kandt et son «homologue» belge, le commandant Derche, qui prévoyait que le poste militaire congolais serait à nouveau supprimé mais que la partie allemande s'engageait pour sa part à ne pas stationner de militaire allemand au nord du lac Bolero. Le gouvernement belge se refusant à reconnaître cet accord[20] une certaine part d'insécurité subsistait. Il a en effet fait savoir dans une note datée du 27 août 1909 au ministère allemand des Affaires étrangères à Berlin qu'il lui était impossible de ratifier l'arrangement entre MM. Derche et Kandt parce que ce dernier était trop désavantageux pour la Belgique.[21]

Le litige frontalier du Kivu devait, pour finir, être réglé sur la base d'un accord germano-britannique, dû à l'initiative de Bernhard Dernburg, secrétaire d'Etat aux colonies à Berlin, ce banquier et outsider qui avait été nommé en 1906 directeur de la politique coloniale et qui devait rester en fonctions jusqu'au milieu de l'année 1910.

Pour mieux comprendre, il me semble important d'ouvrir ici une parenthèse. Une commission frontalière germano-britannique avait été créée de manière analogue à la commission frontalière du Kivu en 1901. A l'appui des procès-verbaux de cette commission, des entretiens avaient eu lieu en juin 1906 à Berlin et en mai 1908 à Londres entre des représentants allemands et britanniques au cours desquels s'était dessinée une coopération au détriment de l'Etat du Congo.[22] Dern-

ufer des Kivu-Sees, also auf der von den Deutschen besetzten Seite, entlang marschieren wollten, wurden sie möglichst von deutschen Vertretern begleitet, um ja nicht unter der Bevölkerung den Eindruck aufkommen zu lassen, dieser Teil Ruandas könnte doch noch dem Kongostaate zugeschlagen werden.[19]

4. Befriedung nach 25jährigem Zwist

Der Status quo war seit 1899 für die deutsche Seite militärisch günstig und drängte daher nicht zu einer schnellen Regelung. Die Erhaltung des »Provisoriums« am Kivu-See wurde aber auch dadurch gefördert, daß der belgische König Leopold II. und Herr des Kongostaates zu seinen Lebzeiten einem förmlichen Nachgeben in der Frage der »schrägen Grenzlinie« nicht zugetan war. Im Gegenteil, seine Vertreter schienen die Standfestigkeit der deutschen Position erst noch einmal testen zu wollen. Im November 1908 errichteten nämlich kongolesische Kräfte, für die deutsche Seite ganz unerwartet, am Bolero-See (zum Teil auch Mwulero-See geschrieben, im Nordwesten Ruandas, nordöstlich von Ruhengeri) eine militärische Station. Richard Kandt, inzwischen Kaiserlicher Resident von Ruanda, protestierte sofort energisch und veranlaßte, daß deutsche militärische Kräfte in Marsch gesetzt wurden. Es kam dann zu einem neuen vorläufigen Abkommen, datiert 5. März 1909, zwischen Kandt und seinem belgischen »Gegenüber«, dem Commandant Derche, in dessen Folge die kongolesische Militärstation zwar wieder geräumt wurde, die deutsche Seite sich aber ihrerseits verpflichtete, kein deutsches Militär nördlich des Bolero-Sees zu stationieren. Die belgische Regierung wiederum hat dieses Abkommen nicht genehmigt[20] und somit ein neues Stück Ungewißheit geschaffen. Sie ließ durch eine Note vom 27. August 1909 an das Auswärtige Amt in Berlin erklären, sie könne das Arrangement Derche-Kandt nicht ratifizieren, weil es zu sehr zum Nachteil Belgiens sei.[21]

Der Kivu-Grenzstreit sollte letztlich auf der Basis einer deutsch-britischen Verständigung der Erledigung zugeführt werden, wobei die Initiative von Kolonial-Staatssekretär Bernhard Dernburg in Berlin ausging, jenem Manne, der 1906 als Außenseiter zum Leiter der Kolonialpolitik ernannt wurde und bis Mitte 1910 im Amt blieb.

Zum besseren Verständnis hierzu eine Seiteneinblendung. Vergleichbar mit der Kivu-Grenzkommission von 1901 hatte es auch eine deutsch-britische Grenzkommission gegeben. Auf der Basis ihrer Ergebnisprotokolle hatten im Juli 1906 in Berlin und im Mai 1908 in London Gespräche zwischen britischen und deutschen Vertretern stattgefunden, in denen sich eine Zusammenarbeit gegen den Kongo-Staat anbahnte.[22] Dernburg vertrat frühzeitig die Meinung, daß es ein vergeblicher

burg argumenta de bonne heure qu'il était vain de chercher à parvenir à un règlement du litige avec Léopold II. Lorsque le litige frontalier du Kivu avec l'Etat congolais fit de nouveau parler de lui au moment de l'avance des unités militaires belges sur les bords du lac Bolero en 1908/09, Dernburg considéra que le moment était venu de confier l'affaire au nouveau chancelier de l'Empire allemand à Berlin, Theobald von Bethmann-Hollweg. Avec la participation de Kandt, le Résident qui se trouvait alors en congé en Allemagne, Dernburg fit élaborer par ses collaborateurs de l'Office impérial des colonies un aide-mémoire daté du 21 octobre 1909. La participation de Kandt était due à l'initiative du gouverneur de Dar es-Salaam, Albrecht von Rechenberg. En effet, lorsque Kandt quitta Dar es-Salaam à la fin du mois de mai 1909 pour rentrer en congé en Allemagne, von Rechenberg lui remit une lettre datée du 22 mai 1909 et adressée au secrétaire d'Etat de l'Office impérial des colonies dans laquelle on peut lire des passages instructifs :

> « (…) M. Kandt, le porteur de cette lettre, est à ma connaissance la personne qui connaît le mieux le Rwanda et les régions frontalières. Si des négociations sont entamées avec l'Angleterre ou avec la Belgique (…) concernant les frontières, je conseille fortement de le consulter (…) Il est possible qu'il ne soit pas très bien vu du personnel de l'Office impérial des colonies étant donné qu'il est extérieur à la politique et qu'il est titulaire de l'ordre de l'Aigle rouge, néanmoins. (…) »[23]

Dernburg, lui-même un élément extérieur au départ à la politique, a apparemment fait appel sans la moindre réserve à Kandt.

Dans l'aide-mémoire susmentionné daté du 21 octobre 1909, sont évoqués avec un certain sarcasme mélangé d'amertume la naissance et le déroulement du litige entre l'Allemagne et le Congo. Il est souligné que l'Allemagne aurait en fait pu s'attendre de la part de Léopold II, étant donné l'aide considérable qu'elle avait fournie en vue de la fondation de l'Etat congolais en 1885, à une politique marquée d'une certaine reconnaissance. Au lieu de cela, le Roi des Belges avait tracé à la sauvette avec des talents de prestidigitateur une ligne arbitraire censée marquer la frontière de l'Afrique orientale allemande. Il était donc désormais plus réaliste du point de vue politique de s'entendre avec le plus fort, c'est-à-dire avec l'Angleterre; une association d'intérêts avec l'Angleterre se situait par ailleurs dans le cadre de la tendance politique générale pratiquée par l'Allemagne; enfin, les deux pays avaient des différends communs avec l'Etat du Congo dans les domaines de la politique commerciale, économique et coloniale.[24] Afin de réaliser cet objectif politique, Dernburg avait commencé dès 1906 à peu près à préparer le terrain d'une entente avec l'Angleterre, étant même prêt à renoncer à certains avantages dans la « région du Mfumbiro » (la chaîne volcanique située au nord-est du Rwanda)[25] Le 26 avril 1909, une conférence germano-britannique se réunissait donc finalement à Berlin, qui aboutit au traité du 19 mai 1909[26], dans lequel les deux parties conviennent d'un échange de territoires limité ainsi que du tracé de la

Versuch sei, mit dem belgischen König Leopold II. zu einer Regelung zu gelangen. Als der Kivu-Grenzstreit mit dem Kongostaat durch das Vordringen belgischer militärischer Kräfte am Bolero-See 1908/09 wieder von sich reden machte, schien nach Ansicht Dernburgs die Zeit gekommen, den neuen Reichskanzler in Berlin, Theobald von Bethmann-Hollweg, mit der Sache zu befassen. Unter Beteiligung des Residenten Kandt, der sich im Heimaturlaub befand, ließ Dernburg im Reichs-Kolonialamt von seinen Mitarbeitern eine auf den 21. Oktober 1909 datierte Denkschrift ausarbeiten. Kandts Beteiligung ging auf eine Initiative des Gouverneurs in Dar-es-Salaam, Albrecht von Rechenberg zurück. Als nämlich Kandt Ende Mai 1909 von Dar-es-Salaam aus in den Urlaub nach Deutschland abreiste, gab ihm der Gouverneur einen Brief, datiert 22. Mai 1909, an den Staatssekretär des Reichs-Kolonialamts mit, der folgende instruktive Passagen enthält:

»... Dr. Kandt, welcher diesen Brief überbringen wird, ist der beste Kenner Ruandas und der Grenzgebiete. Sollen Verhandlungen mit England oder Belgien ... über die Grenzen eingeleitet werden, so rate ich dringend, ihn hinzuzuziehen ... Freilich wird er als Outsider und Inhaber des Roten Adlerordens von den Beamten im Reichs-Kolonialamt vielleicht nicht gern gesehen ...«[23]

Nun, Dernburg, selbst Außenseiter, hat Kandt offensichtlich ohne Bedenken hinzugezogen.

In der genannten Denkschrift vom 21. Oktober 1909 werden Entstehung und Verlauf des deutsch-kongolesischen Grenzstreits mit sarkastisch-bitterem Unterton dargestellt. Es wird darauf hingewiesen, daß Deutschland eigentlich vom belgischen König Leopold II. für die erhebliche Hilfestellung, die er bei der Schaffung des Kongo-Staates 1885 von deutscher Seite erhalten habe, eine Politik gewisser Dankbarkeit hätte erwarten können. Statt dessen habe Leopold II. mit Taschenspieler-Kunststücken eine willkürliche Grenzlinie zu Deutsch-Ostafrika eingeschmuggelt etc. Es sei jetzt realpolitisch klüger, mit dem Stärkeren, England, zusammenzugehen; ein Interessenverbund mit England liege im Rahmen der allgemeinen politischen Tendenz der deutschen Politik; außerdem bestünden gemeinsame Gegensätze zum Kongo-Staat auf dem Gebiet der Handels-, Wirtschafts- und Eingeborenenpolitik.[24] Um diesem politischen Ziel näherzukommen, hatte Dernburg etwa ab 1906 begonnen, auf eine Verständigung mit England hinzuarbeiten, wobei er bereit war, Verzichte im »Mfumbiro-Gebiet« (der Vulkankette im Nordosten Ruandas) hinzunehmen.[25] Am 26. April 1909 war dann schließlich in Berlin eine deutsch-britische Konferenz zusammengetreten. Ergebnis war ein Vertrag vom 19. Mai 1909[26], in dem man sich über einen beschränkten Gebietsaustausch sowie über den Grenzverlauf zwischen Deutsch-Ostafrika und Britisch-Uganda einigte. In einem geheimen Zusatzprotokoll war außerdem vereinbart

frontière entre l'Afrique orientale allemande et l'Ouganda britannique. Dans un protocole additionnel secret, il était convenu par ailleurs que la Grande-Bretagne et l'Allemagne ne concluraient qu'ensemble un traité avec la Belgique qui émettait elle aussi des revendications sur ces territoires.[27]

La partie belge ne pouvait et ne voulait pas refuser à la longue le principe selon lequel les frontières naturelles devaient être respectées et le Rwanda non divisé. La mort de Léopold II en décembre 1909 facilita largement la tâche à la Belgique et lui permit de céder à la pression germano-britannique. Elle accepta donc que soient organisées des négociations qui débutèrent en février 1910 à Bruxelles.[28] Après de longs entretiens, menacés par de nombreuses crises, les parties au conflit finirent par trouver un compromis et signèrent le 14 mai 1910 un traité entre l'Allemagne et la Belgique, d'une part, et l'Allemagne et la Grande-Bretagne d'autre part.[29] Dans la mesure où l'Allemagne devait renoncer à certains territoires dans cet arrangement avec la Grande-Bretagne et la Belgique, elle s'y résolut avec le sentiment que «les (…) erreurs politiques commises dans les années 1880 et 1890 ne pouvaient pas être effacées sans les expier d'une certaine façon. (…)»[30] La conférence a abouti à la frontière qui existe actuellement entre la Rép. Dem. de Congo, le Rwanda et l'Ouganda et qui porte également le nom de ligne Rusizi-Kivu-Virunga. Les limites définies le 14 mai 1910 correspondent dans une large mesure à la répartition des différentes ethnies.

Si Kandt et les officiers allemands en poste sur les rives du lac Kivu n'ont pas voulu – comme le remarque Hans Meyer dans son journal en 1911 – comprendre le contexte et le sens profond du compromis signé entre l'Allemagne, la Belgique et la Grande-Bretagne, c'est bien regrettable. Ils se montraient ainsi injustes envers Dernburg, le secrétaire d'Etat de l'Office impérial des colonies, et envers la diplomatie allemande. Il s'agissait en effet d'une répartition relativement équitable des intérêts dans la mesure où celle-ci était réalisable à l'époque dans le cadre des possibilités des puissances coloniales. Ce compromis n'a pas été remis en question jusqu'à aujourd'hui. Même le Roi du Rwanda n'a vraiment déploré manifestement en 1911 que la perte des territoires entourant la Niragongo.[31] Qu'il me soit permis de faire encore cette remarque même: le Traité sur Helgoland et Zanzibar signé en 1890 est reconnu aujourd'hui comme étant plus équitable que l'opinion publique allemande n'a voulu le voir à l'époque. La situation en 1911, lorsque se termine le litige frontalier du Kivu, est, il faut bien le dire, beaucoup plus facile pour la diplomatie allemande qu'elle ne l'était en 1890: puisque le tracé de la frontière dans la lointaine Afrique centrale montagneuse n'intéressait pas l'opinion publique européenne, que les négociateurs n'ont pas fait l'objet de pressions ni avant ni après la conclusion du Traité et que l'avis des Allemands résidant au Rwanda n'était pas vraiment décisif en 1910/1911.

worden, daß Großbritannien und Deutschland nur gemeinsam einen Vertrag mit Belgien, das selbst Ansprüche in diesen Gebieten erhob, schließen würden.[27]

Gegen den Grundsatz, daß natürliche Grenzen beachtet werden sollen und Ruanda nicht geteilt werden dürfe, konnte und wollte sich die belgische Seite auf Dauer nicht stellen. Der Tod König Leopolds II. von Belgien im Dezember 1909 erleichterte es ihr dabei wesentlich, dem britisch-deutschen Druck nachzugeben. Belgien stimmte schließlich Verhandlungen zu, die im Februar 1910 in Brüssel begannen.[28] Nach langwierigen, von vielen Krisen gefährdeten Unterredungen wurden schließlich im Kompromißwege am 14. Mai 1910 zwischen Deutschland und Belgien einerseits und Deutschland und Großbritannien andererseits Verträge geschlossen, die den jahrzehntelangen Streit beendeten.[29] Soweit Deutschland bei diesem Arrangement gegenüber Großbritannien und Belgien einzelne territoriale Verzichte leisten mußte, tat es dies in dem Gefühl, daß »die ... in den 1880er und 1890er Jahren begangenen politischen Fehler nicht ohne eine gewisse Sühne ungeschehen gemacht werden konnten ...«[30] Das Konferenzergebnis erbrachte die gegenwärtig zwischen der Demokratischen Republik Kongo, Ruanda und Uganda bestehende Staatsgrenze, die auch die Rusizi-Kivu-Virunga-Grenze genannt wurden. Die Grenzfestlegungen vom 14. Mai 1910 entsprachen überwiegend den ethnischen Mehrheitsverhältnissen.
Wenn, wie Hans Meyer in seinem Tagebuch aus dem Jahre 1911 vermerkt, Kandt und die deutschen Offiziere am Kivu-See den Hintergrund und den tieferen Sinn des deutsch-belgisch-britischen Kompromisses nicht einsehen wollten, so bleibt dies zu bedauern. Sie taten damit wohl doch dem Staatssekretär des Reichskolonialamts Dernburg und der deutschen Diplomatie Unrecht. Es war ein relativ ausgewogener Interessenausgleich, wie er damals im Rahmen des Möglichen zwischen den Kolonialmächten erzielbar war, zustande gekommen. Er wird bis heute nicht in Frage gestellt. Selbst der ruandische König hat 1911 damals offenbar nur dem Verlust der Gebiete um den Niragongo wirklich nachgetrauert.[31] Angemerkt sei: Auch dem Helgoland-Sansibar-Vertrag von 1890 wird heute ein tieferer auf Ausgleich zielender Sinn und Zweck zuerkannt, was die deutsche Öffentlichkeit damals nicht einsehen wollte. Die deutsche Diplomatie hatte es 1911 bei der Beendigung des Kivu-Grenzstreits allerdings wesentlichen einfacher als 1890: Die Grenzziehung im fernen bergigen Zentralafrika hat die europäische Öffentlichkeit nicht bewegt, die Verhandlungsführer kamen weder vor noch nach Vertragsabschluß unter Druck, und auf die Meinung der Deutschen vor Ort in Ruanda kam es 1910/11 nicht entscheidend an.

5. Anmerkungen / *Annotations*

1 Vgl. die zahlreichen kritischen Tagebuchnotizen von Hans Meyer 20. und 21. Juli, 8., 9., 12., 24. August 1911 und die Konfrontation mit dem Congo-Staat, dargestellt bei Bindseil: »Ruanda und Graf Götzen ...«, 1992, Abschnitt IV.
2 Hans H. Klein/Werner Lauff: »Ein Staat für König Leopold. Von der Entdeckung des Kongo bis zur Berliner Konferenz«, Zeitschrift »Internationales Afrikaforum«, 1984, S. 267–278.
Vgl. auch Steltzer, »Die Deutschen und ihr Kolonialreich«, 1984, S. 77–85.
3 Vgl. »Der Kivusee-Grenzstreit mit dem Kongostaat«, in »Deutsches Kolonialblatt«, 1916, S. 127–185.
Roger Louis, »Ruanda-Urundi 1884–1919«, Oxford 1963.
Siehe auch Bundesarchiv, Abteilungen Potsdam (ZStA), jetzt Abt. R., Akte 10.01–633. Sie enthält die Denkschrift des Reichskolonialamts an den Reichskanzler Bethmann-Hollweg vom 19. Oktober 1909, Bl. 286 ff, in der eine rückblickende analytische Darstellung des Kivu-Grenzstreits gegeben wird. Bl. 293 wird vom Taschenspielerkunststück König Leopolds II. gesprochen.
4 Siehe die Kartenwerke bei Franz Stuhlmann: »Mit Emin Pascha ins Herz von Afrika«, Berlin 1894, u. a. nachgedruckt bei Bindseil: »Graf Götzen«, S. 23, 49 und 112. Auf der hier beigefügten Karte von Ruanda wurde die »schräge Grenzlinie« nachträglich eingezeichnet.
5 Vgl. Hubatsch, 1984, Grundriß zur deutschen Verwaltungsgeschichte, Bd. 22, S. 370; Text des Helgoland-Sansibar-Vertrages vom 1. Juli 1890 unter Nr. 10032, S. 151–157, bei Aegidi-Klauhold-Delbrück: »Das Staatsarchiv. Sammlung der offiziellen Actenstücke zur Geschichte der Gegenwart«, Bd. 51, Leipzig 1891; außerdem Dt. Kolonialblatt 1, 1890, S. 120.
6 Vgl. Steltzer, Die Deutschen u. ihr Kolonialreich 1984, S. 54-65;
Hans Georg Prager – Richard Frömsdorf: »Es begann auf Sansibar – 100 Jahre DOAG«, Lübeck (H. G. Prager Verlag) 1986.
E. Nigmann, Geschichte der Kaiserlichen Schutztruppe für Deutsch-Ostafrika, 1911, S. 170.
7 Vgl. Bindseil: »Graf Götzen«, Kapitel III und VIII 2.
7a Tschiwitoke ca. 10 km nördlich des 3. Breitenkreises. Siehe auch »Chronologische Übersicht«: Oktober 1898 und April 1900: Gründung des Militärpostens Ischangi am Südende des Kivusees; sowie Ruandakarte Abb. VIII.
8 Vgl. Anm. 7, Kapitel IV, S. 98 ff. und 141.
9 Vgl. Akte Bundesarchiv, Abt. Potsdam, jetzt Abt. R, ZStA 10.01–592, Vermessung der deutsch-kongolesischen Grenze am Kivu-See, Bl. 42.
10 ZStA 10.01–592, Bl. 67.
11 ZStA 10.01–592, Bl. 110.
12 ZStA 10.01–593, Bl. 18 ff.
13 ZStA 10.01–593, Bl. 26/27.
14 ZStA 10.01–593, Bl. 41 ff.
15 ZStA 10.01–593, Bl. 42.
16 ZStA 10.01–593, Bl. 51.
17 Vgl. Bindseil: »Götzen«, S. 141 ff., und »Kandt«, S. 73–79 und 165, sowie ZStA 10.01–594, Bl. 7.
Vgl. auch ZStA 10.01–278 (Bereisung des ostafrikanischen Schutzgebiets durch Beamte ... und Schutztruppenangehörige ...), Bl. 37 ff.
18 ZStA 10.01–594, Bl. 49, vgl. auch 10.01–633, Bl. 298 ff.
19 ZStA 10.01–290 (Expeditionen der Kaiserlichen Schutztruppe ...), Bl. 193 u. 196, Bericht von Beringe vom 27. 11. 1902).
20 ZStA 10.01–633, Grenzverletzungen in Deutsch-Ostafr., Bl.301.
21 Bonn, Politisches Archiv des Auswärtigen Amts, Akte Belgische Kongokolonie, Nr. 3 Bd. 3.

22 Schiefel, »Bernhard Dernburg«, 1974, S. 123;
R. Louis, »Ruanda-Urundi«, 1963, S. 55 ff.
23 ZStA 10.01–263, S. 109.
24 Schiefel, »Bernhard Dernburg«, 1974, S. 122.
ZStA 10.01–633, Bl. 306.
25 Schiefel, »Bernhard Dernburg«, 1974, S. 123.
R. Louis, »Ruanda-Urundi«, 1963, S. 60.
26 ZStA 10.01–633, Bl. 39 ff.
27 ZStA 10.01–633 Bl. 44.
28 Zum Konferenzverlauf siehe R. Louis, 1963, S. 79 ff.
Bericht vom 27. Mai 1910 »Über die in Brüssel geführten Verhandungen behufs Abgrenzung des Nordwestens von Deutsch-Ostafrika«, Politisches Archiv des Auswärtigen Amts, Akte »Alte Verträge 88 b«.
Belgische Darstellung zur Beendigung des Kivu-Grenzstreits in No.59 – Chambre des Représentants, Séance du 23 Décembre 1910, Projet de loi approuvant la Convention du 11 août 1910 qui détermine les frontières de la Colonie belge du Congo et du Protectorat allemand de l'Afrique orientale, pp. 1–10.
29 Die faktische Beendigung erfolgte im Rahmen des technischen »Protokolls betreffend die deutsch-belgische Grenzvermessung in Ruanda« vom 25. Juni 1911, Deutsches Kolonialblatt Nr. 14 vom 15. Juli 1912, S. 645, basierend auf »Abkommen, betr. Festlegung der Grenze zwischen Deutsch-Ostafrika und der Belgischen Kongokolonie v. 11. Aug. 1910«, in Deutsches Kolonialblatt 1911, S. 613–617.
30 Siehe Anmerkung 28, Bericht vom 27. Mai 1910, dort S. 14.
31 Jahresbericht der Residentur Ruanda, 1911, S. 28, Bruxelles, Arch. afr. RU 5598.

IV. Remarques sur la Première Guerre mondiale et la fin de la présence coloniale allemande au Rwanda

1. L'impensable se produit

En 1911, l'Empire allemand est au sommet de sa gloire et de son succès apparents. Hans Meyer est un représentant typique de l'Allemagne de l'époque dans la mesure où il lui paraît naturel que sa patrie fasse partie du cercle des puissances coloniales établies. Mais cela implique aussi pour lui la nécessité de vivre, travailler, organiser, explorer, se donner des tâches et les résoudre dans les territoires coloniaux. Il considère que la domination outre-mer pratiquée par l'Allemagne en 1911 est supérieure aux méthodes belges. Hans Meyer part de l'idée que la période coloniale durera indéfiniment. Pour lui, les questions nationales des peuples dominés par l'administration coloniale allemande ne se posent pas. Ni lui, ni les dirigeants de l'époque ne peuvent concevoir que d'autres puissances coloniales, entre autres la Belgique, refoulent l'Allemagne du continent africain par la force. Le déroulement de l'histoire n'a absolument pas répondu, comme nous le savons, aux attentes de l'Allemagne à cette époque. La Belgique, occupée presque entièrement par l'Allemagne en 1914, repousse en 1916, conjointement avec les puissances de l'Entente, les forces allemandes du Rwanda et de l'Urundi. L'idée que Hans Meyer s'est faite d'un retour de l'Allemagne dans le cercle des puissances coloniales après 1919 reste une illusion.

Pour parfaire la présentation historique des relations germano-rwandaises de cette période pendant laquelle Hans Meyer est un éminent représentant des aspirations et des actions coloniales allemandes, il convient de présenter également les dernières années de la présence coloniale allemande au Rwanda.

IV. Streiflichter vom Ersten Weltkrieg und vom Ende der deutschen kolonialen Präsenz in Ruanda

1. Undenkbares tritt ein

1911 stand das deutsche Kaiserreich auf der Höhe seines äußerlichen Glanzes und Erfolges. Hans Meyer war insofern ein typischer Vertreter des damaligen Deutschland, als er es für selbstverständlich hielt, daß sein Vaterland zum Kreis der etablierten Kolonialmächte gehörte. Das beinhaltete für ihn aber gleichzeitig die Notwendigkeit, im Kolonialgebiet zu leben, zu arbeiten, zu organisieren, zu forschen, sich Aufgaben zu stellen und diese zu lösen. Die von Deutschland 1911 praktizierte Überseeherrschaft sah er als erhaben gegenüber belgischen Methoden an. Hans Meyers Zeitvorstellungen gingen von einer unbestimmt langen Kolonialperiode aus. Irgendwelche nationalen Fragen der von deutscher Kolonialverwaltung beherrschten Völker stellten sich für ihn nicht. Die gewaltsame Verdrängung Deutschlands vom afrikanischen Kontinent durch andere Kolonialmächte, darunter Belgien, war für ihn und seine führenden Zeitgenossen undenkbar. Der weitere Verlauf der Geschichte entsprach, wie wir wissen, überhaupt nicht den damaligen deutschen Erwartungen. Belgien, das 1914 fast vollständig von Deutschland besetzt wurde, verdrängte 1916 im Verbund mit den Entente-Mächten die deutschen Kräfte aus Ruanda und Urundi. Hans Meyers Vorstellungen vom Wiedereintritt Deutschlands in den Kreis der Kolonialmächte nach 1919 blieben eine Illusion.

Zur Abrundung der geschichtlichen Darstellung deutsch-ruandischer Beziehungen in jenem Zeitabschnitt, in dem Hans Meyer ein führender Repräsentant deutschen kolonialen Strebens und Handels war, erscheint es angezeigt, auch die letzten Jahre deutscher kolonialer Präsenz in Ruanda zu verfolgen.

2. Le développement de la guerre, le sort des Allemands et du roi du Rwanda

La Première Guerre mondiale qui éclate entre le 28 juillet et le 4 août 1914 est un événement totalement inattendu pour l'Afrique orientale. A Dar es-Salaam, on prépare justement une exposition nationale qui doit s'ouvrir le 15 août 1914. Les premiers visiteurs sont déjà arrivés. Au début de la guerre, le gouverneur impérial allemand, Heinrich Schnee (1871–1949), a le faible espoir que le conflit pourra être tenu à l'égard des colonies des puissances européennes ennemies. Il est cependant bien vite contraint de voir que ce n'est pas le cas.

Au moment où la guerre éclate, la troupe de protection d'Afrique orientale allemande se trouve sous le commandement du lieutenant-colonel Paul von Lettow-Vorbeck (1870–1964) qui est promu peu de temps après au grade de général de division. Aux côtés du commandant allemand se trouve le général de division Wahle, un « touriste » en 1914, qui a été surpris par la déclaration de guerre lors d'une visite privée en Afrique orientale. Au début de la guerre, la troupe est composée d'un effectif de 218 Allemands et de 2542 askaris. S'y ajoute une troupe de police de 57 agents allemands et de 2160 Africains. L'armement est obsolète et modeste. Ainsi, on ne dispose par exemple que de 67 mitrailleuses. Jusqu'en 1916, la troupe peut, malgré les pertes encourues, être portée à un effectif de 3000 Allemands et 12 000 askaris, complété par quelque mille guerriers d'appoint et des dizaines de milliers de porteurs.

Les adversaires britannique et belge en Afrique orientale ont mobilisé au cours de la guerre environ 120 généraux, 50 000 soldats et officiers britanniques, 40 000 sud-africains, 50 000 indiens, plus de 1000 soldats et officiers belges ainsi que plus de 100 000 soldats africains pour combattre les modestes forces allemandes. Si ces dernières ont pu être largement décimées et chassées temporairement de l'Afrique orientale allemande vers le Mozambique portugais ; Lettow-Vorbeck continuait encore à combattre à la fin de la guerre en novembre 1918 avec une armée de 155 Allemands et 1311 askaris et des armes prises à l'ennemi.

Au plan militaire, il s'agit dès le départ d'un combat totalement inégal. C'est pourquoi le plan de Lettow-Vorbeck vise à engager le plus possible de troupes ennemies dans la guerre d'Afrique orientale pour qu'elles ne puissent pas être envoyées en Europe et délester ainsi l'armée allemande. De ce point de vue, la résistance militaire allemande en Afrique orientale a été très fructueuse jusqu'à la fin.[1] Pour le déroulement politique de l'histoire, notamment la paix de Versailles de 1919 qui mit fin à la domination coloniale allemande, la lutte militaire dans l'Afrique orientale de l'époque reste sans importance décisive. Il convient également de placer dans ce contexte le combat entre les forces militaires belges et

2. Zur Kriegsentwicklung sowie zum Los der Deutschen und des ruandischen Königs

Der Ausbruch des Ersten Weltkriegs in den Tagen vom 28. Juli bis 5. August 1914 war für Ostafrika ein völlig unerwartetes Ereignis. In Dar-es-Salaam wurde gerade eine Landesausstellung vorbereitet, deren Eröffnung am 15. August 1914 erfolgen sollte. Die ersten Besucher waren bereits eingetroffen. Der deutsche Kaiserliche Gouverneur, Dr. Heinrich Schnee (1871–1949), machte sich bei Kriegsbeginn bescheidene Hoffnungen, der Konflikt könnte von den Kolonialgebieten der verfeindeten europäischen Mächte ferngehalten werden. Doch mußte er sich bald vom Gegenteil überzeugen.

Die deutsch-ostafrikanische Schutztruppe stand bei Kriegsausbruch unter dem Kommando des Oberstleutnants Paul von Lettow-Vorbeck (1870–1964), der kurze Zeit später zum Generalmajor befördert wurde. Dem deutschen Kommandeur zur Seite stand Generalmajor Wahle, 1914 ein »Tourist«, der bei seinem Privatbesuch in Ostafrika vom Kriegsausbruch überrascht worden war. Die Truppe hatte bei Kriegsbeginn eine Stärke von 218 Deutschen und 2542 Askaris. Hinzu kam eine Polizeitruppe von 57 deutschen Beamten und 2160 Afrikanern. Die Bewaffnung war veraltet und bescheiden. So waren zum Beispiel nur 67 Maschinengewehre vorhanden. Bis 1916 konnte die Truppe trotz eingetretener Verluste auf eine Stärke von 3000 Deutschen und 12 000 Askaris gebracht werden. Hinzu kamen einige tausend Hilfskrieger und Zehntausende von Trägern.

Die britischen und belgischen Kriegsgegner in Ostafrika haben im Laufe des Krieges rund 120 Generäle, 50 000 britische, 40 000 südafrikanische, 50 000 indische, über 1000 belgische Soldaten und Offiziere sowie weit über 100 000 afrikanische Soldaten aufgeboten, um die bescheidene deutsche Streitmacht zu bekämpfen. Letztere konnte zwar stark dezimiert und zeitweilig aus Deutsch-Ostafrika nach Portugiesisch-Mozambique vertrieben werden, Lettow-Vorbeck kämpfte jedoch bei Kriegsende im November 1918 immer noch mit einer Heerschar von 155 Deutschen und 1311 Askaris und erbeuteten Waffen weiter.

Militärisch handelte es sich von vornherein um einen völlig ungleichen Kampf. Das Konzept von Lettow-Vorbeck war daher darauf angelegt, im ostafrikanischen Krieg möglichst viele gegnerische Truppen zu binden, damit diese nicht in Europa eingesetzt werden konnten, um auf diese Weise die deutsche Armee in der Heimat zu entlasten. So gesehen ist der deutsche militärische Widerstand in Ostafrika bis zum Schluß sehr erfolgreich gewesen.[1] Für den politischen Lauf der Dinge, insbesondere den Versailler Frieden von 1919, der Deutschlands koloniale Herrschaft beendete, blieb das militärische Ringen im damaligen Deutsch-Ostafrika ohne entscheidene Bedeutung. In diesen Rahmen ist auch der Kampf zwischen belgi-

allemandes, qui a eu lieu au Rwanda de 1914 à 1916, et sur lequel il faut donner quelques détails.

Richard Kandt, résident impérial du Rwanda part en convalescence en Allemagne en décembre 1913. Son suppléant à la résidence à Kigali, le capitaine Max Wintgens, prend le commandement de la petite troupe allemande. Elle consiste en 150 hommes et trois officiers allemands, ainsi qu'un médecin militaire. Dès le début de la guerre, la 11ème compagnie stationnée à Kissenji est transférée dans la région du Kilimandjaro, par ordre de Lettow-Vorbeck. Le capitaine Wintgens fait alors preuve de ses grandes capacités en formant rapidement une nouvelle troupe militaire à partir des près de 70 hommes de police restés au Rwanda. Dans la mission protestante de Rubengera est installé en outre un hôpital modeste. La réquisition d'un bateau à moteur appartenant à cette mission établie sur les bords du lac Kivu, et qui est équipé d'un petit canon, permet à Wintgens de s'emparer par surprise de l'île Idjwi et d'assurer la « domination navale sur le lac Kivu » jusqu'en 1916. Le roi rwandais se sent lié au destin allemand et prête son assistance militaire en fournissant quelques guerriers.

Les circonstances apportent aussi de nouvelles techniques guerrières dans le pays. C'est ainsi, qu'en 1915, par exemple, le premier câble téléphonique est posé entre le lac Tanganyika, Rubengera et Kissenji. C'est un téléphone de campagne improvisé, fabriqué avec des moyens simples, car on ne dispoait pas de bon matériel. Il n'y avait notamment pas de câble téléphonique approprié, mais une quantité de fils de cuivre très fins, de l'épaisseur d'un fil fort, que les Africains utilisaient pour fabriquer des bracelets et des bagues. Les fils étaient retordus, environ 10 fils donnaient une épaisseur de près de 2 mm de diamètre. Les quantités disponibles à de telles fins étant modestes, on devait se contenter de ce calibre. Pour finir, on plantait des piquets dans le sol sur lesquels on fixait des cols de bouteille servant d'isolateurs, puis on tendait à la main le câble tressé, d'un piquet à l'autre. Une telle ligne n'était bien sûr pas solide, d'où la nécessité de la vérifier et de la réparer tous les jours. Rubengera était chargée de la surveillance d'une ligne de près de 100 km de long. Des élèves de la mission étaient formés aux travaux de réparation et chacun d'entre eux se voyait attribuer un tronçon qu'il devait parcourir tous les jours, une échelle sur le dos.[2]

En Allemagne, on considère que c'est grâce au mérite personnel de Kandt que le roi Musingua a accordé son soutien à l'Allemagne pendant la guerre et fourni des soldats rwandais à la troupe de protection. Mais d'autres éléments ont certainement poussé aussi le roi Musinga à soutenir l'Allemagne, comme les aptitudes militaires de Wintgens, la grande confiance que le roi mettait dans les capacités militaires allemandes, mais aussi l'espoir de récupérer, en cas de victoire alleman-

Abbildung XX
Hauptmann und Resident a.i. Max Wintgens im Lazarett zu Rubengera,
Ende 1914 (Frau Kelch, Frau Wintgens, Leutnant Lang, Stabsarzt Wolff,
Hauptmann Wintgens).
Le capitaine et résident a.i. Max Wintgens à l'hôpital de Rubengera, fin 1914
(Mme Kelch, Mme Wintgens, Lieutenant Lang, médicin-capitaine Wolff,
capitaine Wintgens).

schen und deutschen militärischen Kräften 1914–1916 in Ruanda einzuordnen, über den einige Details berichtet werden sollen.

Richard Kandt, der Kaiserliche Resident für Ruanda, war im Dezember 1913 krank zur Erholung nach Deutschland abgereist. Seine Vertreter in der Residentur in Kigali, Hauptmann Max Wintgens, übernahm das Kommando der kleinen deutschen Truppe. Sie bestand aus etwa 150 Mann und drei deutschen Offizieren sowie einem Militärarzt. Bald nach Beginn des Krieges wurde auf Befehl von Lettow-Vorbeck diese in Kissenje stationierte 11. Kompanie abgezogen, um in der Region des Kilimandscharo eingesetzt zu werden. Hauptmann Wintgens bewies nun große Fähigkeiten darin, in Eile die in Ruanda verbliebenen rund 70 Mann afrikanische Polizeikräfte militärisch auszubilden, um mit ihnen eine neue Truppe aufzubauen. In der protestantischen Mission von Rubengera wurde außerdem ein bescheidenes Lazarett eingerichtet. Mit Hilfe der Requirierung eines Motorbootes dieser Mission am Kivu-See, das mit einer kleinen Kanone ausgestattet wurde, eroberte Wintgens noch 1914 in einem Handstreich die Insel Idjwi und hielt »die Seeherrschaft auf dem Kivu-See« bis 1916. Der ruandische König zeigte sich mit dem deutschen Schicksal verbunden und gewährte durch eine Anzahl Krieger militärische Unterstützung.

Die Umstände brachten auch neue Kriegstechniken ins Land. So wurde zum Beispiel 1915 vom Tanganyika-See aus über Rubengera bis Kissenje die erste Telefonleitung Ruandas installiert. Es war ein mit einfachsten Mitteln gebasteltes Kriegstelefon, da ordentliches Material nicht vorhanden war. So gab es nämlich keinen geeigneten Telefondraht, dafür aber eine Menge allerfeinsten Kupferdrahtes von der Dicke eines Zwirnfadens, den die Afrikaner benutzten, um Arm- und Fußringe daraus zu fertigen. Dieses Material wurde zusammengedreht, etwa 10 Fäden ergaben eine Dicke von fast 2 mm Durchmesser. Da die vorhandenen Mengen für solche Zwecke bescheiden waren, mußte man sich mit dieser Drahtstärke begnügen. Es wurden schließlich Stangen in die Erde gesetzt und auf ihnen Flaschenhälse als Isolatoren befestigt, um dann den zusammengesponnenen Draht mit der Hand von einer Stange zur anderen zu ziehen. Selbstverständlich besaß eine derartige Leitung keine besondere Festigkeit, darum war es nötig, sie täglich zu kontrollieren und auszubessern. Rubengera wurde die Aufsicht über eine fast 100 km lange Strecke übertragen. Einzelne Schüler der Mission wurde für die Reparaturarbeiten ausgebildet und jedem einzelnen dann eine Strecke zugewiesen, die er täglich mit einer Leiter auf dem Rücken abzugehen hatte.[2]

In Deutschland wurde es als die persönliche Leistung Kandts gewertet, daß König Musinga während des Krieges zur deutschen Seite hielt und der Schutztruppe ruandische Kräfte zur Verfügung stellte. Aber es waren sicher auch die militärischen Fähigkeiten von Wintgens, eine hohe Einschätzung seiner Möglichkeiten, die Hoffnung, im Falle eines deutschen Sieges bestimmte Gebiete in Nachbarländern, die früher von Ruanda beeinflußt waren, wieder zugeschlagen zu erhalten,

de, certains territoires des pays voisins qui avaient été jadis sous la domination rwandaise, et enfin la crainte d'un changement de pouvoir colonial et la perte du trône qui pouvait en découler.³

Afin de donner une idée d'ensemble, il peut être intéressant d'ajouter encore que la troupe commandée par Wintgens jusqu'en mai 1916, avec les soldats mis à sa disposition par le roi, des renforts venus de Mwanza (la 26ème compagnie avait été déplacée à Kissenji) et les recrutements parmi les Européens, a été portée en tout à un peu plus de 100 Allemands et environ 1000 Africains. Dans la région de Kissenji, il y eut même en 1915 des combats de tranchées. En avril 1916, la partie belge, soutenue par la Grande-Bretagne, lança cependant une offensive avec des effectifs dix fois supérieurs. Wintgens fut alors forcé d'opérer une retraite militaire organisée tout d'abord vers le sud en direction de Gitega/Urundi, puis en direction de Tabora, retraite au cours de laquelle il réussit à emporter de nombreux dossiers de la Résidence!⁴ Jusqu'alors, l'administration de la Résidence à Kigali avait fonctionné presque en totalité sous la direction du consciencieux secrétaire Verch. Les dépenses de plus en plus importantes étaient inscrites au titre des dépenses militaires. Le dernier bilan de caisse est certifié exact en date du 30 avril 1916. La caisse de la Résidence à Kigali contenait ce jour-là 73 695 roupies, dont 41 035 roupies étaient en billets de banque émis par la banque de l'Afrique orientale allemande, et le reste en pièces.⁵

Manifestement, celles des archives de la Résidence qui, de par leur contenu, auraient également dû se trouver à Dar es-Salaam ou à Berlin, ont été détruites avant le départ des Allemands de Kigali. En revanche, les documents concernant la caisse et autres documents administratifs furent transportés par des porteurs en direction de Tabora, où ils passèrent pour la plupart en 1917 aux mains des Britanniques, puis, des années plus tard, aux mains des Belges, de même que les documents de l'ancien gouvernement allemand de Dar es-Salaam qui concernaient le Rwanda et l'Urundi.⁶

Le 6 mai 1916, les troupes belges entrent dans Kigali sans coup férir. C'est ainsi que se termine pour le Rwanda, après 22 ans, la présence coloniale allemande (qui avait commencé le 30 mai 1894, le jour où le comte von Goetzen avait été reçu par le roi rwandais Kigeli IV Rwabugiri). Le capitaine Wintgens, gravement malade, est fait prisonnier par les Belges le 22 mai 1917 à Lukalanga au sud de Tabora (après la guerre, il est nommé major et il meurt en mars 1925 en Allemagne des suites de déficiences physiques dont il a souffert au cours de ses années africaines).⁷

Le roi Musinga, confronté à une toute nouvelle situation créée à partir du mois de mai 1916, écrivit en juin 1916 au général belge Tombeur une lettre assez longue en kiswahili dont voici le passage le plus important. Le texte se base sur la dernière consultation allemande que le roi Musinga a obtenue le 18 mai 1916, par l'entremise du missionnaire protestant Karl Roehl. Ce dernier fuyait déjà lui aussi devant

Abbildung XXI
König Msinga von Ruanda mit Hauptmann Wintgens, 1915.
Le Capitaine Wintgens et le Roi Musinga, 1915.

sowie die Furcht vor einem Wechsel der Kolonialherrschaft und einem damit möglicherweise verbundenen Thronverlust, die König Musinga zu Deutschland halten ließen.[3]

Zur Vervollständigung des Gesamtbildes sei noch erwähnt, daß die von Wintgens kommandierte Truppe bis Mai 1916 mit Hilfe der vom König zur Verfügung gestellten Krieger, aus Mwanza eingetroffener Verstärkung (die dortige 26. Kompanie wurde nach Kissenji verlegt) und aufgrund sonstiger Rekrutierungen auf eine Stärke von etwa 100 Deutschen und rund eintausend Afrikanern gebracht wurde. In der Region von Kissenji kam es 1915 sogar zu Schützengrabenkämpfen. Im April 1916 begann jedoch die belgische Seite, unterstützt von Großbritannien, eine Offensive mit etwa zehnfacher Übermacht. Wintgens sah sich zu einem organisierten Rückzug gezwungen, zuerst gen Süden in Richtung Gitega/Urundi, dann Richtung Tabora.[4] Zahlreiche Akten der Residentur konnten dabei mitgeführt werden. Die deutsche Residentur-Verwaltung in Kigali hatte bis dahin unter Leitung ihres gewissenhaften Sekretärs Verch noch fast vollständig funktioniert. Steigende Ausgaben wurden als Militäraufwendungen verbucht. Der letzte Kassenabschluß ist tatsächlich noch am 30. April 1916 als »sachlich richtig« festgestellt und bescheinigt worden. Die Residenturkasse in Kigali enthielt an diesem Tage 73 695 Rupien, davon 41 035 Rp in Noten der Deutsch-Ostafrikanischen Bank, den Rest in Münzen.[5]

Vor der Räumung durch die Deutschen sind offenbar diejenigen Teile der Residenturakten, die sich inhaltlich auch in Dar-es-Salaam bzw. Berlin befinden mußten, vernichtet worden. Die Kassen- und sonstigen Verwaltungsakten wurden hingegen auf den Köpfen von Trägern Richtung Tabora mitgeführt, wo sie 1917 größtenteils in britische Hände fielen und Jahre später, zusammen mit den Akten des ehemaligen deutschen Gouvernements aus Dar-es-Salaam, die Ruanda und Urundi betrafen, der belgischen Seite übergeben wurden.[6]

Am 6. Mai 1916 marschierten belgische Truppen kampflos in Kigali ein. Damit endete für Ruanda nach 22 Jahren die deutsche koloniale Präsenz (ihr Beginn ist ab 30. Mai 1894, dem Tage, an dem Graf Götzen vom ruandischen König Kigeri IV. Rwabugiri empfangen wurde, zu rechnen). Hauptmann Wintgens geriet im Mai 1917 schwer erkrankt bei Lukalanga, südlich von Tabora, in belgische Gefangenschaft. (Nach dem Kriege noch zum Major befördert, verstarb er März 1925 in Deutschland an gesundheitlichen Schäden, zugezogen in den afrikanischen Jahren).[7]

König Musinga, der nun mit einer völlig neuen Situation konfrontiert war, schrieb im Juni 1916 an den kommandierenden belgischen General Tombeur einen längeren Brief in Kisuaheli, dessen Text auf die letzte deutsche Beratung zurückging, die König Musinga am 18. Mai 1916 noch durch den protestantischen Missionar Karl Roehl erhalten hatte. Letzterer war selbst bereits auf der Flucht

l'avancée des troupes belges et agissait par ordre du Résident ad interim, le capitaine Wintgens :[8]

> «(…) Je suis extrêmement éprouvé par cette guerre de dévastation de mon pays, et les querelles des Européens ne me regardent absolument pas. Sur l'ordre du Résident du Rwanda, j'ai dû fournir des vivres et aussi quelques Watussi comme gardes et comme guerriers d'appoint. J'ai dû me conformer à cet ordre. J'ai envoyé quérir auprès du Résident, lui demandant ce que je devais faire. (…) Il m'a fait dire que si les Belges venaient à moi, je devrais leur obéir aussi longtemps qu'ils seront chez moi et qu'ils n'exigeront pas d'actions hostiles dirigées contre les Allemands. Mais tu ne formuleras pas de telles exigences, toi qui sais que, pendant de longues années, j'ai vécu en bons termes avec les Allemands, et si je me retournais à présent contre mes amis, tu ne pourrais avoir confiance en moi. (…) Je ne peux mettre à ta disposition des éclaireurs ou des guerriers d'appoint, car je suis homme d'honneur. (…) C'est ainsi que j'obéirai à tes ordres et je te prie de préserver mon pays, et ne pas faire abattre les femelles des bœufs, et de protéger les femmes de mon pays. (…)»

En 1916, tout comme à l'époque de la visite de Hans Meyer en 1911, la colonie européenne du Rwanda se composait essentiellement de missionnaires, hormis la modeste administration militaire et l'administration de la Résidence allemandes. Nous évoquerons brièvement le sort qui lui fut réservé. Du côté militaire allemand, aucune instruction uniforme ne fut donnée sur la façon dont les Européens, notamment les missionnaires, devaient se comporter à l'approche des troupes belges. Le capitaine Wintgens ne donna d'abord que le «conseil» d'abandonner les missions. Quand il ne fut plus possible d'arrêter l'avancée belge, il donna effectivement l'ordre d'évacuer tous les centres pour des considérations militaires. La majorité des missionnaires protestants allemands l'ont suivi. La mission et l'hôpital de Rubengera furent également évacués par le missionnaire Roehl qui les dirigeait afin que, battant lui aussi en retraite, il pût effectuer son service sanitaire dans la troupe allemande. Plusieurs des stations évacuées furent très vite pillées par la population indigène.[9]

Les missions catholiques, surtout occupées par des missionnaires d'origine française, n'avaient pour la plupart pas respecté l'ordre du capitaine Wintgens; ce n'est que dans la mission catholique de Murunda, où Wintgens résida temporairement avec le reste de sa troupe, que l'on pensait ne pas pouvoir se soustraire à cet ordre.[10]

Le capitaine Erich von Langenn-Steinkeller (1872–1917), qui était à l'époque le résident allemand de l'Urundi, s'est exprimé en bien d'autres termes que Wintgens dans sa lettre du 12 mai 1916.[11] Ses instructions parvinrent aussi à la mission catholique de Nyaruhengeri dans le sud du Rwanda :

vor den anrückenden belgischen Truppen und handelte im Auftrage des amtierenden Residenten Hauptmann Wintgens. Die wichtigste Passage aus dem Brief des Königs lautet[8]:

> »Ich bin sehr betrübt über diesen Krieg, der mein Land verwüstet, und die Streitigkeiten der Europäer gehen mich nichts an. Ich habe jetzt im Kriege auf Befehl des Residenten von Ruanda Verpflegung liefern und auch einige Watussi als Wachen und Hilfskrieger stellen müssen. Aber diesen Befehl mußte ich befolgen. Ich habe jetzt zum Residenten geschickt und ihn gefragt, was ich machen soll. Er hat mir sagen lassen, daß ich, wenn die Belgier zu mir kommen, ihren Befehlen folgen muß, solange sie bei mir sind und solange sie keine feindlichen Handlungen gegen die Deutschen verlangen. Und dies wirst Du auch nicht verlangen, denn Du weißt, daß ich viele Jahre mit den Deutschen gut Freund war, und wenn ich jetzt gegen meine Freunde übel handelte, könntest auch Du kein Vertrauen zu mir haben. Ich kann Dir keine Führer, auch keine Hilfskrieger stellen, denn ich bin ein Mann von Ehre ... so werde ich Deine Befehle befolgen und ich bitte Dich, dann mein Land zu schonen und nicht die weiblichen Rinder zu schlachten und die Frauen meines Landes zu schützen ...«

Auch im Jahre 1916, wie zur Zeit des Besuches von Hans Meyer 1911, bestand die Europäerkolonie in Ruanda – außer der bescheidenen deutschen Militär- und Residenturverwaltung – vornehmlich aus Missionaren. Ihr weiteres Schicksal sei hier kurz erwähnt. Auf deutscher militärischer Seite gab es keine einheitliche Anweisung, wie sich Europäer, insbesondere die Missionare, beim Anmarsch der belgischen Truppen verhalten sollten. Hauptmann Wintgens erteilte anfangs nur den »Rat«, die Missionsstationen zu verlassen. Als der belgische Vormarsch unaufhaltsam war, gab er aus militärischen Erwägungen heraus tatsächlich den Befehl, sämtliche Zentren zu räumen. Die deutschen protestantischen Missionare haben ihn überwiegend befolgt. Die Missions- und Lazarettstation Rubengera wurde durch den leitenden Missionar Roehl auch deswegen geräumt, um durch Teilnahme am Rückzug aktiven Sanitätsdienst in der deutschen Truppe leisten zu können. Mehrere der geräumten Stationen wurden bald darauf von der einheimischen Bevölkerung geplündert.[9]

Die katholischen Missionszentren, die vornehmlich mit Missionaren französischer Abstammung besetzt waren, haben den Befehl von Hauptmann Wintgens überwiegend nicht beachtet; lediglich in der katholischen Mission Murunda, wo sich Wintgens mit seinen restlichen Truppen zeitweilig aufhielt, glaubte man, sich der Anordnung nicht entziehen zu können.[10]

Ganz anders als Wintgens hat sich der damalige deutsche Resident von Urundi, Hauptmann Erich von Langenn-Steinkeller (1872–1917), dessen Anweisungen auch die katholische Mission von Nyaruhengeri in Süd-Ruanda erreichten, auf Anfrage mit Schreiben vom 12. Mai 1916 geäußert[11]:

« Les missionnaires seront un bien intangible pour nos ennemis, comme ils l'ont été jusqu'à présent sous la protection allemande. Le caractère chevaleresque des Européens belges et anglais vous protégera tous, et je ne peux que vous conseiller à tous de rester dans votre mission et d'aller au-devant des ennemis qui s'avancent, dans vos tenues de missionnaires. Je suis convaincu qu'il ne sera fait de mal à personne. (…) »

Après la prise du Rwanda par les Belges, le sort de chacun des missionnaires européens fut forcément très différent, du fait qu'ils étaient de nationalité différente. Ainsi, les missionnaires protestants étaient des Allemands de la mission Bethel de Bielefeld, alors que les missionnaires catholiques appartenaient pour la plupart aux « Pères Blancs » et étaient en grande majorité de nationalité française ou du moins originaires d'Alsace. Par exemple, Monseigneur Jean-Josef Hirth (1854–1931), le « Vicaire apostolique du Kivu » était lui-même un Alsacien qui avait cependant émigré à Nancy en 1871 pour poursuivre sa formation au Grand séminaire. Toutefois, il exerçait entièrement son office de missionnaire dans la région de l'Afrique orientale allemande depuis 1891. Mgr Hirth put par conséquent continuer à exercer ses fonctions en tant que français après l'entrée des troupes belges. A partir de 1916, les missions catholiques continuèrent ainsi à avoir un chef qui pouvait intervenir comme interlocuteur et négociateur auprès du général Tombeur, commandant des troupes belges. Ce dernier décréta en juin 1916 que tous les missionnaires catholiques de nationalité allemande devaient être internés dans la mission de Ruasa; Mgr Hirth se vit accorder certaines exceptions pour des malades. Tous les Allemands furent cependant expulsés par la suite. D'autres missionnaires qui n'avaient pas la nationalité des Alliés furent envoyés au Congo belge, dans d'autres missions où ils purent cependant continuer à travailler. Au début, la censure du courrier et des limitations de séjour furent toutefois décrétées pour les missionnaires de la nationalité des Alliés, donc également pour les Français. Ce n'est qu'à partir d'avril 1918 que les « Pères Blancs » obtinrent de nouveau la garantie de leur entière liberté de mouvement à l'intérieur du vicariat du Kivu.[12]

Tous les missionnaires protestants qui n'étaient pas partis avec le reste des troupes allemandes, mais qui étaient restés au Rwanda, furent aussitôt faits prisonniers. Certains d'entre eux se retrouvèrent en Ouganda en raison de la proximité géographique de leur mission de l'Afrique orientale britannique et furent envoyés aux Indes par les Britanniques où ils furent internés. Ils ne purent rentrer en Allemagne que plusieurs années plus tard.[13] D'autres, comme par exemple le prêtre de la mission protestante, Johanssen et sa famille, furent envoyés dans un camp de prisonniers en France, via le Congo belge, furent libérés en 1917 et purent regagner l'Allemagne via la Suisse.[14] Le pasteur Johanssen voulut revoir le Rwanda après la guerre. Il eut le droit de visiter en tant qu'hôte ses anciennes zones d'action, dans la mesure où elles se trouvaient dans le nouveau « Tanganyika-

»Die Missionare werden unseren Feinden ein unantastbares Gut sein, wie sie bisher unter deutschem Schutz standen. Die Ritterlichkeit der belgisch-englischen Europäer wird Sie alle schützen, und so kann ich Ihnen allen nur empfehlen auf Ihrer Mission zu bleiben und den anrückenden Feinden in Ihren Missionstrachten entgegenzugehen. Ich bin überzeugt, daß keinem ein Leid geschehen wird...«

Nach der Einnahme Ruandas durch die Belgier erging es den einzelnen europäischen Missionaren sehr unterschiedlich, was sich zwangsläufig daraus ergab, daß sie verschiedenen Nationalitäten angehörten. So waren die protestantischen Missionare von der Betheler Mission in Bielefeld Deutsche, während die katholischen Missionare meist zu den »Weißen Vätern« gehörten und von daher überwiegend französische Staatsangehörige waren oder wenigstens aus dem Elsaß stammten. So war zum Beispiel Monseigneur Jean-Josef Hirth (1854–1931), der »Vicaire Apostolique du Kivu«, selbst ein Elsässer, der jedoch 1871 zur Fortsetzung seiner Ausbildung in das Grand Séminaire nach Nancy übergesiedelt war. Seit 1891 betrieb er allerdings sein missionarisches Werk ganz auf deutsch-ostafrikanischem Gebiet. Msg. Hirth konnte daher nach dem Einmarsch der Belgier als Franzose sein Amt weiter ausüben. Die katholischen Missionsstationen besaßen somit auch ab 1916 weiterhin einen Leiter, der als Gesprächs- und Verhandlungspartner gegenüber dem belgischen kommandierenden General Tombeur auftreten konnte. Letzterer verfügte im Juni 1916, daß sämtliche katholischen Missionare deutscher Nationalität in der Mission von Ruasa zu internieren seien, wobei Bischof Hirth gewisse Ausnahmen für Kranke zugestanden erhielt. Alle Deutschen wurden später jedoch ausgewiesen. Andere Missionare nichtalliierter Nationalität wurden in den Belgisch-Kongo zu andere Missionsstationen verbracht, wo sie jedoch weiterarbeiten konnten. Für die Missionare alliierter Nationalität, auch die Franzosen, wurden anfangs immerhin Briefzensuren und Aufenthaltsbeschränkungen verhängt. Erst ab April 1918 erhielten die Weißen Väter wieder ihre volle Bewegungsfreiheit innerhalb des Vikariats Kivu gewährt.[12]

Die protestantischen Missionare, die nicht mit den restlichen deutschen Truppen abmarschiert, sondern in Ruanda verblieben waren, wurden sämtlich sofort gefangengenommen. Einige gerieten wegen der geographischen Nähe ihrer Missionsstation zu Britisch-Ostafrika als Gefangene nach Uganda und wurden durch die Briten nach Indien verbracht und dort interniert, von wo sie erst Jahre später nach Deutschland zurückkehren konnten.[13] Andere, so zum Beispiel der Präses der protestantischen Mission Johanssen und seine Familie, wurden über den Belgisch-Kongo nach Frankreich in die Gefangenschaft geschickt, von wo sie 1917 über die Schweiz nach Deutschland entlassen wurden.[14] Pastor Johanssen wollte nach dem Krieg besuchsweise Ruanda wiedersehen. Er durfte zwar seine alten Wirkungsstätten, soweit sie im neuen (britischen) »Tanganyika-Territory« lagen, als Gast

territory » (britannique). Les autorités belges ne le laissèrent cependant pas retourner en Urundi ni au Rwanda.[15]

Mais revenons au roi rwandais Juhi V. Musinga qui tentait désormais de s'adapter à la nouvelle situation. Fin novembre 1918, presque trois semaines après l'armistice en Europe, il reconnut qu'il se trouvait dans l'obligation de s'adapter définitivement à une nouvelle ère belge et il signa une lettre de dévouement en kiswahili dont la traduction historique réalisée à l'époque par la partie belge est la suivante :[16]

« Nyanza, le 27 novembre 1918

Au Général Malfeyt :

J'ai reçu la nouvelle que le grand Bulamatadi et ses soldats ont vaincu les allemands. Je me réjouis beaucoup de cette grande force et me réjouis beaucoup d'être son ami.
Je crois que si la guerre est finie il pensera à mon pays et dites lui que moi et mes amis nous nous réjouissons comme au Congo pour la bienveillance, les écoles et le bon travail.
Je sais bien qu'il reste d'abord beaucoup de choses à faire pour instruire le Rwanda mais moi je demande à suivre les leçons des blancs.
Je désire que le drapeau de Bulamatadi soit toujours le mien. Rappelez le lui.
Moi le Sultan du Ruanda
(s) Juhi Mussinga. »

Le roi essayait de s'arranger avec la nouvelle puissance coloniale. Il n'y est pas parvenu à la longue, la raison principale étant qu'il s'est opposé à tous les changements administratifs introduits par la Belgique et notamment à une forte progression de l'évangélisation catholique. Il accepta certes que ses fils soient élevés dans une école missionnaire catholique, mais il resta lui-même à distance. La puissance coloniale belge détrôna finalement le roi Juhi Musinga le 11 novembre 1931 en faveur de son fils Rudahigwa (né en 1911). Musinga fut d'abord exilé à Kamembe près de Cyangugu, puis il fut même envoyé plus tard à Moba au Congo belge où il mourut le 25 décembre 1944.[17]

Immédiatement après sa destitution, Musinga essaya de demander de l'aide aux Allemands, au moyen d'une lettre du 12 novembre 1931 qui fut envoyée secrètement à la mission évangélique de Ndolage près de Bukoba par un de ses messagers de confiance. Il leur disait que ses anciens liens avec les Allemands lui portaient maintenant malheur. « ... Si vous pensez pouvoir me sauver, sauvez-moi (...). »[18] Les missionnaires allemands du Tanganyiaka désormais administrés par les Bri-

234

besuchen. Die belgischen Behörden ließen ihn jedoch nach Urundi und Ruanda nicht mehr einreisen.[15]

Noch einmal zurück zum ruandischen König Juhi V. Musinga, der nun versuchte, sich auf die neue Situation einzustellen. Ende November 1918, fast drei Wochen nach dem Waffenstillstand in Europa, erkannte er, daß er sich endgültig auf ein neues, ein belgisches Zeitalter einzustellen hatte, und unterschrieb einen Ergebenheitsbrief in Kisuaheli, der aus der historischen, von belgischer Seite damals daraus gefertigten französischsprachigen Fassung übersetzt lautet[16]:

»Nyanza, 27. November 1918

An General Malfeyt:

Ich habe die Nachricht erhalten, daß der Große Gouverneur und seine Soldaten die Deutschen besiegt haben. Ich freue mich über diese große Macht, und ich freue mich besonders, ihr Freund zu sein.

Ich denke, wenn der Krieg beendet ist, wird er auch an mein Land denken, und sage ihm, daß sich meine Freunde und ich wie im Congo über die Fürsorge, die Schulen und die gute Arbeit freuen.

Ich weiß sehr wohl, es bleibt zuerst noch sehr viel zu tun, um Ruanda zu unterweisen, aber ich bitte darum, der Unterrichtung durch die Weißen folgen zu dürfen.

Ich wünsche, daß die Fahne des Gouverneurs stets auch die meinige sei. Bringe es ihm in Erinnerung.

Ich, der Sultan von Ruanda, gez. Juhi Mussinga«

Der König versuchte, sich mit der neuen Kolonialmacht zu arrangieren. Gelungen ist es ihm auf Dauer nicht, wobei der Hauptgrund allerdings darin lag, daß er sich einzelnen von Belgien eingeführten Verwaltungsveränderungen und insbesondere der verstärkten katholischen Missionierung entgegenstellte. Zwar ließ er zu, daß seine Söhne auf einer katholischen Missionsschule erzogen wurden, er selbst blieb aber auf Distanz. Die belgische Kolonialmacht entthronte schließlich König Juhi Musinga am 11. November 1931 zugunsten seines Sohnes Rudahigwa (geb. 1911). Musinga wurde zuerst nach Kamembe bei Cyangugu verbannt, später wurde er sogar nach Moba im Belgisch-Kongo verbracht, wo er am 25. Dezember 1944 verstarb.[17]

Unmittelbar nach seiner Absetzung versuchte Musinga mittels eines Briefes vom 12. November 1931, der heimlich durch einen ihm vertrauten Boten an die evangelische Mission von Ndolage bei Bukoba gesandt wurde, die Deutschen um Hilfe zu bitten. Er teilte mit, daß wegen seiner früheren Verbindung zu den Deutschen jetzt Unheil über ihn gekommen sei. »... Wenn ihr glaubt, mich erretten zu können, so rettet mich ...«[18] Die deutschen Missionare im nun britisch verwalteten

tanniques, ne pouvaient ni ne voulaient plus rien entreprendre pour le roi déchu; ils renoncèrent aussi à exploiter cette lettre au plan politique. Ils ne voulaient pas entraver leurs propres possibilités de travail, car ils avaient conscience qu'ils étaient soumis à la bonne volonté des autorités coloniales britanniques dans leur activité d'après-guerre dans le Tanganyika-Territory. La présence coloniale allemande avait cessé d'exister.

Tanganyika konnten und wollten für den abgesetzten König nichts mehr unternehmen; sie verzichteten auch darauf, den Brief politisch irgendwie auszuwerten. Sie wollten ihre eigenen Arbeitsmöglichkeiten nicht erschweren, denn sie waren sich nur zu bewußt, daß sie bei ihrer Nachkriegstätigkeit im Tanganyika-Territory auf das Wohlwollen der britischen Kolonialbehörden angewiesen waren. Die deutsche koloniale Präsenz hatte aufgehört zu bestehen.

3. Anmerkungen / *Annotations*

1. Vgl. Heinrich Schnee, »Weltkrieg«, 1919, S. 23 ff.
   Vgl. Heinrich Schnee, »Als letzter Gouverneur«, 1964, S. 138 ff.
   Vgl. Ferdinand Nahimana, »Le Blanc est arrivé«, 1987, S. 123 ff.
2. Zu Ruanda während des Ersten Weltkrieges siehe insbesondere Karl Roehl, »Ostafrikas Heldenkampf«, 1918, S. 13, 17, 22 f., 28–33, 60 f., 95 und 131. Für militärische Überblicke mit Details vgl. Heinrich Schnee, »Weltkrieg«, 1919, S. 106–108, 205 ff.
   Lettow-Vorbeck, »Meine Erinnerungen aus Ostafrika«, Berlin und Leipzig (Verlag K. F. Koehler), Aufl. v. 1926, S. 80 ff., 162.
3. Nahimana, »Le Blanc et arrivé«, Kigali, 1987, S. 121.
4. Atlas du Rwanda, 1981, Planche XIII; Roger Louis, »Ruanda-Urundi 1884–1919«, Oxford 1963, S. 207-223; Karl Roehl, 1918, S. 94 spricht von einer Truppe von 1200 Mann, davon etwa 50 Deutsche.
5. Brüssel, Arch. afr., RU 6695, S. 221 A.
6. E. G. Franz/Peter Geissler, Bd. I, 1973 (1984); S. 48 und 52.
7. Atlas du Rwanda, 1981, Planche XIII;
   Karl Roehl, »Ostafrikas Heldenkampf«, 1918, S. 132–134.
   Karl Roehl, »Ruanda-Erinnerungen zum Gedächtnis an Major Wintgens«, in Koloniale Rundschau, 1925, S. 289–298.
   Ferdinand Nahimana, 1987, S. 121–128.
8. Karl Roehl: »Ostafrikas Heldenkampf«, 1918, S. 127–130;
   Otto Schloifer, »Bana Uleia«, 1943, S. 341 f.
9. Zu den Befehlen von Wintgens siehe Ernst Johanssen, »Führung und Erfahrung …«, Bd. II, 1935, S. 187–190.
10. Brief des Vicaire Apostolique du Kivu, J. Hirth, datiert Kabgayi 19. Juni 1918 an General Tombeur, Archives Kabgayi, dossier No. 902. Vgl. auch Anmerkung 9.
11. Archives de Kabgayi, dossier 901.
12. Brief des belgischen Gouverneurs aus Kigoma vom 4. März 1918 an Msg. Hirth, Archives de Kabgayi, dossier 902.
13. Anna Mensching: »und dennoch … Erlebnisbericht einer Missionarsfrau von 1916–20 aus Afrika und Indien«, Bielefeld 1979.
14. Ernst Johanssen, Bd. II, 1935, S. 219–221.
15. Ernst Johanssen, Bd. III, »In der Heimat und im Dienst am Wiederaufbau von 1918–1934«, 1935, S. 141–145.
16. »Un Siècle de Documentation Africaine 1885–1985«, S. 51 mit Verweisung auf Arch. afr., AE II, no. 1859 (3290) (belgisches Außenministerium) Brüssel 1985 (Französisch und Deutsch).
17. Zu den Lebensdaten von König Juhi V. Musinga siehe Heremans/Ntezimana, »Journal de la Mission de Save 1899–1905«, Ruhengeri/Ruanda 1987, S. 29. Sicher ziemlich einseitig und wenig berechtigt, aber illustrativ für den kolonialen Zeitgeist ist das belgische Urteil in »Illustration Congolaise«, Bruxelles, No. 153 vom 1. Juni 1934: »… Musinga était un roi intelligent, ne parlant pas moins de sept langues africaines, mais faux, immoral et cruel; il résistait passivement à nos entreprises civilisatrices, reservant toute sa sympathie aux sorciers qu'il consultait à toutes occasions. Son attitude et son exemple étant néfastes, …«
18. Originaltext mit Übersetzung nachzulesen bei Gustav Neumann: »Und seine Heimat? Die war Afrika«, 1978, S. 105–113, Selbstverlag Dr. Hildegard Neumann, Erich-Kästner-Str. 7, München 40.

V. Annexe

1. Chronologie germano-rwandaise

– La Conférence de Berlin sur le Congo, réunie du 15 novembre 1884 au 26 février 1885, débouche notamment sur la reconnaissance de l'acquisition coloniale du roi belge Léopold II en tant qu'« Etat indépendant du Congo » et fait apparaître plus clairement les sphères d'influence des différentes puissances européennes sur le continent africain. Immédiatement après la fin de la Conférence, le gouvernement allemand publie une lettre de protection au profit des acquisitions privées d'un certain Dr Carl Peters dans l'arrière-pays de l'Afrique orientale. A partir de cette date, il apparaît pour la première fois que la région du Rwanda, pour ainsi dire inconnue à l'époque en Europe, pourrait passer entre les mains de l'Empire allemand.
– Depuis 1885, le roi des Belges Léopold II parle d'une ligne reliant le point situé par 30° de longitude est et 1° 20' de latitude sud à la pointe nord du lac Tanganyika, ligne qui doit former dans cette région la frontière entre l'Etat du Congo et l'Afrique orientale. Le gouvernement allemand, peu versé à l'époque dans la géographie coloniale, commence par accepter, parce qu'il n'en saisit pas vraiment l'importance, cette ligne frontalière.
– Le Traité germano-britannique sur Helgoland et Zanzibar, conclu le 1er juillet 1890, porte également sur les zones d'influence nord, sud et ouest de l'Afrique orientale allemande qui vient de naître et qui doit s'étendre de la côte est jusqu'aux grands lacs à l'intérieur du continent. De ce fait, le Rwanda devient peu à peu, dans le cadre des relations germano-britanniques, une partie reconnue du territoire colonial allemand.
– Début 1890, le gouvernement allemand envisage de faire connaître plus généralement et de consolider sa domination dans l'arrière-pays de l'Afrique orientale en y envoyant une expédition. Emin Pascha (Dr Eduard Schnitzer, 1840–1892) est chargé de diriger cette expédition. Le zoologue Franz Stuhlmann (1863–1928) participe également en sa qualité de chercheur à « l'expédition Emin Pascha ». Dérogeant aux instructions, Emin Pascha ne se rend pas au Rwanda, mais se contente d'en effleurer la pointe nord-est au mois de mars 1891. Il sera assassiné plus tard par des chasseurs d'esclaves. Quant à Franz Stuhlmann, il a rassem-

V. Anhang

1. Chronologische Übersicht deutsch-ruandischer Daten

– Die Kongo-Konferenz in Berlin vom 15. November 1884 bis 26. Februar 1885 bewirkt unter anderem die Anerkennung des kolonialen Besitztums des belgischen Königs Leopold II. als »Etat indépendant du Congo«, auch verdeutlicht sie die Einflußsphären einzelner europäischer Mächte auf dem afrikanischen Kontinent. Unmittelbar nach Konferenzabschluß erläßt die deutsche Regierung einen Schutzbrief zugunsten der privaten Erwerbungen im ostafrikanischen Hinterland eines Dr. Carl Peters. Seitdem zeichnet sich erstmals ab, daß das für Europa noch weitgehend unbekannte Ruanda dem deutschen Kaiserreich überantwortet werden könnte.

– Belgiens König Leopold II. spricht seit 1885 von einer Linie zwischen dem geographischen Schnittpunkt 30° östlicher Länge und 1° 20' südlicher Breite und der Nordspitze des Tanganyika-Sees, die in dieser Region die Grenze zwischen dem Kongo-Staat und Ostafrika bilden soll. Die deutsche Regierung, damals in kolonialgeographischen Fragen noch unerfahren, nahm diese Grenzziehung in Verkennung ihrer Bedeutung zunächst hin.

– Der deutsch-britische Helgoland-Sansibar-Vertrag vom 1. Juli 1890 bezieht sich auch auf die Nord-, Süd- und West-Einflußbereiche des in der Entstehung begriffenen Deutsch-Ostafrika, das sich von der Ostküste bis zu den großen Seen im Innern des Kontinents erstrecken soll. Dadurch wird Ruanda im Rahmen der deutsch-britischen Beziehungen allmählich ein anerkannter Teil des deutschen Kolonialgebiets.

– Anfang 1890 beabsichtigt die deutsche Regierung durch eine Expedition ins Hinterland von Ostafrika ihre Herrschaft weiter bekannt zu machen und zu festigen. Mit der Expeditionsleitung wird Emin Pascha (Dr. med. Eduard Schnitzer, 1840–1892) betraut. Der Zoologe Dr. Franz Stuhlmann (1863–1928) wird der »Emin-Pascha-Expedition« als wissenschaftlicher Begleiter beigegeben. Weisungswidrig bereist Emin Pascha Ruanda nicht, sondern streift im März 1891 nur dessen Nordostecke. Später wird er von Sklavenjägern ermordet. Franz Stuhlmann sammelte immerhin verschiedene Informationen über Ruanda und brach-

blé différentes informations sur le Rwanda qu'il a publiées, après être rentré seul sur la côte est (juillet 1892), dans son œuvre monumentale parue en 1894 sous le titre de «Mit Emin Pascha ins Herz von Afrika» («Avec Emin Pascha au cœur de l'Afrique»). Sur les cartes jointes en annexe, Stuhlmann a tracé, sans la moindre réserve ou le moindre commentaire, la ligne de démarcation qui traverse le Rwanda telle qu'elle a été inventée par le roi Léopold II.

– Le 1er janvier 1891, l'Empire allemand prend officiellement à sa charge l'administration du protectorat de l'Afrique orientale allemande; la ville de Dar es-Salaam est choisie comme capitale.

– Avec le soutien financier du «Deutsches Antisklaverei-Komitee» (Comité allemand contre l'esclavage) dont le siège est à Coblence, de la «Eisenbahngesellschaft für Deutsch-Ostafrika» (Société des chemins de fer de l'Afrique orientale allemande) et de la «Deutsch-Ostafrikanische Gesellschaft» (Société allemande d'Afrique orientale), le cartographe autrichien Oscar Baumann (1864–1899) entreprend en 1892 son expédition au pays des Massaï. Au mois d'août 1892, il décide sans en avoir reçu l'instruction – et en se disant qu'il sera pardonné s'il réussit dans son entreprise – de poursuivre sa route à partir de la pointe sud-ouest du lac Victoria en direction de l'Urundi, où il compte trouver les sources du Nil. En chemin, il passe également au Rwanda, du 11 au 14 septembre 1892, où il est accueilli de manière assez amicale.

– Le sous-lieutenant Gustav Adolf comte von Götzen (1866–1910) entreprend du 21 décembre 1893 au 8 décembre 1894 une traversée de l'Afrique qu'il a projetée et financée lui-même. Il séjourne au Rwanda du 2 mai au 26 juin 1894 et visite la région du lac Kivu. Il est le premier Européen à être reçu, le 30 mai 1894, par le roi rwandais Kigeri IV Ruabugiri. Le comte publie à son retour son œuvre «Durch Afrika von Ost nach West» (A travers l'Afrique d'est en ouest), Berlin 1895. Il contribue ainsi à faire connaître le Rwanda en Europe. Le gouvernement allemand reconnaît désormais que la ligne de démarcation qui relie le point situé par 30° de longitude est et 1°20' de latitude sud à la pointe nord du lac Tanganyika coupe en deux un pays très prometteur. Il considère désormais le lac Kivu et la rivière Rusizi comme ligne de démarcation et exige que la question du tracé de la frontière dans la région rwandaise soit examinée avec soin, provoquant ainsi le «litige frontalier du Kivu».

– A partir de 1894, différentes autres expéditions officielles dirigées par des militaires se rendent au Rwanda. Mentionnons en particulier Wilhelm Langheld (août 1894), Lothar von Trotha (1896), Hans Ramsay (1897), Heinrich Bethe (1898). Ces expéditions permettent, du côté allemand, un approfondissement des connaissances sur le Rwanda et son système social. Ramsay conclut le 22 mars 1897 avec le roi rwandais un «pacte du sang». Ce faisant, il ne remarque pas (comme plusieurs de ses successeurs) qu'il a affaire à un «pseudo-Mwami». Après son expédition, Bethe part du principe que les efforts commencés par

te sie nach seiner alleinigen Rückkehr an die Ostküste (Juli 1892) in seinem Monumentalwerk »Mit Emin Pascha ins Herz von Afrika« 1894 zur Veröffentlichung. Im dazugehörigen Kartenwerk wird die von König Leopold II. geschöpfte Grenzlinie, der zufolge Ruanda zerschnitten wird, ohne Vorbehalt abgedruckt.

– Am 1. Januar 1891 übernimmt das Deutsche Reich formell die Verwaltung des Schutzgebiets Deutsch-Ostafrika; Dar-es-Salaam wird zur Hauptstadt bestimmt.

– Finanziert vom »Deutschen Antisklaverei-Komitee« mit Sitz in Koblenz, der »Eisenbahn-Gesellschaft für Deutsch-Ostafrika« und der »Deutsch-Ostafrikanischen Gesellschaft«, unternimmt 1892 der österreichische Kartograph Dr. Oscar Baumann (1864–1899) die »Massai-Expedition«. Er beschließt im August 1892, ohne Weisung und nach dem Motto »Und wenn es glückt, so ist es auch verziehn«, von der Südwestecke des Viktoria-Sees aus in Richtung Urundi weiter zu marschieren, weil er dort die Nilquellen vermutet. Auf diesem Wege stößt er auch vom 11. bis 14. September 1892 nach Ruanda vor, wo er ziemlich freundlich empfangen wird.

– Leutnant Gustav Adolf Graf von Götzen (1866–1910) unternimmt vom 21. Dezember 1893 bis 8. Dezember 1894 eine von ihm selbst geplante und finanzierte Afrikadurchquerung. Dabei hält er sich vom 2. Mai bis 26. Juni 1894 in Ruanda auf, besucht die Region des Kivu-Sees und wird am 30. Mai 1894 als erster Europäer vom ruandischen König Kigeri IV. Ruabugiri empfangen. Graf Götzen veröffentlicht nach der Rückkehr sein Werk »Durch Afrika von Ost nach West« (Berlin, 1895) und macht dadurch Ruanda in Europa näher bekannt. Die deutsche Regierung erkennt jetzt, daß die Grenzlinie vom Schnittpunkt 30° ö. L. / 1° 20' s. B. zur Nordspitze des Tanganyika-Sees ein vielversprechendes Land zerschneidet. Sie sieht nunmehr den Kivu-See und den Rusizi-Fluß als Demarkationslinie an und verlangt, die Grenzfrage in der ruandischen Region zu überprüfen. Hieraus entsteht eine internationale Verwicklung, der sogenannte Kivu-Grenzstreit.

– Ab 1894 erfolgen verschiedene weitere offizielle, militärisch geleitete Expeditionen nach Ruanda. Zu erwähnen sind insbesondere Wilhelm Langheld (August 1894), Lothar von Trotha (1896), Hans Ramsay (1897), Heinrich Bethe (1898). Sie vertiefen auf deutscher Seite die Kenntnisse über Ruanda und sein soziales System. Ramsay schließt am 22. März 1897 mit dem ruandischen König »Blutsfreundschaft«. Dabei bemerkt er (wie einzelne Nachfolger) nicht, daß er nur von einem »Pseudo-Mwami« empfangen wird. Bethe geht nach seiner Expedition davon aus, daß die von Ramsay begonnenen Bemühungen zur Anerkennung der

Ramsay en vue de faire reconnaître la souveraineté allemande par le roi rwandais ont désormais été menés à bien.
- En 1897 est fondée la station d'Usumbura, compétente au plan administratif jusqu'en novembre 1907 non seulement pour l'Urundi mais aussi pour le Rwanda.
- Richard Kandt s'est rendu au Rwanda en tant qu'explorateur privé. Le 16 juin 1898, le roi rwandais lui accorde une audience au cours de laquelle Kandt remarque qu'il a affaire à un pseudo-Mwami.
- En juillet/août 1898, Kandt découvre dans la périphérie est de l'actuelle forêt de Nyungwe les sources du Nil blanc, découverte qui sera confirmée plus tard.
- En octobre 1898, le capitaine Bethe dirige l'occupation militaire de la rive est de la rivière Rusizi et du lac Kivu. Le poste militaire d'Ischangi (à 17 km au nord-est de Cyangugu) est fondé pour que la présence allemande installée sur la rive est du lac Kivu puisse s'opposer clairement aux revendications territoriales congolaises et à la «ligne de démarcation oblique».
- En mars 1899, Kandt s'installe sur les bords du lac Kivu près du poste militaire d'Ischangi et y fonde sa station de «Bergfrieden» (Paix de la montagne), où il a l'intention de poursuivre ses recherches sur le Rwanda. Il dessine une carte du lac Kivu à l'échelle de 1/285 000e.
- En 1900, les «Pères Blancs» catholiques, en majorité français, commencent à installer des missions au Rwanda. Ils représentent petit à petit la majorité des Européens peu nombreux vivant au Rwanda (le 8 février 1900, fondation de la station d'Issavi ou Save).
- En octobre 1900, Kandt, entre-temps établi et bien connu au Rwanda, est accueilli en tant que premier Européen par le vrai roi, Juhi V Musinga, qui était à l'époque un jeune homme de 18 ans environ.
- En avril 1900, la Belgique et l'Allemagne entendent faciliter le règlement du litige sur la frontière du Kivu grâce à un arpentage plus détaillé de la région. De 1901 à mars 1902, une commission frontalière allemande, dirigée par l'ancien capitaine Karl Herrmann, se tient à Ischangi. A partir de là, la région du lac Kivu est arpentée en coopération avec des militaires belges. La carte de Kandt sert de référence.
- De 1901 à 1906, le comte von Götzen exerce les fonctions de gouverneur de l'Afrique orientale allemande. C'est sur sa proposition qu'on créera au mois de juin 1906 les résidences du Bukoba, du Rwanda et de l'Urundi.
- Fin 1904, Richard Kandt, qui est rentré en Allemagne au mois de juillet 1902, publie «Caput Nili – eine empfindsame Reise zu den Quellen des Nils» (Caput Nili – un voyage sentimental aux sources du Nil) qui sera édité six fois jusqu'en 1921 et qui deviendra le livre classique de la littérature allemande sur l'Afrique.
- En 1905, Richard Kandt rentre au Rwanda et s'installe à Gakira (aujourd'hui Bwakira, à environ 30 km au sud-ouest de Gitarama).

deutschen Oberherrschaft durch den ruandischen König geführt haben.

– 1897: Gründung der Station Usumbura, die bis November 1907 die Verwaltungszuständigkeit nicht nur für Urundi, sondern auch für Ruanda innehaben wird.

– Richard Kandt hat als privater Forschungsreisender Ruanda erreicht. Am 16. Juni 1898 gewährt ihm der ruandische König eine Audienz, wobei Kandt bemerkt, nur einem Pseudo-Mwami zu begegnen.
– Juli/August 1898: Kandt entdeckt im östlichen Randgebiet des heutigen Forêt de Nyungwe die Quellen des Weißen Nils, ein Ergebnis, das später bestätigt wird.
– Oktober 1898: Militärische Besetzung des Ostufers des Rusizi-Flusses und des Kivu-Sees durch Hauptmann Bethe. Gründung des Militärpostens Ischangi (17 km nordöstlich von Cyangugu), somit deutsche Präsenz am Ostufer des Kivu-Sees, um kongolesischen Gebietsansprüchen und der »schrägen Grenzlinie« entgegenzuwirken.
– März 1899: Kandt läßt sich am Kivu-See nahe dem Militärposten Ischangi nieder und gründet seine Station Bergfrieden, um von dort aus Ruanda weiter zu erforschen. Er zeichnet eine Karte des Kivu-Sees 1:285 000.

– 1900: Die katholischen »Weißen Väter«, die überwiegend Franzosen sind, beginnen Missionsstationen in Ruanda zu errichten. Sie stellen allmählich die Mehrzahl der in Ruanda lebenden wenigen Europäer dar (8. Februar 1900 Gründung von Issavi (Save)).
– Oktober 1900: Kandt, inzwischen in Ruanda etabliert und bekannt, wird als erster Europäer vom wahren König Juhi V. Musinga, einem damals etwa 18jährigen Jüngling, empfangen.
– April 1900: Belgien und Deutschland wollen eine Regelung des Kivusee-Grenzstreits durch eine genauere Gebietsvermessung erleichtern. 1901 bis März 1902 hält sich eine deutsche Grenzkommission unter Hauptmann a. D. Karl Herrmann in Ischangi auf. Von dort aus wird in Zusammenarbeit mit belgischen Militärs die Kivu-Region erfaßt. Kandts Karte dient als Arbeitsunterlage.

– 1901–1906: Graf von Götzen fungiert als Gouverneur von Deutsch-Ostafrika. Auf seine Vorschläge zurückgehend, werden im Juni 1906 die Residenturen Bukoba, Ruanda und Urundi gegründet.
– Ende 1904: Richard Kandt, im Juli 1902 nach Deutschland zurückgekehrt, veröffentlicht »Caput Nili – eine empfindsame Reise zu den Quellen des Nils« (sechs Auflagen bis 1921), das zum klassischen Buch der deutschen Afrika-Literatur wird.
– 1905: Richard Kandt kehrt nach Ruanda zurück und läßt sich in Gakira (heute Bwakira, etwa 30 km südwestlich von Gitarama), nieder.

- En 1907 sont fondées les premières missions protestantes, entre autres à Kilinda par le pasteur Ernst Johanssen (1864–1934). En 1914, on comptera six stations protestantes.
- En 1907, la plus grande expédition de recherche à travers le Rwanda est entreprise sous la direction du duc Adolf Friedrich de Mecklembourg (1873–1969). Il est accompagné de plusieurs scientifiques (topographe, géologue, zoologue, botaniste, anthropologue, médecin). Au mois d'août 1907, le duc est reçu avec tous les honneurs par le roi rwandais auquel il présente également ses respects. En 1909 est publiée à propos de ce voyage l'œuvre intitulée « Ins innerste Afrika » (Au plus profond de l'Afrique).
- Au mois d'octobre 1907, l'administration de la résidence du Rwanda dirigée jusqu'à présent à partir d'Usumbura est supprimée. Richard Kandt devient résident impérial du Rwanda. Sa tâche consiste, tout en respectant en principe les structures sociales et en particulier la domination du roi tutsi, à établir lentement une administration allemande et à associer le Rwanda à la vie économique de l'Afrique orientale allemande.
- Depuis le 19 octobre 1908, le siège de la résidence du Rwanda porte le nom de Kigali.
- Le 14 mai 1910, il est mis fin au litige de la frontière du Kivu dans le cadre d'un règlement belgo-germano-britannique conclu à Bruxelles. L'île Idjwi sur le lac Kivu est attribuée au Congo, mais pour le reste la frontière du lac Kivu est confirmée. La frontière nord-ouest du Rwanda traverse les sommets des volcans Karisimbi, Visoke, Sabyinyo, Gahinga, Muhabura.
- En 1911, Hans Meyer (1858–1929), connu comme la première personne à avoir gravi le Kilimandjaro (1889) mais aussi en tant que copropriétaire gérant du « Bibliographisches Institut » de Leipzig qui publiait à cette époque entre autres le « Meyers Großes Konversationslexikon », entreprend en sa qualité de président de la « Commission géographique de recherche sur les protectorats » de l'Office impérial des colonies un voyage de recherche axé sur la géographie à travers le nord-ouest de l'Afrique orientale allemande, séjourne au mois de juillet 1911 chez Richard Kandt à Kigali et est reçu au mois d'août 1911 par le roi du Rwanda.
- En 1913, Heinrich Schnee (1871–1949), dernier gouverneur de l'Afrique orientale allemande (1912–1918), visite le Rwanda et séjourne les 9 et 10 mars 1913 à la cour royale.
- D'après les estimations statistiques allemandes, le Rwanda compte environ 2 millions d'habitants en 1913. Le cheptel rwandais est estimé à 1 million de bovins, 670 000 de chèvres et 330 000 de moutons.
- Le Reichstag décide de contracter, dans le cadre du budget de l'Empire pour l'année 1914, un emprunt de 50 millions de Marks pour construire une voie ferroviaire de 466 km vers le Rwanda. Cette ligne de chemin de fer partira de

- 1907: Gründung der ersten protestantischen Missionen, unter anderem in Kilinda durch Pastor Ernst Johanssen (1864–1934). 1914 werden es sechs Stationen sein.
- 1907 erfolgt die größte Forschungsexpedition durch Ruanda unter Leitung von Adolf Friedrich Herzog zu Mecklenburg (1873–1969). Er wird begleitet von mehreren Wissenschaftlern (Topograph, Geologe, Zoologe, Botaniker, Anthropologe, Arzt). Im August 1907 wird der Herzog höchst ehrenvoll vom ruandischen König empfangen, dem umgekehrt auch der Respekt erwiesen wird. 1909 erscheint über diese Reise das Werk »Ins innerste Afrika«.

- Oktober 1907: Die bisherige Verwaltung der Residentur Ruanda von Usumbura aus wird aufgehoben. Richard Kandt wird zum Kaiserlichen Residenten für Ruanda ernannt. Seine Aufgabe ist es, unter grundsätzlicher Anerkennung der sozialen Strukturen, insbesondere der Tutsi-Königsherrschaft, eine deutsche Verwaltung langsam zu etablieren und Ruanda in das Wirtschaftsleben Deutsch-Ostafrikas einzubeziehen.
- Seit 19. Oktober 1908 trägt der Sitz der Residentur Ruanda den Ortsnamen Kigali.
- 14. Mai 1910: Ende des Kivu-Grenzstreits im Rahmen einer in Brüssel getroffenen belgisch-britisch-deutschen Regelung. Zwar wird die Insel Idjwi im Kivu-See dem Kongo zuerkannt, im übrigen aber wird die Kivusee-Grenze bestätigt. Die Nordwestgrenze Ruandas läuft durch die Gipfel der Vulkanberge Karisimbi, Visoke, Sabyinyo, Gahinga, Muhabura.
- 1911: Prof. Dr. Hans Meyer (1858–1929), Erstbesteiger des Kilimandscharo (1889) und geschäftsführender Mitinhaber des Verlagshauses »Bibliographisches Institut« in Leipzig, das damals unter anderem auch »Meyers Großes Konversations=Lexikon« herausbrachte, unternimmt in seiner Eigenschaft als Vorsitzender der »Landeskundlichen Kommission zur Erforschung der Schutzgebiete« des Reichskolonialamts eine geographisch orientierte Forschungsreise durch den Nordwesten Deutsch-Ostafrikas, hält sich im Juli 1911 bei Richard Kandt in Kigali auf und wird im August 1911 vom ruandischen König empfangen.
- 1913: Dr. Heinrich Schnee (1871–1949), der letzte Gouverneur von Deutsch-Ostafrika (1912–1918), besucht Ruanda und weilt am 9./10. März 1913 am ruandischen Königshofe.
- Nach deutschen statistischen Schätzungen hat Ruanda 1913 etwa 2 Millionen Einwohner. Der Viehbestand des Landes wird auf 1 Mio. Rinder, 0,67 Mio. Ziegen und 0,33 Mio. Schafe veranschlagt.
- Der deutsche Reichstag beschließt im Rahmen des Staatshaushaltsplanes für 1914 die Aufnahme einer Anleihe von 50 Mio. Mark zum Bau einer 466 km langen Bahn nach Ruanda. Sie soll von Tabora bis zum Kagera-Knie im Süd-

Tabora et mènera jusqu'au coude que forme la rivière Kagera au sud-est du Rwanda. Au moment où la Première Guerre mondiale éclate, les travaux ont déjà commencé.
- Au mois de décembre 1913, le résident Kandt quitte le Rwanda pour passer ses congés en Allemagne. A Kigali, il est représenté par son collaborateur, le capitaine Max Wintgens, qui organise la résistance militaire allemande au Rwanda après le début de la Première Guerre mondiale (fin juillet 1914) et l'extension du conflit sur le continent africain. Wintgens obtient des renforts de Mwanza, et le roi rwandais met d'autres guerriers à sa disposition. Wintgens commande jusqu'à 100 Allemands et environ 1000 soldats africains.
- En avril 1916 a lieu une grande offensive belge. Les troupes allemandes se retirent du Rwanda en direction de Tabora. Le 6 mars 1916, les troupes belges entrent à Kigali. C'est le début de l'ère belge pour le Rwanda. Tous les missionnaires allemands sont internés, quelques-uns peuvent rentrer en Allemagne en 1917 via la France et la Suisse, et d'autres se retrouvent aux Indes comme prisonniers britanniques.
- Le 27 novembre 1918, le roi Juhi V Musinga signe un document dans lequel il reconnaît avec satisfaction la victoire remportée par la Belgique et exprime sa joie d'être désormais ami de la puissance belge.
- Après 1918, seuls les représentants de l'ère allemande peuvent retourner au Rwanda qui, comme les Alsaciens, ont pu obtenir la nationalité française. A partir de la fin des années 20 seulement, quelques Allemands seront autorisés à reprendre leur travail de missionnaire.
- En 1923, la Société des Nations confère finalement à la Belgique le mandat d'administration pour le Rwanda et l'Urundi.
- En 1931, le roi rwandais et ancien partenaire des Allemands, Juhi V Musinga, est contraint d'abdiquer par les Belges et pratiquement exilé à Kamembe près de Cyangugu. Il s'était opposé entre autres aux efforts déployés par les missionnaires catholiques en vue de propager la foi chrétienne.
- Le 1er juillet 1962 est le jour de l'indépendance du Rwanda. Le 13 février 1963 marque l'établissement des relations diplomatiques entre le Rwanda et la République fédérale d'Allemagne. C'est le début d'une coopération intensive. Le Rwanda a toujours soutenu la politique de réunification allemande.
- 23 juin 1982: Echange de lettres entre S. E. Monsieur l'Ambassadeur de la République rwandaise en République fédérale d'Allemagne et S. E. le Ministre Président de Rhénanie-Palatinat, Monsieur Bernhard Vogel, afin d'établir le jumelage-coopération Rwanda – Rhénanie-Palatinat.

osten Ruandas führen. Bei Ausbruch des Ersten Weltkrieges haben die Bauarbeitungen bereits begonnen.

– Dezember 1913: Resident Kandt verläßt Ruanda, um einen Erholungsurlaub in Deutschland zu verbringen. In Kigali wird er vertreten von seinem Mitarbeiter Hauptmann Max Wintgens, der nach Ausbruch des Ersten Weltkriegs (Ende Juli 1914) und Übergreifen des Konflikts auf Afrika, den deutschen militärischen Widerstand in Ruanda organisiert. Wintgens erhält Verstärkung aus Mwanza, der ruandische König stellt weitere Krieger zur Verfügung. Wintgens kommandiert schließlich über 100 Deutsche und rund 1000 afrikanische Soldaten.
– April 1916: Große belgische Offensive, Rückzug der deutschen Truppen aus Ruanda Richtung Tabora. Am 6. Mai 1916 erfolgt der Einmarsch belgischer Truppen in Kigali. Beginn des belgischen Zeitalters für Ruanda. Sämtliche deutschen Missionare werden interniert und gelangen teilweise 1917 über die Schweiz und Frankreich nach Deutschland zurück, andere geraten im Rahmen britischer Gefangenschaft bis nach Indien.
– 27. November 1918: Der ruandische König Juhi V. Musinga unterschreibt ein Papier, dem zufolge er mit Genugtuung den belgischen Sieg zur Kenntnis nimmt und seine Freude ausdrückt, ein Freund der belgischen Macht geworden zu sein.
– Nach 1918: Es dürfen zuerst nur solche Vertreter der deutschen Epoche nach Ruanda zurückkehren, die, wie zum Beispiel Elsässer, die französische Staatsangehörigkeit erwerben konnten. Erst ab Ende der zwanziger Jahre dürfen einzelne Deutsche wieder als Missionare tätig sein.
– 1923: Belgien erhält vom Völkerbund das Verwaltungsmandat für Ruanda und Urundi abschließend zuerkannt.
– 1931: Der ruandische König und frühere Partner der Deutschen, Juhi V. Musinga, wird von Belgien abgesetzt und in Kamembe bei Cyangugu quasi exiliert. Er hatte sich unter anderem der katholischen Missionierung widersetzt.
– 1. Juli 1962: Unabhängigkeit Ruandas. Am 13. Februar 1963 werden die diplomatischen Beziehungen zwischen Ruanda und der Bundesrepublik Deutschland aufgenommen. Beginn einer intensiven Zusammenarbeit. Ruanda unterstützt stetig die deutsche Wiedervereinigungspolitik.

– 23. Juni 1982: Vollzug eines Briefwechsels zwischen dem ruandischen Botschafter in der BR Deutschland und dem Ministerpräsidenten von Rheinland-Pfalz, Dr. Bernhard Vogel, zur Begründung der Partnerschaft Ruanda – Rheinland-Pfalz.

2. Archiv- und Literaturhinweise sowie Veröffentlichungen von Hans Meyer mit Ruanda-Bezug
Archives, Bibliographie et publications de Hans Meyer ayant trait au Rwanda

a) Personalunterlagen über Hans Meyer als Professor verwahrt das Universitätsarchiv Leipzig (PA 744). In der dortigen Universitätsbibliothek befindet sich sein wissenschaftlicher Nachlaß (Nr. 236). Über seine Reise nach Deutsch-Ostafrika im Jahre 1911 sind im Leibniz-Institut für Länderkunde (früher für Geographie und Geoökologie der Akademie der Wissenschaften) in 04329 Leipzig seine 10 handschriftlichen Tagebücher u. a. vorhanden. Vgl. auch I. Hönsch: »Zum Nachlaß von Hans Meyer im Archiv für Geographie« in Geographische Berichte, 34 (1989, DDR), S. 258. Inbesondere zum Kivu-Grenzstreit befinden sich Unterlagen im Bundesarchiv, Abt. Potsdam, jetzt Abt. R, zitiert »ZStA« sowie im belgischen Außenministerium, zitiert Arch.afr.

b) Zur Literatur über Ruanda und das damalige Deutsch-Ostafrika siehe die ausführlichen Literaturverzeichnisse bei
- Reinhart Bindseil: »Ruanda und Deutschland seit den Tagen Richard Kandts« (zweisprachig, dt.-frz.) Berlin (Dietrich Reimer Verlag) 1988, S. 202–225.
- derselbe: »Ruanda im Lebensbild des Offiziers, Afrikaforschers und Kaiserlichen Gouverneurs Gustav Adolf Graf von Götzen (1866–1910)« (zweisprachig, dt.-frz.), Berlin (Dietrich Reimer Verlag) 1992, S. 247–254.
- Gudrun Honke: »Als die Weißen kamen. Ruanda und die Deutschen 1885–1919«, Wuppertal (Peter Hammer Verlag) 1990, S. 153–164.
- Ulrich Löber/Elisabeth Rickal (Hg.): »Ruanda – Begleitpublikation zur gleichnamigen Wanderausstellung des Landesmuseums Koblenz«, Landau 1991. Auch instruktiv über das Ruanda der Gegenwart bis 1990.
- Innocent Kabagema: »Ruanda unter deutscher Kolonialherrschaft 1899–1916«, Diss., Trier 1992; Frankfurt (Peter Lang Verlag) 1993.
- Heinz Schneppen: »Why Kilimanjaro is in Tanzania«,1996. Näheres oben Kapitel I, Anm. 7b.
- Helmut Strizek: »Ruanda und Burundi von der Unabhängigkeit zum Staatszerfall«, Köln (Weltforum-Verlag) 1996. Gibt unter anderem eine gute historische Einführung und Übersicht geschichtlicher Daten.
- E. Fischer/H. Hinkel: »Natur Ruandas. Einführung in die Flora und Fauna Ruandas« / »La Nature du Rwanda. Aperçu sur la flore et la faune rwandaises« (zweisprachig), Ministerium des Innern und für Sport, Rheinland-Pfalz, Mainz 1992.

c) Zu näheren Informationen über den Lebenslauf von Hans Meyer siehe
- H. Schmitthenner: »Hans Meyer verstorben« in Geographische Zeitschrift, 36. Jg., 1930, S. 129–145.
- Johannes Hohlfeld in »Deutsches Biographisches Jahrbuch«, Bd. XI f. d. Jahr 1929, Stuttgart 1932.
- Dietmar Henze: »Enzyklopädie der Entdecker und Erforscher der Erde«, Stichwort »Meyer, Hans«. Graz (Akademische Druck- und Verlagsanstalt) 1991 (ab 1973).
- Else von Volkmann: »Hans Meyer – Der Mann vom Kilimandjaro – Verleger, Forscher und Mäzen«. Mit Anmerkungen von Rüdiger von Volkmann und bearbeitet von Klaus Goebel. Deutscher und Österreichischer Alpenverein, Wissenschaftliche Alpenvereinshefte, Nr. 35, München 2002 (327 S.).
- Heinz Peter Brogatio (Hg.): Die Anden – Geographische Erforschung und künstlerische Darstellung – 100 Jahre Andenexpedition von Hans Meyer und Rudolph Reschreiter 1903–2003. Deutscher und Österreichischer Alpenverein, Wissenschaftliche Alpenvereinshefte, Nr. 37, München 2003. Siehe insbesondere Klaus Goebel: »Hans Meyer – Verleger, Forscher, Geograph« (S. 59–71) und Henriette Joseph: »Veröffentlichungen von und über Hans Meyer« (S. 73–99).

d) Zur Bibliographie von Hans Meyer siehe die fast vollständige Übersicht erstellt von Hermann von Wissmann: »Die Schriften Hans Meyers. Hans Meyer zum Siebzigsten Geburtstage am 22. März 1928, dargebracht von seinen Freunden, Verehrern und Schülern« (Hans-Meyer-Festschrift), in Koloniale Studien, Berlin (Verlag Dietrich Reimer) 1928, S. 328–341.
Siehe außerdem oben, H. P. Brogatio, Informationen zum Lebenslauf (2003).

e) Von den zahlreichen Veröffentlichungen von Hans Meyer weisen einen besonderen Ruanda-Bezug auf:
- »Das Deutsche Kolonialreich«, herausgegeben von Hans Meyer, 2 Bände in 5 Teilen, darin von Hans Meyer: Teil I: »Deutsch-Ostafrika«, Leipzig (Bibliographisches Institut) 1909 und 1914.
- Buchbesprechung: A. F. Herzog zu Mecklenburg: »Ins innerste Afrika«, Zeitschrift für Ethnologie, 1909, S. 969–970.
- »Die Landeskundliche Kommission des Reichskolonialamtes«, in Koloniale Rundschau, 1910, S. 722–734.
- »Ein neuer See in Deutsch-Ostafrika« (Kihonda-See), in Deutsche Kolonialzeitung, 1911, S. 676 f.
- »Reiseberichte von Prof. Hans Meyer aus Deutsch-Ostafrika«, in Mitteilungen aus den deutschen Schutzgebieten, 1911, S. 219–221, 342–359.
- »Auf neuen Wegen durch Ruanda und Urundi (Ost-Afrika)«, Zeitschrift der Gesellschaft für Erdkunde, XLVII, 1912, S.107–135.

Auszugsweise Übersetzung von Bernard Lugan unter dem Titel »A travers le Ruanda et l'Urundi par un autre chemin« in Études Rwandaises, Volume XIV, Numero spécial: Sources ecrites pouvant servir à l'histoire du Rwanda (1863–1910). Text No XVI, pages 207–217, Université Nationale du Rwanda, Butare/ Rwanda, Octobre 1980.

- »Ergebnisse einer Reise durch das Zwischenseengebiet Ostafrikas, 1911«, in: Mitteilungen aus den deutschen Schutzgebieten, 1913, Erg. Heft 6., 127 S., Abb. und 3 Karten.
- »Das Problem der Verkehrserschließung Ruandas, Urundis und Uhas«, in Weltverkehr und Weltwirtschaft, 1913, S. 38.
- »Der Kagerafluss in Ostafrika und die Ruandabahn«, in Koloniale Monatsblätter 16, 1914, S. 6–21.
- »Land und Leute von Urundi (Deutsch-Ostafrika)«, Verhandlungen des XIX. Deutschen Geographentages zu Straßburg, 1914, S.3–17.
- »Die Barundi, eine völkerkundliche Studie aus Deutsch-Ostafrika«, Leipzig (Verlag Otto Spamer) 1916.
  In französischer Übersetzung: »Les Barundi, une étude ethnologique en Afrique orientale«, édition critique présentée et annotée par Jean-Pierre Chrétien, Paris (Société française d'Histoire d'Outre-Mer) 1984.
- Buchbesprechung: Jan Czekanowski: »Forschungen im Nil-Kongo-Zwischengebiet«, I. Band: Ethnographie: Mpororo-Ruanda. Koloniale Rundschau, 1917, S. 472–475.
- »Hochtouren im tropischen Afrika« mit dem Kapitel »Bergfahrten im ostafrikanischen Zwischenseengebiet: Der Karissimbi 1911«, Leipzig (F. A. Brockhaus) 1923.
- »Morphologie der Virunga-Vulkane in Ruanda, Ostafrika«, Abhandlungen der Math.-phys. Klasse der Sächsischen Akademie der Wissenschaften, Bd. 40, 1927.
- »Junger Vulkanismus im westlichen Ostafrika (Ruanda). Nach Aufzeichnungen von Leutnant Köhl und Pater Schumacher«, bearbeitet von Hans Meyer, Mitteilungen aus den deutschen Schutzgebieten, 1928, S. 1–12.
- »In Ruanda bei Richard Kandt, 1911«, in: Zeitschrift der Gesellschaft für Erdkunde zu Berlin, Sonderband zur 100-Jahr-Feier, Berlin 1928, S. 145–157.

3. Fundstellen zu den Illustrationen
Sources des illustrations

Bildmaterialien, insbesondere »H. Meyer 1876«, »H. Meyer u.a. in Moschi 1898«, »Hauptmann Herrmann im Zelt 1901«, im Besitz des Leibniz-Instituts für Länderkunde in Leipzig. »Meyer und Baumann in Kettenhaft, 1888 aus »In Deutsch-Ostafrika während des Aufstandes ...« von O. Baumann, 1890. »Prof. Hans Meyer« aus »Jahrbuch über die deutschen Kolonien«, Essen 1914. »Wintgens 1914« aus Karl Roehl: »Ostafrikas Heldenkampf ...«, Berlin 1918. Kartenmaterialen, soweit nicht anders angegeben: Geographisch-kartographischer Dienst des Auswärtigen Amts. Grabstein Hans Meyer: Aufnahme Bindseil, 1989.

4. Le Rwanda actuel en bref

(situation au mois de septembre 2003)

Nom du pays: République y'u Rwanda; Republique du Rwanda; Republic of Rwanda.

Climat: climat d'altitude tropicale; température moyenne la plupart du temps durant la journée inférieure à +30° C; pendant la nuit rarement inférieure à +15° C. Grande saison des pluies février – mai; grande saison sèche juin – septembre, interrompu par une petite saison des pluies en août, petite saison sèche décembre – janvier.

Situation: Au cœur de l'Afrique entre le 1er et le 3e degré de latitude sud et le 29e et le 31e degré de longitude est. Environs 2000 km de distance par route de l'océan Atlantique (port de Matadi / RD Congo) et 1800 km de l'océan Indien (Mombasa/Kenia).

Superficie: 26 338 km^2, dont environ 18 500 km^2 utilisables pour l'agriculture (par comparaison, la Belgique: 30 513 km^2 de superficie).

Capitale: Kigali (600 000 habitants dans « l'agglomération »); outre Kigali 106 districts.

Population: 8,2 millions d'habitants, dont environ 85 % de Bahutu, 14 % de Batutsi, 1 % de Batwa (Pygmées). Croissance annuelle de la population d'environ 3 %.

Langues: langue nationale: Kinyarwanda; en outre le français et l'anglais.

Religions: environ 60 % de catholiques, 27 % de protestants, 11 % de musulmans, autres 2 %.

Gouvernement: République présidentielle, nouvelle constitution du 4 juin 2003. Parlement à deux Chambres: Sénat avec 26 sénateurs et Chambre des Députés avec 80 membres représentant 8 parties, prépondérant le « Front patriotique Rwandais » (FPR).

Chef d'Etat: Dr. h.c. Paul Kagame, Président de la Republique du Rwanda. Un premier ministre dirige les affaires gouvernementales; conseil de cabinet à plusieurs partis.

Journées nationales: 1er fevrier: jour des héros nationaux ; 7 avril: début du génocide en 1994; 1er juillet: Fête nationale, Indépendance en 1962; 4 juillet: Jour de la libération, prise de Kigali en 1994 ; 25 septembre: Jour de la Republique.

Monnaie: franc rwandais (FRW), convertible (1 Euro = 637 FRW, le 1er Novembre 2003)

Exportations: (fob, 2002) 65,93 mio USD

Importations: (cif 2002) 180,43 mio USD

4. Das heutige Ruanda im Überblick
(Stand: September 2003)

Ländername: Republika y'u Rwanda, République du Rwanda, Republic of Rwanda

Klima: Tropisches Hochlandklima; Tageshöchsttemperaturen meist unter 30 °C, nachts selten unter 15 °C. Große Regenzeit Februar bis Mai, große Trockenzeit Juni bis Mitte September, kleine Regenzeit Mitte September bis November, kleine Trockenzeit Dezember bis Janar.

Lage: Ruanda liegt in Ost-Zentralafrika knapp südlich des Äquators zwischen dem 1. und 3. Grad südliche Breite und zwischen dem 29. und 31. Grad östliche Länge, ca. 1800 Straßenkilometer vom indischen Ozean (Mombasa) und ca. 2000 km vom Atlantischen Ozean (Hafen Matadi/Kongo).

Größe: 26 338 km², davon etwa 18 500 km² landwirtschaftlich nutzbar (Belgien zum Vergleich: 30 513 km² Größe).

Hauptstadt: Kigali (600 000 Einwohner für die »agglomération«). Außer Kigali-Stadt besteht das Land aus 11 Provinzen mit 106 Distrikten.

Bevölkerung: 8,2 Mio Einwohner, davon Volksgruppe der Hutus etwa 85 %, der Tutsis 14 %, der Twas (Pygmäen) 1 %. Sie teilen Sprache und Kultur. Jährlicher Bevölkerungszuwachs etwa 3 %.

Sprachen: Nationalsprache ist Kinyarwanda; außerdem Französisch und Englisch.

Religionen: ca. 60 % Katholiken, 27 % Protestanten, 11 % Moslems, sonstige 2 %.

Regierung: Präsidiale Republik. Neue Verfassung seit 4. Juni 2003. Unabhängigkeit seit 1. Juli 1962. Zweikammerparlament: Senat mit 26 Senatoren und »Chambre des Députés« mit 80 Abgeordneten, acht Parteien vertretend; führend die »Front Patriotique Rwandais« (FPR).

Staatsoberhaupt: Dr. h. c. Paul Kagame (FPR), Président de la Republique du Rwanda. Ein Premierminister führt die Regierungsgeschäfte. Mehrparteienkabinett.

Nationaltage: 1. Februar: Tag der Nationalhelden; 7. April: Beginn des Genozids 1994; 1. Juli: Fête nationale – Unabhängigkeit seit 1962; 4. Juli: Jour de la Libération (Einnahme von Kigali 1994); 25. September: Tag der Republik.

Währung: Franc Rwandais, konvertibel (1 Euro = 637 FRW, Stand: 1. November 2003).

Ausfuhren (fob 2002): 65,93 Mio USD.

Einfuhren (cif 2002): 180,43 Mio USD.

Biens d'exportation importants: café (14,6 mio USD), thé (22 mio USD), coltan, c'est-à-dire Columbium-tantalit concernant la production des chips pour ordinateurs (13,5 mio USD), d'autres produits (15,2 mio USD)

Biens d'importation importants: textiles, produits pétroliers, véhicules automobiles, produits techniques, matériaux de construction, denrées alimentaires, papier.

Budget public (2003): 588 mio Euro ; 193 milliards de FRW de dépenses; 172 milliards de FRW de recettes.

Le produit intérieure brut (PIB) (2000): à peu près 2,1 milliards, par personne 220 USD.

Membre des organisations internationales suivantes: ONU et organisations subordonées, associé à la UE, membre de la Communauté francophone, du GATT et d'OAU respectivement AU, COMESA (Common market for Eastern and Southern Africa), demande d'admission EAC (East African Community) etc.

Principaux Etats et institutions de la coopération au développement: Banque mondiale, ONU, UE, Grand Bretagne, Belgique, Allemagne, France, Etats-Unis, Suisse, Canada, Chine. Le budget au developpement s'élève à 85 mio USD qui se finance à 85 % par des sources etrangères. L'apport financier annuel de tous les donateurs dans le cadre de la coopération au développement est d'environ 300 millions de USD.

Les médias les plus importants: Le Bureau de la Presse public ORINFOR entretient Radio Rwanda (programme d'onde ultra-courte et courte) et la télévision publique. Au secteur de la presse: l'hebdomadaire IMVAHO et le magazine NOUVELLE RELEVE qui paraît tous les deux semaines. Les magazines avec le plus grand tirage sont, à côté de IMVAHO: le magazine militaire INGABO (mensuel) et le magazine catholique «Kinyamateka» qui paraît toutes les deux semaines. En anglais, il y a NEW TIMES (deux fois par semaine) respectivement en francais le magazine GRANDS LACS HEBDO (hebdomadaire). L'agence de presse RNA (Rwandan News Agency) publie des dépêches de presse. Deutsche Welle, BBC et Voice of America peuvent être reçu par l'onde ultra-courte.

209 Allemands (y compris les enfants) *résident actuellement au Rwanda:* GTZ et experts du Service de volontaires allemands (DED), conseillers, missionnaires, frères et sœurs réligieux, hommes d'affaires (entre autres STRABAG et Lahmeyer International), personnel de la «Deutsche Welle» (La voix de l'Allemagne), Jumelage avec la Rhénanie-Palatinat, Ambassade d'Allemagne, etc).

Wichtige Ausfuhrgüter: Kaffee (14,6 Mio USD), Tee (22 Mio USD), Coltan, das heißt Kolumbit-Kristall zu Gewinnung von Tantalitit für Computerchips (13,5 Mio USD), andere Produkte 15,2 Mio USD.
Wichtigste Einfuhrgüter: Textilien, Erdölprodukte, Kraftfahrzeuge, technische Produkte, Baumaterialien, Lebensmittel, Papier etc.
Staatsbudget (2003): 588 Mio Euro, Ausgaben: 193 Mrd. FRW, Einnahmen 172 Mrd. FRW.
Bruttoinlandsprodukt (BIP) im Jahr 2000: Etwa 2,1 Mrd USD, pro Kopf etwa 220 USD.

Mitgliedschaften in internationalen Organisationen: VN Sonder- und Unterorganisationen, EU-assoziiert. Mitglied der frankophonen Gemeinschaft, GATT, OAU bzw. AU; COMESA (Common Market for Eastern und Southern Africa), Aufnahmeantrag EAC (East African Community)
Wichtigste Staaten und Institutionen der Entwicklungszusammenarbeit (EZ): Weltbank, EU, VN, Großbritannien, Belgien, Deutschland, Frankreich, USA, Schweiz, Kanada, China. Der staatliche Entwicklungshaushalt ist mit ca 85 Mio USD zu etwa 85 % fremdfinanziert. Jährliche EZ-Leistungen externer Geber dürften 300 Mio USD betragen.

Wichtigste Medien: Das staatliche Presseamt ORINFOR betreibt Radio Rwanda (ein UKW- und KW-Programm) sowie das Fernsehen, außerdem im Schriftbereich die Wochenzeitung IMVAHO und die 14tägig erscheinende Zeitung NOUVELLE RELEVE. Die auflagenstärksten Zeitungen neben IMVAHO sind die Militärzeitung INGABO (monatlich) und die katholische 14tägige Zeitung »Kinyamateka«. In Englisch erscheinen NEW TIMES (2 x pro Woche) bzw. in Französisch GRANDS LACS HEBDO (wöchentlich). Die Presseagentur RNA (Rwandan News Agency) veröffentliche Pressedepeschen. Deutsche Welle, BBC und Voice of America sind über KW zu empfangen.

Ansässige Deutsche: 209 (einschließlich Kindern) in Ruanda, das heißt GTZ- und DED-Experten, Berater, Missionare/Ordensschwestern, Geschäftsleute (darunter Unternehmen wie STRABAG und Laymeyer International, Deutsche-Welle-Personal, Rheinland-Pfalz-Partnerschaft, Botschaftspersonal etc.).

Zum Verfasser

Reinhart Bindseil, geb. 1935 in Liegnitz/Schlesien, verh., drei Kinder.

1953 Abitur in Delitzsch (Bezirk Leipzig).
Ab November 1954 Jurastudium. Erste Jur. Staatsprüfung Juni 1958 in Heidelberg. 1959/60 Studienreise durch Asien, zeitweilig Gaststudent in Lucknow/Indien. 1961/62 DAAD-Stipendiat an der Universität Singapur, Erwerb des »Master of Laws« (mit einer rechtsvergleichenden Studie über deutsches und malaiisches Verfassungsrecht). 1965 Zweite Jur. Staatsprüfung am Oberlandesgericht Stuttgart und Promotion zum Dr. jur. in Heidelberg (mit einem Thema aus dem Zwangsvollstreckungsrecht).

April 1966 Eintritt in den Auswärtigen Dienst.
Auslandsverwendungen in Tunis, Madras, Tokyo.
1974–1977 und 1980–1983 in der Personalabteilung des Auswärtigen Amts.
1977–1980 Botschafter in Bangui/Zentralafrikan. Kaiserreich/Republik.
1984–1988 Botschafter in Kigali/Ruanda.
1988–1992 im Auswärtigen Amt Leiter des Referats für Zivilrecht und privates Wirtschaftsrecht.
1993–1995 Inspekteur von deutschen Auslandsvertretungen
1996–2000 Botschafter in Taschkent/Usbekistan
Seit Oktober 2000 im Ruhestand

Anschrift: Rotdornweg 24, D-53177 Bonn.

L'auteur

Reinhart Bindseil, né en 1935 à Liegnitz/Silésien, marié, trois enfants.

En 1953, certificat de fin d'études secondaires à Delitzsch, district de Leipzig. Il étudie le droit à partir de novembre 1954 et passe son premier examen d'Etat en droit au mois de juin 1958 à Heidelberg. Il effectue en 1959/60 un voyage d'études à travers l'Asie, et suit temporairement les cours à l'université de Lucknow/Inde; en 1961/62, il obtient une bourse du D.A.A.D. (Office allemand d'échanges universitaires) pour l'université de Singapour où il passe sa maitrise de droit (sujet de thèse: comparaison des systèmes de droit constitutionnel allemand et malais); en 1965, il passe son deuxième examen d'Etat en droit au Tribunal règional supérieur de Stuttgart et il est reçu docteur en droit à Heidelberg.

En avril 1966, il entre au ministère fédéral des Affaires étrangéres. Il est envoyé en mission à l'étranger à Tunis, Madras, Tokyo;

de 1974 à 1977 et de 1980 à 1983, il travaille à la Direction du personnel du ministére fédéral des Affaires étrangères.

De 1977 à 1980, il exerce les fonctions d'Ambassadeur à Bangui/ancien Empire centrafricain/République centrafricaine.

De 1984 à 1988, il occupe le poste d'Ambassadeur d'Allemagne à Kigali/Rwanda.

De 1988 à 1992, Reinhart Bindseil travaille à la Direction générale des Affaires juridiques du ministére fédéral des Affaires étrangères où il dirige la Division du droit civil et droit économique privé.

De 1993 à 1995, il exerce les fonctions d'un inspecteur des missions d'Allemagne à l'etranger.

De 1996 à 2000 Amassadeur d'Allemagne à Tachkent/Ouzbekistan.

Dès Octobre 2000 en retraite, domicilié à Rotdornweg 24, D–53177 Bonn.

Reinhart Bindseil
Ruanda im Lebensbild des Offiziers, Afrika-Forschers und Kaiserlichen Gouverneurs Gustav Adolf Graf von Götzen (1866–1910)
Le Rwanda vu à travers le portrait biographique de l'officier, explorateur de l'Afrique et gouverneur impérial Gustav Adolf Comte von Götzen (1866–1910)
262 Seiten, 32 Abbildungen und Karten
Broschiert / ISBN 3-496-00427-4

Reinhart Bindseil
Ruanda und Deutschland seit den Tagen Richard Kandts
Le Rwanda et l'Allemagne depuis le temps de Richard Kandt
290 Seiten mit 11 s/w-Fotos und 5 Karten
Broschiert / ISBN 3-496-00983-7

Veit Erlmann (Hg.)
Populäre Musik in Afrika
312 Seiten mit 61 Abbildungen, 42 Notenbeispielen und 2 CDs
Gebunden / ISBN 3-496-00441-X

Friedrich Gollbach
Leben und Tod bei den Tswana
Das traditionelle Lebens- und Todesverständnis der Tswana im südlichen Afrika
279 Seiten mit 5 Strichzeichnungen
Broschiert / ISBN 3-496-00414-2

Leonhard Harding / Brigitte Reinwald (Hg.)
Afrika – Mutter und Modell der europäischen Zivilisation?
Die Rehabilitierung des schwarzen Kontinents durch Cheikh Anta Diop
287 Seiten. Broschiert / ISBN 3-496-00489-4

REIMER

Hans-Jürgen Heinrichs
Sprich Deine eigene Sprache, Afrika
Von der Négritude zur afrikanischen Literatur
der Gegenwart
214 Seiten
Broschiert / ISBN 3-496-00426-6

Jürg von Ins
Der Rhythmus des Rituals
Grundlagen einer ethnologischen Ritualsemiotik,
entwickelt am Beispiel des NdÁpp der Lebu Senegal
Hg. vom Institute for Comparative Health Studies
(I.C.H.S.), Elmina, Ghana
310 Seiten und 8 Farbabbildungen auf 4 Tafeln
Broschiert / ISBN 3-496-02708-8

Uwe Krebs
Erziehung in Traditionalen Kulturen
Quellen und Befunde aus Afrika, Amerika, Asien, und
Australien (1898–1983)
XIV und 610 Seiten
Broschiert / ISBN 3-496-02717-7

Thomas Laely
Autorität und Staat in Burundi
XXXII und 542 Seiten mit 11 Abbildungen und
8 Tabellen
Broschiert / ISBN 3-496-02569-7

Peter Merten
Das Feuer von Siai
Selbsthilfe und Entwicklungshilfe in Tansania
VI und 280 Seiten und 6 Farbtafeln mit
10 Abbildungen und 1 Karte
Broschiert / ISBN 3-496-02726-6

Alexander Röhreke
Der Kosmos der Herero
Entstehungsbedingungen und Verbreitung von kosmologischen Zügen in der Herero-Kultur
520 Seiten mit 8 farb. und 34 s/w-Abbuildungen sowie 1 farb. und 1 s/w Beilage
Gebunden / ISBN 3-496-02498-4

Ulrike Schultz
Nomadenfrauen in der Stadt
Die Überlebensökonomie der Turkanafrauen in Lodwar/Nordkenia
331 Seiten mit 16 Abbildungen und Glossar
Broschiert / ISBN 3-496-02612-X

Karl-Martin Seeberg
Der Maji-Maji-Krieg gegen die deutsche Kolonialherrschaft
Historische Ursprünge nationaler Identität in Tansania
120 Seiten mit 3 Karten
Broschiert / ISBN 3-496-00481-9

Franz Trost
Die Wara von Niansogoni (Burkina Faso)
128 Seiten mit 20 s/w-Fotos, 50 Strichzeichnungen und 7 Tabellen
Broschiert / ISBN 3-496-02728-2

Ulrich Wegner
Afrikanische Saiteninstrumente
305 Seiten mit 12 farbigen und 62 s/w-Fotos, 42 Zeichnungen, 2 Karten und 1 Musikkassette
Gebunden / ISBN 3-496-01058-4

REIMER

REIMER